비영리조직변화연구

A Study of the Non-profit Organizational Change

지 은 구

청목출판사

머리말

비영리조직을 향한 변화의 요구는 이에 따른 적절한 변화행동을 필요로 한다. 완벽히 균형 상태를 유지하는 조직은 존재하지 않으며 변화하지 않는 조직은 결국 지역주민들이나 client들에게도 외면당한다. 조직을 둘러싼 상황의 변화는 변화에 미리 준비되어 있는 조직과 그렇지 못한 조직의 조직적 대응의 차이를 가져올 것이며 이러한 차이는 결국 제공하는 서비스나 혜택의 차이를 가져다 줄 것이다. 조직의 발전은 조직의 성과를 개선하려는 노력을 통해서도 이루어질 수 있지만 조직이 추구하는 변화행동에 의해서도 이루어질 수 있다. 변화가 성공적으로 이루어지기 위해서는 변화행동에 대한 구체적이고 체계적인 변화계획이 필요하며 변화계획은 곧 성공적인 변화를 위한 필수품이 된다.

본 연구는 비영리조직의 조직 발전적 측면에서 조직변화를 다루고 있다. 특히, 조직학습과 조직발전의 측면에서 조직변화가 성공적으로 수행되기 위해 필요한 변화이론 및 변화유형 그리고 변화모델과 변화단계들 그리고 변화과정에서 고려하여야 하는 특성들을 본격적으로 다룸으로써 성공적인 변화를 위한 행동지침서 또는 안내자로서의 역할을 제공하는 것을 목적으로 기획되어졌다. 본 연구가 다루는 영역을 살펴보면 다음과 같다.

먼저 제2장에서는 조직변화의 개념 및 조직변화의 역사 및 논리를 다루며 제3장에서는 조직 발전적 측면에서 조직변화를 다룬다. 특히 조직발전과 계획된 변화의 관계를 집중적으로 다룬다. 제4장에서는 비영리조직이 변화하여야 하는 이유 또는 필요성에 다해서 다루며 제5장에서는 조직변화와 조직문화와의 관계를 다루고 제6장에서는 변화이론을 집중적으로 다룬다. 제7장에서는 변화모델을 고찰하며 제8장에서는 성공적인 조직변화를 위한 전략과 전술을 다룬다. 제9장에서는 조직변화를 위한 단계로서 조직변화 7단계의 내용을 소개할 것이며 제10장은 조직변화에 있어 지도력의 중요성을 다룬다. 그리고 제11장, 12장, 13장과 14장에서는 변화의 정치적 특성과 조직변화와 협력, 관료적 특성과 조직변화의 관계 그리고 조직변화의 성공과 실패요인들 등을 다룬다.

특히, 본 연구의 영역은 비영리조직 중에서도 인간봉사조직으로 국한되어 있지만 인간봉사조직이 비영리조직의 많은 부분을 차지하고 있음으로 연구의 주제를 비영리조직변화로 하였음을 밝힌다. 이에 대한 비판은 당연히 필자의 몫이 될 것이다. 본 연구가 비영리조직변화를 위한 지침서로서 실천 현장의 지도자나 관리 및 행정가들에게 변화를 준비하고 변화를 시행하는 데 많은 도움을 주기를 희망하며 또한 활발하지 못한 비영리조직변화연구의 활성화를 앞당기는 기폭제의 역할을 하기를 기대해 본다. 본 연구의 출간을 허락하여 주신 청목출판사에 감사의 뜻을 전한다.

2012년 5월

지 은 구

차 례

제 1 장

서 론

제 1 절 연구의 목적

조직은 살아남기 위하여 변화하여야 한다. 영리조직과 마찬가지로 비영리조직 역시, 조직이 설정한 목적을 성취하기 위해 움직이며 지속적으로 서비스를 제공하고 그들의 조직활동 전반에 대한 수행능력의 측정을 통해 지속적으로 조직개선을 추구하여야 한다. 특히, 현대 사회에서 비영리조직은 조직을 둘러싸고 급박하게 변화하는 조직의 내·외적 환경에 적극적으로 대처하여야 하며 국민들이 직면한 사회문제에 보다 적극적으로 대처하기 위한 새로운 서비스 또는 서비스전달체제 등에 대한 지속적인 변화를 추구하여야 한다.

변화하는 환경에서 조직이 지속적으로 균형을 유지하고 있다는 것은 현실적으로 불가능하다고 할 수 있으며 이는 조직변화적 측면에서 조직이 변화를 추구하지 않는 것을 의미하고 균형은 곧 조직쇠퇴를 의미할 수 있다. 비영리조직을 둘러싼 환경의 변화는 첫째, 새로운 서비스나 혜택을 위한 국민 또는 주민들의 요구에 의해서, 둘째, 정부의 정책이나 제도의 변화에 의해서, 셋째, 새로운 서비스나 기술의 도입에 의해서, 넷째, 서비스전달체계의 변화나 법안의 신설이나 수정 등 각종 외적 조건과 다섯째, 관리자 또는 직원들의 변화 필요성 등 내적 요인에 의해서 나타나며 이러한 내외적 조건 또는 상황은 조직이 지속적으로 변화를 수행하여 조직개선을 추구하여야 함을 의미하는 것이라고 할 수 있다.

본 연구는 비영리조직변화의 구체적 내용을 본격적으로 다룬다. 본 연구의 연구대상은 비영리조직으로 특히 비영리조직 중 사회복지조직을 포함하는 인간봉시조직을 중심으로 하였음을 밝힌다. 사회복지서비스를 제공하는 비영리 인간봉사조직으로 조직변화연구의 대상을 좁혔지만 비영리조직의 많은 부분이 비영리 인간봉사조직임을 감안하면 본 연구가 넓게 보아 비영리조직변화의 구체적인 내용을 다루는데 무리가 없다고 보여진다. 우리나라에서 인간봉사조직이나 비영리조직변화를 본격적으로 다루는 연구는 거의 전무한 실정이고 외국의 경우도 비영리조직의 변화를 본격적으로 다루는 연구는 제한적으로 이루어지고 있다.

비영리가 대부분인 인간봉사조직의 변화를 인간봉사조직의 한 영역 또는 거시사회복지실천의 한 영역에서 다루는 연구들로는 Permutter(1990), Patti와 Resnick(1985), Hasenfeld(1983), Kettner(2002), Netting, Kettner 그리고 McMurtry(2004) 등이 있지만 이들은 조직변화를 본격적으로 다루는 연구라고 할 수 없다.

변화에 대한 부분적 연구 이외에 비영리조직변화를 주제로 본격적으로 조직변화를 다룬 효시적 연구는 Brager와 Holloway(1978)에 의해서 이루어졌으며 이후 Resnick과 Patti(1980) 그리고 Prohole(2001)로 이어지고 있다. Prohole은 그녀의 책에서 인간봉사조직의 변화를 위한 이론적 측면과 모델 그리고 변화전략을 제시하고 있지만 이들의 연구는 대부분 일반 조직변화이론에 대한 소개와 분석이 미흡하다. 특히, 비영리조직의 조직변화전략은 Gabel과 Oster(1998) 등에 의해서도 제시되고 있지만 그들의 연구는 정신건강시설에 국한된다는 한계를 가지고 있다.

조직이 꾸준히 변화를 수행하여야 한다는 것이 조직성과를 개선하고 궁극적으로 조직발전을 위해 매우 중요한 과업임을 고려한다면 사회복지조직을 포함하는 비영리인간봉사조직에서의 조직변화를 위한 연구가 매우 시급한 분야임을 알 수 있다. 특히 조직변화의 필요성, 조직변화이론 그리고 조직변화를 위래 필요한 절차로서의 변화모델 등에 대한 연구는 앞으로 비영리조직을 운영하는 조직행정가 또는 관리자들에게 있어 반드시 필요한 조직관리기법이라고 할 수 있다. 비영리조직은 변화하여야 하며 특히 변화는 계획되고 준비되어 있어야 성공가능성이 높다고 할 수 있다. 특히, 변화에 적극적으로 대처하고 성공적인 변화를 통해 조직발전을 추진하기 위해서 조직변화는 체계적으로 시행되어야 한다. 본 연구는 비영리조직변화가 체계적이고 과학적으로 수행되어 조직발전을 성취할 수 있도록 하기 위해 반드시 필요한 비영리조직의 변화이론 및 변화모델 그리고 변화실천과정으로서의 변화단계 등을 구체적으로 제시하는 것을 목적으로 한다. 특히, 본 연구는 조직변화를 조직성과 및 조직발전과 연관시키려는 노력의 산물이라고 할 수 있다.

제2절 연구의 방법 및 흐름

비영리조직변화의 과정을 체계적이고 과학적으로 시행하기 위해 필요한 비영리조직의 변화이론 및 변화모델 그리고 변화실천과정으로서의 변화단계 등을 구체적으로 제시하기 위하여 본 연구는 기존 조직변화연구에서 제시되고 있는 일반변화이론과 조직변화이론 등을 비판적으로 분석하고 조직변화기초이론으로 개방체계이론, 조직발전이론과 조직학습이론을 제시하였다. 또한 조직변화가 선형적이고 단계적으로 이루어진다기보다는 조직변화과정의 상호관계 하에서 서로 영향을 주고받는 과정으로 이해하였다. 본 연구는 이론을 실험하는 실험연구가 아님으로 본 연구의 목적을 성취하기 위해 활용한 연구방법은 주로 질적연구방법으로 내용분석 및 이차자료분석을 활용하였다. 조직변화이론 및 단계 그리고 변화실천분석을 위해서는 문헌조사 및 이차자료분석을 그리고 변화단계제시를 위해서는 내용분석이 주로 활용되었다. 본 연구의 흐름은 〈그림 1-1〉과 같다.

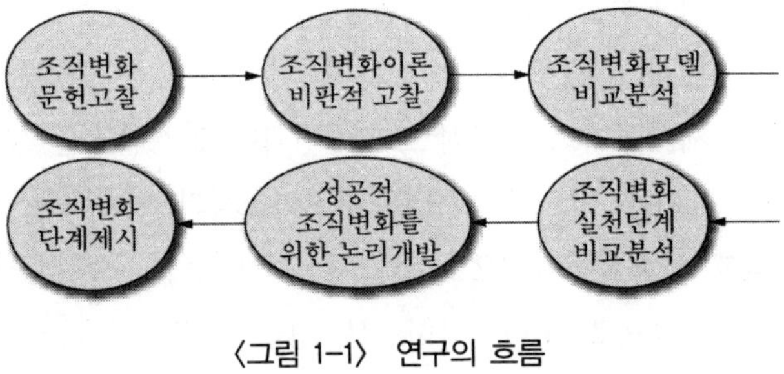

〈그림 1-1〉 연구의 흐름

제 2 장

비영리조직과 변화

제 1 절 변화의 개념과 본질

1. 변화란 무엇인가?

변화란 사전적 의미에서 변경하는 것 또는 바꾸는 것이라고 할 수 있다. Van de Ven과 Poole(1995)는 변화란 시간을 뛰어넘는 질이나 상태의 상이성에 대한 경험적 관찰이라고 정의하였다. 이들의 정의에 따르면 상태 사이에서 관찰되어지지 않는다면 변화라고 할 수 없으며 변화란 시간과 별개로 독립적으로 생각할 수 없다는 점이다. 즉, 변화란 시간에 걸쳐서 발생하는 것이라고 할 수 있다(Dahrendorf, 1979; Hernes, 1976).

일반적으로 변화란 개인적 수준에서의 변화와 집단적 수준에서의 변화로 구분된다. 개인적 수준의 변화는 미시적 변화(micro change)라고 불리며 집단적 수준의 변화는 거시적 변화(macro change)라고 불린다(Dahrendorf, 1979; Hernes, 1976). 미시적 변화는 모든 변화는 개인적 수준에서 발생한다고 보며 조직적 변화는 개인적 변화의 합이라고 바라본다. 특히 미시적 변화는 행동주의와 형태접근방법(Gestalt perspective)에 영향을 받았다고 알려져 있다. 행동주의는 변화가 새로운 정보를 얻기 위해 피할 수 없는 결과로서 인식되어진 환경에 대한 개인의 반응이라는 측면으로서 변화를 바라본다(Burnes, 1992). 형태접근방법은 개인의 행동이 환경과 변화할지 안할지를 선택하는 개인들 사이의 주고받는 관계의 산물이라고 바라본다(Van de Ven and Poole, 1995). 이 두 관점은 변화가 결국 개인의 반응이나 인간행동에 의해서 결정된다고 바라본다.

거시적 접근은 집단적 관점에서 변화를 설명한다. 거시적 변화는 특히 집단행동(Group dynamics)과 개방-체계 접근방법(개방-체계이론)이 영향을 주었다. 집단행동모델은 변화가 개인이 아닌 팀 또는 집단으로부터 온다고 강조한다(Burnes, 1992). 집단행동모델은 변화과정에서 개인의 중요성을 평가절하한다는 한계에도 불구하고 Lewin(1958)은 인간들은 집단 안에서 작업을 함으로, 인간행동은 반드시 집단의 실천이나 규범 속에서 수정되고 변화하며 보여져야 한다고 변화에 있어서 집단행동의 중요성을 주장하였다. 변화에 대한 개방-체계 접근방법은 하위체계에서의 변화가 또 다른 하위체계에 영향을 준다는 가정 하에 하위체계들로 상호 연결된 실체로 조직을 바라본다. 개방-체계 접근방법에 따르면 변화란 하위체계의 구성요인들이 불균형의 상태로 들어갈 때 발생하며, 모든 하위체계에 영향을 주는 것으로 가정된 불균형이 바로 거시적 수준의 조직적 변화를 이끈다고 할 수 있다(Gould, 1989).

조직적 측면에서 조직적 변화란 작업하고 조직하는 새로운 방식을 추구하는 것이라고 간단히 정의할 수 있다. 조직적 차원에서 이루어지는 또는 조직이 추구하는 변화는 조직을 재구성하고 주요 인물들을 대체하는 큰 규모의 변화에서부터 조직운영의 기초적인 절차들을 수정하는 작은 규모의 변화들이 모두 포함될 수 있다(Dawson, 2003). 예를 들어 조직의 부서들을 재조정하는 조직구조의 개편이나 책임자들의 교체, 조직의 목적과 목표들을 재편하는 등의 변화에서부터 사무실의 공간재배치나, 발전된 정보관리시스템의 도입, 행정절차의 변경 등의 변화에 이르기까지 조직에서 일어나는 모든 크고 작은 그리고 단기적이고 장기적인 변화 등이 포함된다고 할 수 있다.

2. 조직변화의 본질

큰 변화나 작은 변화 또는 장기간 또는 단기간 변화 등 많은 유형의 조직변화가 존재한다. 큰 변화(big change)는 조직의 핵심적 형태를 변형시키고(Haveman, 1992) 그리고 분명한 성격이나 속성을 변화시키는(Selznick, 1957) 등의 조직의 본질에 있어 근본적인 변화를 가져다 주는 변화를 의미한다. 그리고 작은 변화(small change)는 조직이 더욱 효율적이고 효과적이 되도록 노력하는 것으로서 조직을 직원들과 client들을 포함하는 조직체계의 다양한 요소들에 응답적이고 유연하게 하도록 만드는 것이라고 할 수 있다(Perlmutter, 2000). 따라서 퇴근 후에 상담을 위해 전화를 하는 client에 대한 응답의 만족을 증진시키기 위해서 자동응답

전화를 들여놓는 것은 작은 변화라고 할 수 있다. 하지만 변화에 있어 중요한 것은 해결되어야 하는 문제에 입각해서 변화는 큰 변화가 될 수도 있고 작은 변화가 될 수도 있으며 장기간 변화가 이루어질 수도 있고 단기간 변화가 일어날 수 있다는 점이다. 결국 변화의 본질이 변화의 질과 양을 결정한다고 할 수 있다. 어떠한 변화인가를 의미하는 변화의 내용을 채우고 있는 변화의 본질을 이해하기 위해서 반드시 이해하여야 하는 것이 변화는 어떻게 일어나고 어떠한 과정을 겪는지를 설명해 주는 데 기초가 되는 변화 이론이다.

일반적으로 조직의 기본적 문화와 가치의 변형으로부터 새로운 정책이나 체계의 도입에 이르게 하는 행동들을 설명할 때 조직의 측면에서 변화라는 단어를 사용한다. 변화는 정치적 분위기, 인구통계 그리고 기술에서의 외적 변경을 의미할 뿐만 아니라 구조나 정책이나 인사에 있어서의 내적 변경이나 수정을 의미하기도 한다. 변화는 일반적으로 위에서부터(상위층에서) 주도될 수도 있고 밑으로부터 주도될 수도 있다. 그리고 변화는 긍정적이고 흥미진진하게 보이기도 하며 부정적이며 위협적으로 보이기도 한다. 따라서 변화를 완전히 이해하기 위해서는 변화의 유형을 알아야 할 필요성이 제기된다. 결국 변화의 이론과 변화의 유형을 살펴봄으로써 우리는 변화의 본질에 한 걸음 나아갈 수 있다.

제 2 절 조직변화의 역사

조직변화는 조직출현과 함께 시작되었다고 할 수 있음으로 조직변화의 조직역사만큼이나 오래되었다고 볼 수 있지만 조직변화에 대한 연구는 20세기 들어오면서부터 본격적으로 시작되었다고 할 수 있다. Burke(2002)는 20세기 이후 조직변화연구에 영향을 준 요인으로 크게 아래와 같은 10개의 요인을 제시하였다.

첫째, 과학적 관리론
둘째, 호손효과(Hawthorn effect)
셋째, 산업심리학
넷째, 설문조사 피드백
다섯째, 감성 훈련
여섯째, 사회기술적 체계
일곱째, 조직발전
여덟째, 관리격자와 조직발전
아홉째, 강제와 대항
열 번째, 경영조언

위의 조직변화연구에 영향을 미친 요인들을 간략하게 살펴보기로 한다.

1. 과학적 관리론

테일러에 의해서 제시된 과학적 관리론은 조직의 생산성을 향상시키는 것을 강조하기 위하여 조직을 기계로 보는 고전 조직 관리 기법으로 알려져 있다. 특히 테일러는 조직구조를 변화시키는 것은 노동자들이 그들의 역량을 완전하게 쏟을 수 있도록 하는 것에 초점을 주어야 한다고 생각하였으며 시간과 동작에 대한 연구가 노동자들의 업무를 가장 효율적으로 개선하는 방식임을 주장하였다.

2. Hawthorn 연구

과학적 관리론이 조직변화에서 인간적 영역을 등한시하였다면 호손연구는 조직변화에서 인간적 영역을 강조한다. 즉, 호손연구는 조직변화를 추진함에 앞서 노동자들의 입장을 학습하는 것이 중요함을 제시하였다(Dawson, 2003). 호손연구는 조직변화의 이해에 다음과 같은 점에서 영향을 주었다.

첫째, 호손연구는 노동자들의 생산성이나 사기에 영향을 주는 인간이나 심리적 요소의 중요한 영향을 입증하였다.

둘째, 호손연구는 직무에 있어 노동자들에 대한 인간적 대접을 보다 강조한다.

셋째, 호손연구는 작업장에서 집단역동성에 대해 우리가 알고 있는 많은 자료와 정보를 제공해 주었다.

넷째, 호손연구는 노동자 자신들이 자신들의 과업을 스스로 조정할 수 있다는 직무에 대한 자율성과 같은 요인들을 설명해 준다.

3. 산업심리학

산업심리학은 갈망하는 조직변화가 조직구성원들 또는 직원 개개인들의 개인적 변화와 동일한 방향에서 개인적 변화를 위한 전략을 통해 발생할 수 있음을 설명해 준다. 즉, 산업심리학은 조직구성원들의 변화욕구와 조직변화욕구를 동시에 중요한 조직변화요소의 연구대상으로 강조하였다.

4. 설문조사 피드백(survey feedback)

질문지를 통한 설문조사 역시 조직변화연구에 영향을 주었다. 특히, 1950년대 미국 오하이오주립대학교의 지도력에 대한 설문조사와 미시간대학교의 집단역동성에 대한 실문조사는 조직 설문조사 피드백 방법의 탄생에 결정적 영향을 주었다. 조직변화연구에 있어 조사피드백의 강조는 다음과 같은 영역에서 조직변화에 영향을 주었다(Burke, 2002).

첫째, 조직변화는 자료에 기초한다.
둘째, 조직변화는 직원들부터 직접적으로 온다.
셋째, 조직변화는 무엇이 변화되어야 하고 무엇부터 변화되어야 하는지에 대한 정보를 제공한다.
넷째, 조직변화는 개인적 차원인 아닌 더 큰 체계를 향한 변화를 강조한다.

5. 감성 훈련

감성훈련, T-그룹(training을 위한 그룹을 의미), 실험실훈련 등은 모두 조직변화연구에 영향을 주었다. 훈련과정에 집단 구성원끼리 서로 토론하고 그들 자신들의 집단행동에 대해서 학습하면서 훈련 참가자들은 집단 안에서의 그들의 행동을 이해하였으며 이러한 행동에 대한 학습은 개인적 통찰력이나 개인적 발전을 위한 학습자원이 되었다. 감성훈련, T-그룹, 실험실훈련의 참가자들은 또한 집단구성원 간의 상호관계와 집단행동에 관해 더 많은 것을 학습할 수 있는 기회를 가졌다. 결국, 감성훈련, T-그룹, 실험실훈련 등은 모두 변화를 위한 교육적 도구로 작동하였으며 이러한 개인적 변화를 가능하게 하는 훈련 및 교육방법은 1950년대 후반 조직변화에도 적용되기 시작하였다. Argyris(1964)에 따르면 T-그룹은 특히, 조직발전이라는 개념의 출현에 영향을 주었다고 한다.

6. 사회-기술적 체계

조직변화에 있어 사회-기술적 체계접근은 조직변화를 위한 자료가 사회적 체계와 기술적 체계의 양쪽 측면으로부터 함께 오며 두 체계는 상호의존적이라는 관점을 제공해 준다. 특히, 한 체계의 변화는 다른 체계의 변화에 직접적으로 영향을 주며 이러한 영향은 변화과정에서 지렛대로 작동함이 강조된다. 예를 들어 새로운 정보소프트웨어의 구입이 조직의 정보체계(기술적 측면)의 변화를 가져오며 또한 소프트웨어를 사용하는 직원들이 어떻게 서로 상호 행동(사회적 측면)하는지에도 직접적으로 영향을 줄 수 있다(Trist, 1993).

7. 조직발전(organizational development, OD)

변화에 대한 인간적 관계를 강조하는 호손연구 그리고 T-훈련과 감성훈련 그리고 사회-기술적 체계접근 등은 모두 조직발전접근의 출현에 직접적인 영향을 주었다(Dawson, 2003; Burke, 2002). 특히, 조직변화를 설명해 주는 조직발전 또는 조직발전접근은 특히 Lewin의 집단내부 역동성과 계획된 변화에 대한 연구에 의해 발전되었다고 알려져 있다. 조직발전접근에 따르면 조직변화는 Lewin이 주장한 것과 같이 단계적으로 발전하여 변화하는 데 그는 조직변화가 녹이기 단계, 변화단계 그리고 다시 얼리기 단계의 과정을 거친다고 주장하였다. 따라서 조직변화에 있어 계획된 변화를 강조하는 것은 대부분 조직발전접근에 기초한다.

8. 관리격자와 조직발전

관리격자와 조직발전은 조직변화가 조직발전 접근과 Blake와 Mouton이 주장한 관리격자이론에 영향을 받았음을 강조한다. Blake와 Mouton(1964, 1978)은 관리격자이론[1]을 조직변화에 적용하고 격자조직발전(grid organizational development)이라고 이

1) Blake와 Mouton의 관리격자이론은 지도력을 두 요소인 생산을 위한 관심과 사람을 위한 관심의 조합으로 설명하는 이론이다.

름을 붙였다. 그들은 대규모 조직에 대한 횡단연구를 통해서 조직효과성에 대한 가장 큰 방해물은 첫째, 의사소통문제와 기획부족이라는 점을 주장하였으며 이 두 방해물을 극복하기 위한 6단계를 제시하였다. 1단계에서 3단계까지는 의사소통문제를 해결하는 것을 다루며 4단계에서 6단계까지는 기획부족문제를 다룬다. 결국, 이러한 조직효과성을 개선하기 위한 단계들이 조직변화를 가져온다는 것이 관리격자와 조직발전의 핵심적 내용이다.[2)]

9. 강제와 대항

강제나 대항전략과 전술 그리고 기술이 조직변화에 영향을 미친다는 것은 1980년대 민주화운동을 경험한 우리나라나 1960년대 인권운동과 반전운동 등에서 강제전술과 대항전술을 사용하였던 미국의 예를 통하여 확인할 수 있다. 또한 조직적 측면에서 본다면 노동조합의 경영자집단에 대한 강제전술이나 대항전술은 단위 사업장의 조직변화를 유도할 수 있다.

10. 경영조언

경영조언(management consulting)은 관리자를 향한 조직경영에 대한 조언이 조직발전 나아가 조직변화에 영향을 미친다는 것을 강조한다. 현대 사회에서 조직경영이나 조직관리를 컨설팅해 주는 사업은 거대 산업화되어 있을 정도로 발전하였다.

---

2) 격자조직발전의 6단계에 대한 자세한 내용은 Burke(2002). p. 37을 참조하길 바람

조직변화연구에 영향을 미친 요소들을 종합하여 표로 제시하면 아래와 같다.

조직변화연구	내 용
과학적 관리론	관학적 관리로는 조직변화에 대한 체계적 접근을 제시 하는데 영향을 줌
Hawthorn 연구	호손연구는 조직변화에서 인간영역에 대한 중요성을 입증하였으며 미래의 응용행동과학으로의 발전에 영향을 줌
산업심리학	산업심리학은 조직변화연구에서 개인과 조직의 통합을 가져다주었음
설문조사 피드백 (survey feedback)	조사 피드백은 조직변화를 실행하고 진단하는데 있어 중요한 도구로서 작동함
감성훈련	감성적 훈련은 집단역동성과 개인 상호간 행동에 관한 학습에 영향을 줌
사회기술적 체계 (socio-technical system)	사회기술적 체계는 조직에서의 작업도구와 인간 상호간의 종속성에 대해 그동안 간과되었던 비판적 본질을 살펴봄
조직발전 (organizational development, OD)	조직발전연구는 조직변화에 대한 총체적 체계와 변화단계(과정)를 강조함으로써 조직변화에 대한 체계적 접근을 가능하도록 해주었음
관리격자와 조직발전	관리격자와 조직발전은 조직변화에서의 우선적인 과업이나 조직이 해결하여야 하는 우선적인 문제의 중요성을 강조함
강제와 대항	조직을 변화시키기 위한 노력으로서의 강제나 대항기술을 학습하는데 영향을 줌
경영조언	행동과학에 근거하는 조직관리에 대한 표준적인 유형들의 통합은 조직변화방법과 과정에 대한 우리의 이해나 조직효과성을 강화시키는데 영향을 미침

자료: Burke(2002). p. 42에서 재인용

제 3 절 조직변화의 논리

어떻게 조직은 변화하는가? 이에 대한 대답은 조직이론으로부터 유추해 볼 수 있다. 조직이론은 조직을 이해하는 방식으로써 그리고 조직에서 이루어지는 실천 행동을 인도하는 보편적 규정을 알려주는 역할을 담당한다. 우리는 조직을 설명해 주는 다양한 이론적 배경을 이해함으로써 어떻게 조직의 구조가 눈에 보이지 않는 비공식적 구조를 가질 수 있는지, 항상 한 사람에 하나의 슈퍼비전만 필요한 것인지, 조직차트에는 항상 분명한 권위의 경로만 존재하는지, 명령의 체계는 어떠한 모습을 띠고 있는지, 각 조직들이 성취하려고 하는 일차적인 행정적 과업은 무엇인지, 정책결정의 경로는 무엇인지 등에 관한 일차적인 해답을 얻을 수 있다. 따라서 조직전반에 대한 행동경로를 이해하기 위해 필요한 조직이론은 변화에 대한 행동경로의 필요성을 또한 우리들에게 제시하여준다고 할 수 있다. 조직이론 중 조직변화의 논리를 제공해주는 이론으로는 체계이론, 과학적 관리이론, 안간관계이론, 상황이론 그리고 Marx이론 등이 대표적이다. 각각의 이론들이 강조하는 변화의 논리를 살펴보기로 한다.[3)]

3) 구체적인 조직변화이론은 제6장에서 다룬다.

1. 과학적 관리이론과 변화

산업사회가 등장하여 빠르게 발전하면서 조직에 미친 가장 특징적인 측면은 공장의 성장과 발전이라고 할 수 있다. 공장이라고 하는 하나의 조직이 등장하면서 직무를 조직화하는 새로운 방법으로서 Adam Smith에 의해서 강조되었던 노동의 분업(division of labor)이 채택되었다. 이러한 Smith의 노동의 분업에 따른 단순과업에 대한 강조는 특히 과학적 관리이론을 강조하였던 Taylor에 의해서 보다 세련되게 발전하였다. 특히 Taylor는 직무를 통제하고 조직하는데 있어서 과학적 방법을 강조하였다(Dawson, 2003). 그는 체계적인 시간(time)과 동작(motion)에 대한 연구를 통해서 직무를 수행하는 가장 효율적인 방식을 확인하는 것이 가능하다고 믿었으며 이러한 그의 사고는 후에 과학적 관리이론이라고 이름 붙게 되었다. 이러한 시간과 동작에 대한 강조는 노동자들이 그들이 가지고 있는 능력을 모두 사용할 수 있는 것을 보장할 수 있는 새로운 조직구조를 재설계하기 위해 사용되었다. 즉, Taylor에게 있어서 조직의 변화는 결국 노동자들의 능력을 100% 발휘할 수 있도록 조직구조를 변경하는 것을 의미한다고 볼 수 있다. 그는 비효율성은 치료될 수 있다고 믿었으며 특히 증가된 생산성은 노동자들에게는 인상된 임금을 통해서 그리고 기업가에게는 증가된 이익을 통해서 혜택으로 돌아온다고 강조하였다.

2. 인간관계이론과 변화

과학적 관리이론이 파생하는 문제점들에 대한 대안으로서 인간관계를 강조하는 인간관계이론이 조직이론에 등장하였다. 특히 2차 세계대전 이후 노동조합의 등장과 경제적 번영 그리고 기업의 크기에 있어서의 증가와 함께 산업사회에 대한 불안과 불만 그리고 소외 등이 조직에 있어 큰 관심으로 등장하게 되었으며 이러한 요인들 또한 인간관계이론이 등장하는데 많은 역할을 담당하게 된다. 특히 인간관계관리이론을 주장하였던 Roethlisberger와 Dickson (1950)은 결정수립에 있어서 고용인들의 참여를 고취시키는 민주적 유형의 지도력을 강조하였는데 이는 조직을 변화시키는데 있어서 또는 변화를 시작하기 전에 고용인들에게 모든 정보를 공개하고 그들의 입장을 귀담아 들으며 그들로부터 조언을 구하는 것이 중요하다는 것을 의미하였다. 결국, 인간관계이론은 변화에 있어서 기술적 측면보다 인간적 측면이 보다 고려되어야 함을 강조하였다고 볼 수 있다.

3. 상황이론과 변화

현재 사회복지조직은 예측할 수 있는 환경에서만 활동하는 것이 아니라 예측할 수 없는 환경에도 놓여 있다. 상황이론은 이러한 예측할 수 없는 상황을 강조하는 이론이다. 조직은 이 예측 못할 환경에서 살아남기 위하여 변화해야 할 필요성이 있는 것이며 이렇게 예기치 못한 환경에 적응을 잘 하는 유기체적 조직은 더 놓은 수준의 생산성과 결과를 기대할 수 있게 되는 것이다. 상황이론은 조직관리나 설계에 있어 가장 좋은 방식 또는 조직을 구조화하는데 있어 가장 좋은 방식은 상황에 따라 다르다는 점을 강조한다. 상황이론에 따르면 조직을 둘러싼 환경으로부터의 요구는 다양하며 이 다양한 요구는 조직이 수행하는 과업의 예측성 그리고 서비스를 행하거나 상품을 생산하는 과정에서 수행되는 기능에 막강한 영향을 준다고 한다.

결국, **상황이론**에 따르면 변화는 예측할 수 없는 환경에 기인한다. 그리고 환경이란 예측할 수 없으며 따라서 조직이 생존하기 위해서 환경 변화에 대응해야 함이 강조된다. 따라서 환경의 불확실성이 조직변화에 중요한 원인을 제공하게 됨을 알 수 있다. 조직은 생존을 위해 필요한 조건을 만들어내는 수단으로서 투입을 산출로 변형시키면서 조직의 정황과 끊임없이 상호 행동하는 열린 체계이다. 상황이론에 의하면 환경의 변화는 조직이 반드시 응답하여야 하는 도전을 나타내는 것으로 비쳐지기 때문에 조직이 직면한 문제를 해결하기 위한 해결책은 환경의 변화에서 온다고 할 수 있다. 결국 상황이론은 환경의 변화가 조직의 변화를 이끌어내고 조직이 환경의 변화에 적응하는 것이 그들이 직면한 문제를 해결하는 지름길임을 강조한다. 그리고 조직이 효과성을 증대시키기 위해서는 조직환경과 조직의 내부구조 사이의 적합성이 중요한 요인으로 작용한다는 점이 지적된다(Hasenfeld, 1983). 따라서 상황이론에 의하면 조직의 일차적인 행정적 과업 또는 행동들은 조직의 특수한 속성과 조직이 운영되고 있는 환경이 적합하도록 만드는 것이라고 할 수 있다(Patti, 1974).

4. 체계이론과 변화

체계이론은 조직을 다양한 역동성과 메커니즘에 기초를 둔 구체적 기능을 수행하는 많은 하위체계로 구성된 복합체로 바라본다. 체계이론에 따르면 조직은 끊임없이 변화하는 환경에서 조직의 생존과 유지에 기여하는 각각의 독립적인 하위체계들로 구성되어 있는 하나의 유기체이다. Maturana와 Varela(1980)에 따르면 살아있는 체계는 조직에 모든 변화를 종속시켜서 동질성을 유지하기 위해 노력한다고 한다. 따라서 조직변화는 자기동질성을 유지하려는 움직임이며 자기동질성이 바로 조직변화라고 할 수 있다. 살아있는 체계의 목적은 궁극적으로 그들 자신을 생산하는 것이기 때문에 체계의 환경과의 상호작용 그리고 변화는 자기 자신을 만들어내는 것을 촉진시키기 위해 필요하다고 볼 수 있다. 그리고 각각의 부분은 상호 연계되어 있기 때문에 체계의 한 부분에서의 변화는 다른 부분에도 영향을 미쳐서 다른 부분도 변화하도록 한다는 점이 강조된다.

5. Marx이론과 변화

Marx는 변증법적 변화를 강조하였다. 그에 따르면 모든 **변화는 반대하는 것들 사이의 긴장의 생산물**이다. 그는 모든 현상들은 그들 자신들을 변화시키기 위한 잠재적 경향과 모순을 만들어 낸다고 강조한다. 그의 변화에 대한 이론은 변증법적 변화이론이라고 알려져 있다(Morgan, 1986). Marx의 관점에 따르면 다른 모든 사회

제도와 마찬가지로 조직도 그들 자신의 변형과 해체를 결과하는 변증법적 힘에 종속되어 있다고 한다(Benson, 1975). Morgan (1986)에 따르면 변증법적 변화는 세 개의 원칙이 있다고 한다. 그 원칙들은 다음과 같다.

첫째 원칙, 상호투쟁 또는 반대하는 것들 사이의 통합
둘째 원칙, 부정의 부정
셋째 원칙, 양의 질로의 전환

변화에 대한 첫 번째 원칙은 자체적으로 형성되는 변화의 과정을 설명한다. 즉, 사회현상은 그들의 반대편과의 긴장(tension)에 결과해서 자체적으로 변화한다는 것을 의미한다. 이 첫 번째 원칙은 모순(contradiction)을 강조하는 것이며 Marx에 의해서 어떻게 하나의 사회적 배열이 또 다른 하나의 사회적 배열에 영향을 주는지를 설명하는 것으로 사용되어졌다.

두 번째 원칙에 따르면 부정은 단순히 이전의 형태를 거절하는 것이 아니고 이전의 형태에서 무엇인가를 보유한 상태에서의 부정을 의미하는 것이기 때문에 어떻게 변화가 발전적이 되는지를 설명해 준다. 즉, 하나의 통제 행동은 그 통제를 반대하는 통제행동에 의해서 부정되고 그리고 나아가 그 통제행동은 다시 그 통제행동을 부정하는 통제행동(부정의 부정이 반복)에 의해서 부정된다. 따라서 부정의 연속적인 유형은 이전 부정의 요소를 포함하면서 부정의 부정을 통해 발전된다.

세 번째 원칙은 사회조직의 한 형태가 다른 형태로 가는 방식을 제공하는 혁명적 변화과정을 설명해 준다. Marx주의자들은 이 과정을 "총체적 변형"이라고 불렀다. 자연현상으로서 양이 질로 전환되는 과정은 쉽게 찾아볼 수 있다. 예를 들어 물이 끓는점에 도달하게 되면 물은 증기로 변화한다. 이러한 자연적인 양의 질로의 전환과정은 사회조직에서도 관찰될 수 있다. 통제와 반통제의 과정이 통제가 더 이상 지속될 수 없을 때까지 지속되어 협력이나 파괴적인 행동의 새로운 단계로 이끈다. 결국 사회 안에서의 축적된 변화는 그 사회의 기본적 토대를 변화시키는 혁명을 위한 플랫폼을 제공하게 된다.

변화의 변증법적 발전에 기초해서 Marx의 사회에 대한 분석은 사회적 배열이 내적인 모순을 만들어내고 부정과 반부정의 계속적인 유형을 이끈다는 것이다. 따라서 부정의 부정은 내적 모순이 더 이상 존재하지 않을 때까지 체계의 진보적 발전을 허락한다. 결국 변증법적 변화의 세 원칙이 사회체계 또는 사회조직의 변형 또는 변화를 설명하는데 또는 이해하는데 도움을 준다.

제 4 절 비영리조직과 변화

1. 조직이란?[4)]

조직을 체계주의적 관점으로 바라본다면 조직은 하나의 체계이다. 모든 조직은 인적 그리고 물적 자원들을 투입하여 다양한 방식으로의 변형을 통해서 재화와 서비스의 산출물의 분배와 생산에 그들의 모든 노력을 기울인다. 조직은 다양하고 변화하는 기술적

4) 이하의 논의는 지은구(2007). 『사회복지조직연구』(청목출판사)의 제1장을 참조하였음.

경제적 사회적 정황에서 쇠퇴하고 발전하고 부상하는 매우 복잡한 역동적인 체계라고 정의할 수 있다.

Shafritz과 Ott(2001)는 조직이 특정 목적을 가지고 있는 **사회적 단위(social unit)**라고 정의하였다. 이는 Blau와 Scott(1962)가 특정한 목적을 성취하는 것을 목적으로 설립된 많은 사람들로 구성된 사회적 단위로 조직을 정의한 영향을 그대로 이어받은 결과라고 생각된다. Shafritz과 Ott(2001)에 따르면 조직은 목적을 가지고 있고 참여자들을 유인하고 또는 끌어들이고 그리고 목적을 성취하기 위해 자원을 할당하고 필요로 하며 활동을 조정하고 분리하기 위한 어떤 형태의 **구조(structure)**를 사용한다고 한다. 그리고 다른 사람들을 인도하고 관리하는데 있어 특정 사람들에 의존한다고 한다. 또한 이런 조직의 속성들은 조직을 둘러싸고 있는 환경에 크게 의존한다고 강조하였다.

또 다른 한편으로 조직은 임무와 조정에 의해서 유지되는 일련의 역할이 모여 있는 곳이며 구조적으로 조직은 역할, 임무, 그리고 조정을 필요로 한다는 견해가 있다. 이러한 정의는 Lakey, Lakey, Napier and Robinson(1995)에 의해서 주장되었다. 그리고 Barker(1995)는 사회복지사전에서 공식적으로 구조화된 사람들, 도구, 자원의 배열이 함께 미리 결정된 목표를 성취하기 위해서 제도화된 전략들을 통해서 오는 것이 조직이라고 정의하였다. 또한 Barnard(1938)는 조직을 두 사람 또는 그 이상의 사람들이 의식적으로 협조한 행동이나 힘의 체계라고 정의하고 공식적 조직과 비공식적 조직이라는 개념을 구분하였으며 Dawson(1996)은 조직을 집단적, 개인적 목표를 성취하기 위해서 공식적인 모임으로 사람들이 함께 엮여 있는 집합체라고 정의하였다. 결국 조직은 목적을 성취하기 위해서 다양한 역할을 수행하는 사회적 단위 또는 체계라고 정리할 수 있다.

2. 비영리조직과 인간봉사조직 그리고 사회복지조직

1) 비영리조직

비영리조직은 제3부분, 자발적, 자선적, 세금면제조직, 그리고 비정부조직 등으로 불리며, 조직의 이윤으로부터 재정적으로 보상이 이루어지지 않는 자발적인 이사회를 가지고 있고, 모든 조직의 이윤은 반드시 조직으로 재투자되어야 함을 원칙으로 하는 조직을 의미한다. Kramer(1981)는 비영리조직을 지역에 있는 지역주민이나 client들에게 사회 서비스를 지속적으로 제공하기 위해 전문적 또는 자발적 직원들을 고용하고 있는 선출된 이사들에 의해서 지배받고 있는 관료적으로 구조화된 조직이라고 정의하였다. Anthony와 Young(1984)는 비영리조직을 조직의 소유자를 위해 이익을 벌어들이지 않고 다른 무엇인가를 목적으로 조직이라고 정의하였다. 한편 Hall(1982)은 비영리조직을 첫째, 정부와의 계약으로 공적인 과업을 수행하기 위하여 둘째, 국가나 시장이 다룰 수 없는 요구를 포함하는 과업을 수행하기 위하여 그리고 마지막으로 공기관이나 이윤을 추구하는 기관 정책에 영향을 미치기 위하여 함께 모인 사람들의 한 집단이라고 정의하였다.

한편 Lohmann(1992)는 비영리조직이 다음과 같은 성격을 내포하고 있다고 하였다.

첫째, 자발적 참여

둘째, 공유된 목적

셋째, 공유된 자원

넷째, 상호관계를 전개한다는 인식

다섯째, 정의에 대한 자생적인 규범

비영리조직은 수십 년에 걸쳐서 시민조직으로, 자발적 조직으로, 그리고 선출된 이사회를 가지고 있는 비정부조직으로 불려왔다. 비영리조직은 자발적 조직이라고 불리기 때문에 공적으로 의무가 없는 비정부조직(non governmental organization, NGO)도 비영리조직의 한 유형이 된다. 여기서 자발적이라는 의미는 이사회의 성원들이 자발적으로 아무런 보상에 대한 기대 없이 봉사한다는 의미로 자발적이라는 의미가 강조된다고 볼 수 있다. 따라서 비영리조직은 어떠한 이윤도 개인적 목적을 위해서 사용되지 않는 조직을 의미한다고 볼 수 있다. 예를 들어 예산이 남았다고 해도 남은 예산은 다음연도를 위해 사용되어져야 함을 의미한다. 또한 비영리조직은 서비스전달체계에 있어 정부조직과 상호의존적인 요소를 가지고 있다. 이 상호의존적인 서비스전달은 정부조직과 비영리조직 환경의 독특한 특징을 나타내 주는데 이는 대부분의 비영리 사회복지조직이 정부의 예산에 의존해 있기 때문이다. 다시 말해 정부기관이 직접 사회복지서비스를 제공하는 것보다 많은 부분의 정부재정지원 사회복지서비스가 비영리조직에 의해서 제공되고 있다는 것을 의미한다.

Kramer(1981)는 비영리조직이 담당하는 조직적 역할을 다음과 같이 네 개로 분류하고 있다. 그에 따르면 비영리조직의 역할은 다음과 같다.

첫째, **선구자적 역할** : 비영리조직은 실험적이고 선구자적이고 혁신적인 새로운 프로그램을 창조하는 역할을 담당한다.

둘째, **지지적 역할** : 정부에 필요한 서비스를 만들고 개선시키고 그리고 확대하도록 정부관료들에게 압력을 가하고 설득하는 역할을 담당한다.

셋째, **가치안내자의 역할** : 비영리조직은 특정 집단의 이익을 보호하기 위해 특정 신념, 이념, 가치를 유지하는 데 있어 지도력을 제공한다.

넷째, **서비스제공자의 역할** : 정부가 제공하기를 꺼려한다든지 제공할 수 없는 또는 제공할 의지가 없는 사회서비스를 제공하는 역할을 한다.

2) 인간봉사조직

인간봉사조직(human service organization)은 의료, 교육 그리고 사회복지를 포함하는 광범위한 영역의 조직을 의미하며, 인간의 건강과 교육 그리고 복지 등을 포함해서 인간 삶의 전반적인 개선을 목적으로 하는 조직을 의미한다. 따라서 모든 사회복지조직은 인간봉사조직이라고 할 수 있지만 모든 인간봉사조직이 사회복지조직은 아니라고 할 수 있다. 인간봉사조직에 대한 정의는 크게 넓은 의미의 정의와 좁은 의미의 정의로 구별해서 살펴볼 수 있다.

넓은 의미로 인간봉사조직을 바라보는 학자들인 Brager와 Holloway(1978)는 인간봉사조직을 사람들의 사회적, 육체적, 정서적, 지적 번영을 향상시키는 것을 목적으로 하는 공식적 조직이라고 정의하였다. Hasenfeld(1983)는 인간봉사조직이란 개개인들의 개인적 번영을 보호하고 증진시키기 위해 설계된 조직이라고 정의하였다. Kettner, Daley, 그리고 Nichols(1985)는 인간봉사조직이 집단이나 개인들을 위한 치료, 사회화 또는 다른 서비스를 포함해서 광범위한 프로그램과 서비스를 제공하는 조직이라고 한다. 그들에 따르면 대부분의 인간봉사조직은 사회문제에 관한 개개인들의 관심에서 그 존재의 의미를 찾을 수 있다. 다시 말해 인간봉사조직은 사회문제가 개개인들의 삶의 영역에 영향을 미치는 범위에 관심이 있다고 할 수 있다. 따라서 그들은 인간봉사조직을 사회문제와의 연관 하에서 정의하려고 하였음을 알 수 있다. Netting, Kettner 그리고 McMurtry(2004)는 원료(raw materials)로서의 인간에 대한 서비스를 강조하는 Hasenfeld의 견해를 받아들여 인간봉사조직은 조직의 client나 소비자의 삶의 질을 개선시키기 위해 특정 재화를 만들어내고 분배하는 조직이라고 정리하였다. 하지만 이러한 넓은 의미의 정의는 인간봉사조직의 서비스를 받게 되는 사람들에 대한 범위가 너무 광범위하기 때문에 인간봉사조직이 갖는 특징을 제대로 지적하지 못한다는 한계와 제공되는 서비스의 범위가 너무 넓다는 지적을 받아왔다.

인간봉사조직이 갖는 특징을 제대로 지적하기 위해 정의를 좁힌다면 다음과 같은 학자들의 정의를 살펴볼 수 있다. Patti(2000)는 인간봉사조직은 기본적인 동질성을 공유하는 것으로 간주되는 건강, 정신건강, 교육, 사회복지(또는 사회적 서비스)분야에 있는 조직을 의미한다고 정의하였다. 그리고 Burger와 Youkeles(2000)은 인간봉사조직이란 건강보호, 정신건강, 육체적 장애, 사회복지, 유아보호, 주택, 교육과 여가, 범죄의 영역에서 사람들을 돕는 행동을 하는 조직이라고 정의하여 제공되는 서비스의 범위를 조금 넓

혔음을 알 수 있다.

결국 인간봉사조직은 공통적으로 지적되고 있는 인간봉사분야인 건강과 교육 사회복지서비스분야에 있는 조직으로서 client들이 삶의 질을 개선시킬 수 있는 특정 재화를 만들어내고 분배하는 조직이라고 정리할 수 있다.

건강과 관련한 인간봉사조직은 병원이 있으며 교육과 관련된 인간봉사조직은 대학교 등의 학교가 있다. 대부분의 병원과 학교는 국고보조금과 소비자부담원칙에 따른 재정충담금으로 운영되며 사회복지기관 역시 역간의 소비자이용금과 국가보조금에 의해서 운영되고 있지만 사회복지관은 회비나 기부금에 의해 서비스가 제공되기도 한다. 사회복지기관이 client에게 서비스이용에 따른 부담금을 책정하는 경우, 대체적으로 요금은 매우 낮게 책정되는데 이는 요금책정의 주된 목적이 client의 자긍심이나 자존심의 유지에 있지 전적으로 경제적 이유 즉, 요금에 의해 기관을 운영하겠다는 이유에 있지 않기 때문이다.

3) 사회복지조직

조직을 목적을 성취하기 위해서 다양한 역할을 수행하는 사회적 단위 또는 체계라고 정의한다면 사회복지조직은 거시적으로는 사회문제해결이라는 목적을 성취하기 위해 구성된 사회적 단위라고 정의할 수 있으며 미시적으로는 사회문제의 영향을 받은 개인들의 문제나 욕구를 집합적 노력으로 해결하고자 하는 공동체의 한 단위라고 정의할 수 있다. 따라서 일반조직들과는 달리 사회복지조직은 다음과 같은 두 가지의 특징을 가지고 있는데 첫 번째로 사람들에게 구체적으로는 문제나 욕구를 해결하기를 원하는 사람들인

client들에게 직접적으로 서비스를 제공한다는 특징과 그리고 두 번째로 사람들의 복지를 증진시키고 보호하는 것을 통해서 그 조직적 실체에 대한 정당성을 부여받는다는 특징을 가지고 있다.

또한 사회복지조직에 대한 정의에 있어 경제적 측면 즉, 구체적으로 시장 교환적 측면을 강조한다면 사회복지조직은 사회적 상품과 재화의 교환의 장이라고 정리할 수 있다. 일반적으로 자본주의 하에서 상품과 재화의 교환의 장은 시장이며 일반 기업조직들은 시장에서 교환될 상품을 만드는 것을 일차적인 조직기능으로 삼고 있다. 하지만 사회복지서비스와 재화 즉, 사회적 상품은 교환이 시장에서 이루어지지 않는 공공재적 성격을 띠고 있으며 사회적 상품을 생산해내는 조직(공적 조직이든 민간비영리조직이든)에서 직접적으로 사회적 재화와 서비스를 만들고 또한 조직을 통해서 직접적으로 client들에게 서비스나 재화를 제공해 주기 때문에 이러한 의미에서 본다면 사회복지조직은 사회복지서비스와 재화를 생산, 분배 소비하는 장소가 된다. 따라서 사회복지조직이 사회적 상품의 교환의 장이라고 정의할 수 있게 된다.

사회복지서비스를 제공하는 사회복지조직이 영리를 추구하는 경우 시장에서 주로 서비스를 제공하게 되고 이용자들은 자신들의 화폐가치를 이용하여 서비스를 선택하게 된다. 반면 비영리사회복지조직의 경우 대부분 국가와의 주인-대리인관계에 의해서 국고보조금을 제공받고 사회복지서비스를 국가 대신 제공하여 국가로부터 관리감독을 받게 되는 경우가 일반적이다. 본 연구는 비영리조직변화를 다룸으로 영리를 추구하는 사회복지조직의 변화는 본 연구의 범위에서 벗어난다.

3. 비영리조직변화의 목적

인간이 내적 외적 요인에 의해서 계속적인 변화를 추구해 왔던 것과 마찬가지로 사회에 존재하는 모든 체계도 외적 내적 요인에 의해서 빠르게 변화해 왔다. 일반적으로 변화의 여건은 외부환경에 의해서 만들어지는 경우가 많이 있지만 내부의 여건이 변화를 실행하도록 부추기는 역할을 담당하기도 한다. 계속적으로 변화를 추구하지 않는 인간은 현대사회의 경쟁에서 살아남기가 점점 어려워지고 있으며 인간은 계속적인 생존을 유지하기 위해 끊임없는 스스로의 변화를 추구한다.

사회문제를 예방하고 해결하는 것을 조직의 가치나 비전으로 설정한 대부분의 비영리조직이 직면하고 있는 현대사회에서 조직을 둘러싼 외부적 환경은 끊임없이 조직을 변화시키도록 추동하고 있으며 변화를 추구하지 않는 조직은 쇠퇴와 퇴보의 과정으로 들어가도록 압력을 가하고 있다. 우리는 불확실성의 시대에 살고 있다고 한다. 특히 사회복지조직을 포함하는 비영리조직을 둘러싼 불확실성은 조직이 더욱 책임감있는 행정과 서비스전달체계를 유지 확보하도록 동기를 부여하고 있다. 계속적인 사회복지의 민영화를 위한 시도, 예산의 삭감, 새로운 위험에 따른 사회문제의 복잡성과 다양성의 확대 등 인간봉사영역현장을 둘러싸고 있는 환경조건들은 조직변화를 통해서 이러한 환경조건에 더욱 책임성 있으며 효과적이고 지역주민이나 client의 욕구에 응답적인 질 좋은 서비스를 제공하도록 압력을 가하고 이러한 변화에 적응하지 못하는 조직은 퇴보하도록 하는 조직메커니즘을 형성하고 있다. 비영리조직행정에서 지도력과 조직구조의 중요성은 조직의 생존과 안정 그리고 번영과 퇴보를 결정짓는 중요한 요인으로 자리 잡고 있으며 변화에 적극적으로 응답하지 않는 조직행정과 지도력 그리고 구조와 서비스전달체계 등은 조직이 자지자신의 정당성을 상실하고 존재의 의미를 상실하도록 하여 사회복지조직으로서의 생명이 꺼지도록 영향력을 행사한다.

비영리조직을 운영 또는 관리하는 것은 조직 안에서의 정책의 계속적인 수정과 변화를 필요로 하는 하나의 역동적인 과정이라고 한다(Frey, 1990). 따라서 조직변화는 조직을 운영하기 위해 나아가 조직이 생존하기 위해 추구하는 계속적인 과정이라고 할 수 있다. 비영리조직이 가지고 있는 가장 중요한 존재근거 또는 조직설립목적은 거시적으로 바라보았을 때 보다 건강한 사회의 건설이나 사회문제의 해결이라고 할 수 있기 때문에 비영리조직 안에서의 정책의 계속적인 수정과 변화는 주민이나 client들이 가지고 있는 문제를 해결하기 위해 조직적 측면에서 가장 효과적이고 문제 해결적인 서비스나 행정 등을 제공하기 위한 계속적인 노력이라고 할 수 있다. 따라서 사회복지행정가, 정책결정가, 또는 일선 실천가들은 지역주민이나 client들에 대한 서비스를 개선시키기 위한 혁신적인 방안을 찾는 것에 책임이 있다고 볼 수 있다. 결국 주민들이나 client에게 더욱 빠르게 응답하기 위해서 또는 주민과 client의 문제를 효과적으로 해결하기 위해서 비영리조직은 조직이 제공하는 프로그램과 조직의 구조를 변화시킬 수 있는 능력을 반드시 가지고 있어야 한다.

조직변화는 일부 행정가나 관리자들만의 문제가 아니다. 조직변화가 조직의 서비스전달체계를 변화시킬 수 있기 때문에 관리자들을 물론이고 일선사회복지사들도 조직변화에 많은 관심을 기울여야 한다. 이는 일선사회복지사들이 조직의 가장 밑바닥에서 어떻게 조직의 정책과 그 조직의 운영실태가 서비스를 제공하는 실천 환경에 영향을 미치는지를 직접 확인할 수 있고 또한 그들은 매일 매일 현장에서 만나는 지역주민과 client들에 대한 서비스전달을 증진시킬 수 있는 이슈들을 확인할 수 있으며 변화를 제안할 수도 있기 때문이다.

조직변화는 위에서 밑으로 내려오는 상명하달과정으로 비춰지기도 하지만(French, Bell and Zawacki, 1978), 일반적으로 조직변화는 행정적으로 설계된 변화를 위해 낮은 단계에 있는 직원들로부터의 승낙으로 이루어지는 행정과정이라고 할 수 있다(Frey, 1990; Brager and Holloway, 1978; Resnick and Patti, 1980; Weissman, 1973; Finch, 1976; Pawlak, 1976; Wasserman, 1971). 따라서 변화를 성공적으로 수행하기 위해서는 상위직원들과 하위직원들 사이의 효과적인 서비스전달의 목적을 공유하여야 하며 그리고 효과적인 변화를 증진시키기 위해 두 집단의 상호지지와 지원은 필수적이라고 할 수 있다. Kast와 Rosenweig(1974)에 따르면 조직은 정보와 에너지와 자원이 들어오고 나가는 것을 통해서 조직환경과 상호 행동하는 열린 체계이기 때문에 필연적으로 조직은 변화한다고 한다.

Hasenfeld(1983)는 조직변화란 힘의 분배, 조직의 내부구조, 자원할당을 변경하는 것이라고 정의하였으며 Feinstein(1985)은 변화가 새로운 프로그램의 채택, 새로운 client들에게 서비스하는 것, 새로운 하부체계와 회원의 개발, 새로운 직원 기능의 창조나 새로운 직원의 고용 등을 포함하는 것이라고 하였다. Feinstein에 따르면 조직을 변화시키기 위해서 조직의 약점과 강점을 파악하고 있어야 하며 성장을 위한 기회를 확인하고 변화를 위한 능력과 의지를 건설하여야 한다고 강조하였다. Frey(1990)는 조직변화가 서비스전달체계를 형성하는 것이기 때문에 사회복지사들을 포함하는 변화의 실무자들은 조직의 실천과 정책이 어떻게 실천현장에 영향을 미치는지 그리고 제안된 변화나 이슈가 client들에 대한 서비스전달을 개선시키는지를 확인하는 것이 중요하다고 강조하였다. 그리고 Brager와 Holloway(1978)에 따르면 조직의 변화는 사회복지사나 실무자가 어떤 것의 현재 상태와 그것이 이렇게 변했으면 좋겠다는 것 사이의 긴장을 경험하는 것에서 시작한다고 주장하였다. 따라서 그들에게 있어 조직변화란 조직의 실천 현장에 실재하는 것과 바꾸어지기를 갈망하는 것 사이의 긴장을 해소하는 것이라고 정리할 수 있다. 한편 Resnick(1980)은 조직변화를 위해 필요한 네 개의 구성요인을 강조하였다. 그에 따르면 조직변화는 첫째, 변화촉매자가 있어야 하고, 둘째, 행동체계가 있어야 하며 셋째, 변화를 위한 제안서와 마지막으로 행동계획이다.

결국 비영리조직변화의 목적은 조직의 구조, 지도력, 행정체계, 서비스전달체계 등 조직 전반에 걸쳐 급속하게 변화하는 환경에 빠르게 적응하고 지역주민과 client의 욕구에 더욱 빠르게 응답하기 위해서 조직을 효과적이며 서비스 질을 강조하도록 만드는 것에 있다고 정리할 수 있다.

제 3 장

조직발전과 조직변화

제 1 절 혁신, 발전 그리고 변화

1. 혁신과 변화

조직이 client들에 대한 응답을 증진 또는 개선시키기 위해서 실행하는 변화 이외에 조직에 의해서 실행되는 또 다른 방식으로 혁신(innovation)이 있다. 종종 조직 내부구조와 관련해서 혁신과 변화가 혼동되는 경우가 있다. 따라서 혁신과 변화에 대한 정의와 이 두 개념의 차이점에 대해서 살펴보기로 한다. 일반적으로 혁신이란 새로운 제도나 기술 등을 도입하는 것이라고 알려져 있는데 조직과 관련해서 Hasenfeld(1983)는 **조직혁신**이란 조직에 의해서 새로운 것으로 인식되어진 상품, 서비스, 또는 기술을 채택하는 것이라고 정의하였다. 반면에 **조직변화**란 자원의 할당, 힘의 분배, 조직

내부 구조의 수정을 의미한다. 예를 들어 어떤 행동으로 인해 자원 할당의 변화를 포함하는 조직 임무의 변경이 나타나는 경우는 조직변화를 의미한다고 할 수 있다. 또한 새로운 프로그램의 도입이 자원의 투자를 필요로 하고 노동분업의 내부적인 재구조화를 추구한다면 이것 역시 조직변화라고 할 수 있다.

따라서 조직변화는 내부 조직 형태와 조직의 경제, 둘 다의 변형을 의미하며 혁신은 내부경제의 구성요인들 중 기술요인과 상품요인에 있어서의 변경에 국한된다고 할 수 있다(Hasenfeld, 1983). 하지만 혁신의 실행이 자원의 할당, 힘의 분배, 조직 내부구조의 변화를 동반하는 경우에는 **급진적인 혁신**(radical innovation)으로 볼 수 있으면 이러한 경우 급진적인 혁신은 조직 변화와 동일한 의미로 사용될 수 있다. 따라서 변화가 혁신보다는 포괄적인 의미를 내포하고 있다고 간주할 수 있으며 혁신도 어느 정도의 변화를 포함한다고 정리할 수 있다.

혁신을 설명하는 가장 대표적인 모델은 Rogers(1962, 1983)에 의해서 제시되었다. Rogers는 혁신이 3단계의 일련의 과정이 순차적으로 발생하면서 나타난다고 주장하였다. 혁신의 세 단계는 첫째, 생각을 고안하는 단계, 둘째, 고안해낸 생각을 프로그램이나 또는 고안물로 만들고 생산해내고 발전시키는 단계, 셋째, 이용자들이 고안물이나 고안한 프로그램 등을 채택하고 유포하는 단계이다. 그는 또한 채택하고 유포하는 단계는 인식, 설득, 평가, 시도, 실행 등과 같은 하위 단계들을 포함한다고 보았다.

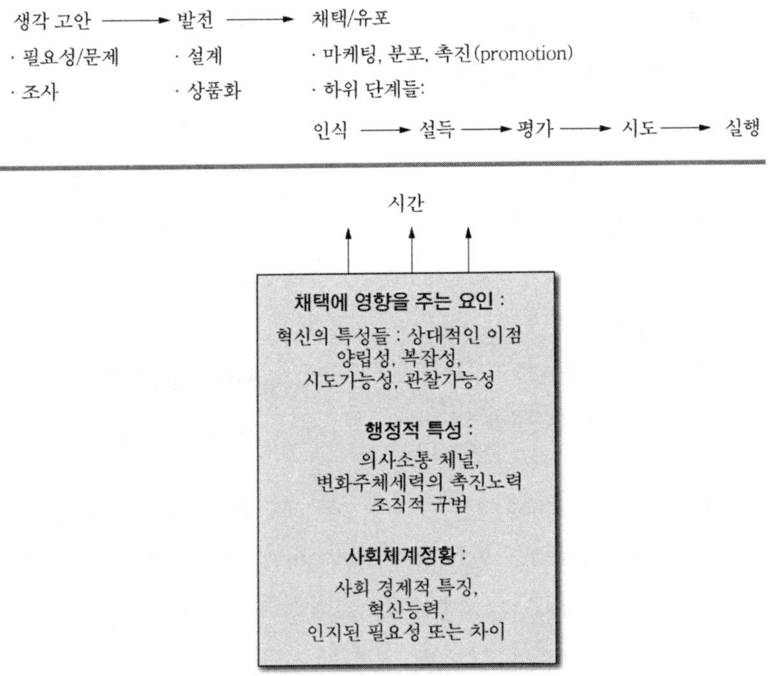

자료: Rogers(1983). p. 233에서 재인용

〈그림 3-1〉 Rogers의 혁신과정모델

Kanter(1983)에 따르면 **혁신적 조직**(innovative organization)은 다음과 같은 속성을 가지고 있는 비관료적 구조로 특징지어진다고 강조하였다. 그에 따르면 혁신적 조직이 가지는 속성은 첫째, 일선 직원(사회복지사)이 자신의 직무에 관한 결정수립에 참여할 수 있는 탈 중앙화된 구조, 둘째, 수직적 그리고 수평적으로 자유롭게 의사소통할 수 있는 열린 의사 소통채널, 그리고 셋째, 팀을 통한 협력이다. 그에 따르면 이러한 구조는 사회복지조직들에게 다음과 같은 이점을 가져다 준다고 한다.

첫째, 조직이 사회복지사와 client 사이에 있는 장벽을 제거함으로써 client에 좀더 가깝게 다가갈 수 있다

둘째, 일선사회복지사들이 자율성을 갖게 됨으로 인해 그들이 client의 욕구에 더욱 응답적이고 민감해질 수 있다

셋째, 서비스의 차이, 서비스전달의 영향력, 서비스욕구 등과 같은 결정적인 정보가 결정수립가에게 더욱 쉽게 전달될 수 있다.

넷째, 조직구조가 서비스전달체계의 결과에 의해서 지적된 올바른 행동을 취할 수 있을 정도로 유연하게 된다.

Hasenfeld(1983)는 변화에 있어서 **상징적인 변화**(symbolic change)와 **실제적인 변화**(real change)를 구별하는 것도 중요하다는 점을 강조하였다. 그에 따르면 상징적인 변화란 자원이나 힘의 수정이 없는 변화를 말하며 실제적인 변화는 조직 내부구조의 변화에 동반하여 조직 자원의 할당과 힘의 관계의 수정을 가져다주는 것이라 한다. 그는 또한 조정(adjustment)과 변화에 대한 구분을 강조하였는데 그에 따르면 조정이란 client와 자원의 투입, 그들의 변형, 그리고 조직의 산출 사이의 관계를 균등하게 함으로서 조직의 현 상태를 보존하는 것을 목적으로 하는 과정들의 집합체라고 한다. 예를 들어 서비스를 신청하는 client의 숫자의 증가는 조직에 압력으로 작용하여서 조직은 이에 대응하여 새로운 사회복지사를 채용하든지 또는 client에게 들어가는 시간을 줄여서 더 많은 client들이 서비스를 받도록 한다든지 하는 등의 방법을 생각할 수 있다. 따라서 이러한 방법들은 조직 내부구조를 변경한다든지 자원을 새롭게 할당하는 등의 변화를 필요로 하는 것이 아니라 기존의

서비스 기술의 운영, 자원의 흐름에 있어서의 변동, 서비스의 배열 등의 조정을 필요로 한다.

2. 조직발전

조직발전(organizational development, OD)과 조직변화는 긴밀한 연관이 있다고 할 수 있는데 조직변화는 곧 조직발전을 의미하고 조직이 발전하기 위해서는 조직변화가 필요하기 때문이다. 특히, 조직변화연구는 조직발전연구에 기인함으로 조직발전을 이해하는 것은 조직변화연구를 이해하는 데 매우 중요하다.

1) 조직발전이란 무엇인가?

조직변화는 조직이 발전 또는 성장하는 과정에 의해서 나타나는 하나의 결과물일 수 있다. 조직은 어떤 조직이든지 간에 처음 생성단계를 거쳐 조직발전을 추구하고 성장의 단계를 거치게 된다. 조직발전은 조직이 목적하는 바를 보다 효과적으로 성취하기 위해서 또는 보다 더 좋은 조직을 만들기 위해서 노력하는 과정이며 이러한 조직발전과 조직성장은 나아가 조직변화가 일어나게 하는데 있어서 자양분을 제공해 주기 때문에 조직발전은 조직변화와 밀접한 연관이 있다고 할 수 있다. 조직발전(OD)은 일반적으로 조직을 개선 또는 향상시키는 것을 목적으로 지식을 적용하였던 심리학, 사회학, 그리고 인류학의 영역에 있는 행동주의 학자들에 의해서 발전하였다고 알려져 있다(Tyson and Jackson, 1992; Pfeffer, 1982). 조직변화가 다양한 측면에서 조직을 변화시키는 것을 일차적으로 강조하는 것과는 달리 행동주의과학에 영향을 받은 학자들의 주요 관심은 조직과 조직 안에 있는 조직 구성단위들의 효과성을 어떻게 증진시키는가에 있었으며 이를 위해서 조직발전은 조직을 발전시키기 위해서 사람들은 무엇을 하여야 하는가에 있었다. 따라서 조직발전을 위해서 행정가나 관리자들이 가지고 있어야 하는 관심은 다음과 같다.

첫째, 조직과 조직구성원들을 도울 수 있는 조직 안에 있는 유효한 충분한 정보를 만들어 내는 것.
둘째, 조직이 직면하고 있는 이슈나 문제들에 대한 해결책에 도달할 수 있도록 조직 안에 있는 성원들을 지원하는 것.
셋째, 조직의 문제해결능력을 강화시키는 것.

Worley와 Feyerhern(2003)에 따르면 조직발전은 첫째, 조직체계의 변화를 이끌어야 하며 나아가 조직변화에 초점을 두어야 하고 둘째, client시스템에 대한 학습이 있어야 하고 client시스템으로 지식과 기술을 전이하여야 하며 셋째, client시스템의 효과성을 개선하기 위한 의도와 증거가 있어야 한다. 결국, 조직발전을 위해서는 현재 조직의 기능이나 수행능력에 대한 사정이 반드시 필요하며 이 사정결과는 곧 조직발전을 위한 증거로서 작동함을 알 수 있다. Cummings과 Worley(2005)는 조직발전을 다음과 같이 정리하였다.

첫째, 조직발전은 조직구조, 전략, 과정에 변화를 가져다주는 것이다.
둘째, 조직발전은 조직반전은 인간행동지식과 실천의 전환과 적용에 기초한다.

셋째, 조직발전은 조직효과성을 개선하는 것이다. 조직효과성은 첫째, 조직이 해결하여야 하는 문제를 해결하는 것과, 둘째, 조직이 설정한 목적을 성취하기 위하여 자원과 주의력을 집중하는 것을 나타낸다.

넷째, 조직발전은 변화를 강화하고 변화를 창조하는 것을 의미한다.

다섯째, 조직발전은 계획된 변화를 관리하는 것과 연관이 있다.

Cummings과 Worle의 조직발전에 대한 견해에 따르면 조직발전은 조직변화를 위한 과정이며 계획된 변화를 관리하는 것이라고 할 수 있음으로 **조직변화에서 변화는 계획된 변화를 의미하고 계획된 변화를 통해서 조직발전은 이루어진다**고 할 수 있다.

결국, 조직발전은 조직의 효과성을 증진시키고 검토하는 과정이라고 할 수 있으며 행동주의과학의 관점에 기초해 있기 때문에 조직 안에 있는 집단 개개인들 간의 상호행동이나 집단 간의 관계를 강조한다는 특징을 가진다. 조직발전을 성공적으로 수행하기 위해서 다음과 같은 네 개의 요인들이 강조되는데 그것들은 다음과 같다.

첫째, 성취되어야 하는 목표

둘째, 조직발전을 실행하고 관리하는데 필요한 지식

셋째, 조직이나 조직부분들의 효과성을 증진시키기 위해 추구하고 검토할 수 있는 정책이나 전략

넷째, 정책이나 전략을 실행하기 위한 행동들

위와 같은 조직발전을 수행하기 위해서 조직발전은 다음과 같은 네 개의 과정을 포함하는데 그것들은 다음과 같다.

- 조직의 효과성을 증진시키기 위해 어떤 것이 필요한가를 진단한다. 이러한 진단을 근거로 목표를 설정한다.
- 위의 목표를 성취할 수 있는 전략을 개발한다.
- 위의 전략을 실행하기 위한 행동을 개발한다.
- 조직발전과정을 평가하고 검토하기 위한 피드백을 확보한다.

결국, 위와 같은 조직발전을 성공적으로 수행하기 위해서 조직발전은 장기적이고 계속적인 과정이어야 함을 알 수 있다(Tyson and Jackson, 1992).

2) 조직발전모델

조직발전을 설명해 주는 모델의 출현은 Friedlander와 Brown(1974)에 의해서 이루어졌다. 그들은 조직발전을 위해 개입은 사람과 기술로 집중하여야 함을 주장하였으며 이러한 두 군데로의 개입과 표적변화가 조직발전이라는 결과를 이끈다고 주장하였다. 사람에 대한 개입은 조직과정을 강조하는 것으로 의사소통, 의사결정, 문제해결 등을 의미하고 기술에 대한 개입은 조직구조를 강조하는 것으로 과업수행방법, 직무설계, 조직설계 등을 의미한다.

Friedlander와 Brown(1974)은 기술에 대한 개입과 사람에 대한 개입을 구성하는 다양한 구성요소들(의사소통이나 위사결정 등)의 상호행동이 인간성취와 과업성취라는 결과를 이끈다고 주장하였으며 이러한 개입결과는 곧 조직발전을 의미하는 것으로 이해되었다.

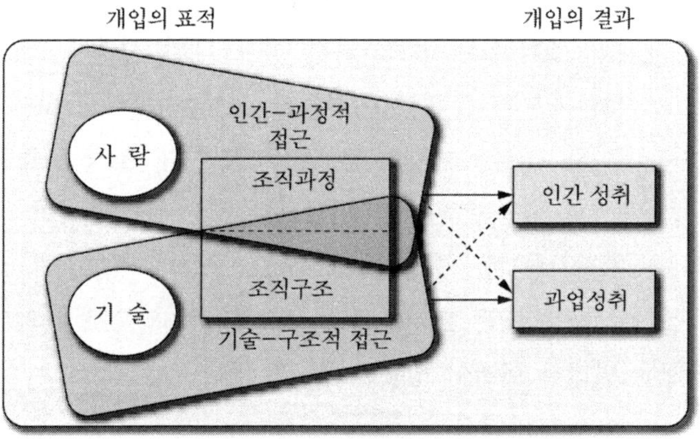

자료: Friedlander와 Brown(1974)에서 재인용

〈그림 3-2〉 조직발전모델

3) 조직발전과 조직성과

조직발전의 목표가 조직을 둘러싼 내적 그리고 외적 기능과 관계들을 조정하는 조직의 능력을 개선하는 것에 있음으로 조직발전은 조직의 성과개선과 밀접한 연관이 있다고 할 수 있다. 보다 구체적으로 조직발전을 통하여 더욱 효과적인 의사소통이 이루어지며, 조직이 당면한 문제에 대한 해결능력이 향상되고, 더욱 효과적인 결정수립과 적절한 지도력스타일, 조직 갈등과 불만에 대처하는 보다 개선된 기술 그리고 조직구성원 사이의 더 높은 수준의 신뢰와 협력이 형성됨으로 이러한 변화는 결국 조직성과를 개선하는 것을 의미함으로 성과관리는 곧, 조직발전의 주요한 방법이라고 할 수 있다.

deKler(2007)는 조직이 가지고 있는 상처를 치유하고 조직의 성과를 향상시키기 위해서 조직발전이 중요함을 강조하였다. 조직발전은 현재의 조직구조, 전략, 과정 등에 대한 사정에 기초한다. 현재의 조직의 기능과 상태를 점검하고 그것을 증거로 하여 조직효과성을 개선하기 위한 노력이 곧 조직발전이다. 조직의 효과성은 조직 성과측정과 측정된 자료를 바탕으로 하는 조직변화를 통하여 개선될 수 있다. 성과는 다양한 영역으로 구성되어 있으며 조직의 효과성을 개선하는 것은 조직성과의 중요한 측면임으로 성과관리와 조직발전은 밀접한 연관이 있음을 알 수 있다.

4) 조직발전과 조직변화의 차이

조직발전은 조직이 목적하는 바를 보다 효과적으로 성취하기 위해서 또는 보다 더 좋은 조직을 만들기 위해서 노력하는 과정이기 때문에 조직발전은 일반적으로 조직변화의 전 단계로 인식되기도 한다. 즉, 조직발전이 실행되고 조직발전이 조금 더 발전하여서 조직변화를 유도한다는 것이다. 따라서 조직변화와 조직발전은 그 뿌리가 같기 때문에 차이점을 논한다는 것은 매우 어려운 과업이라고 볼 수 있다. 하지만 굳이 조직발전과 변화의 차이점을 지적한다면 다음과 같은 점들이 조직변화와 발전의 차이점이라고 할 수 있다.

- **조직발전**은 그 본질에 있어서 진화적이다. 즉, 발전은 작은 것에서 시작되고 분명한 단계들을 수반한다. 이러한 측면에서 조직발전은 연속성을 구성한다고 볼 수 있다. 결국, 조직발전은 진화적이고 분명한 변화를 추구하며 수년 이상 또는 수개월 이상의 기간을 필요로 한다.
- **조직변화**는 조직발전보다 많은 부분 불연속성의 유형을 취한다. 조직발전과 비교했을 때, 조직 안에서 상대적으로 급격한 변화

가 진행된다. 따라서 조직변화는 조직이 반드시 순응하여야 하는 혁명적인 또는 상대적으로 갑작스러운 변화를 포함한다.

결국, 조직발전은 계획된 변화에 수반하지만 조직변화는 계획된 변화뿐만 아니라 계획되지 않은 혁명적 또는 급격한 변화를 모두 포함하는 개념임을 알 수 있다.

4) 조직발전에 있어 지도자의 역할

조직발전의 목적인 조직의 효과성을 증진시키는 것은 대부분의 조직 지도자들이 추구하는 것이라고 할 수 있다. 즉, 대부분의 조직 지도자들의 행정적 과업은 조직의 효과성을 어떻게 증진시킬 수 있는가에 집중되어 있다고 할 수 있다. 결국, 조직지도자들은 조직의 효과성을 증진시키기 위해서 조직발전의 과업인 조직에 대한 진단과정에 그리고 발전을 위한 행동에 반드시 주도적으로 개입되어 있어야 한다. 이를 위해서 조직지도자들은 발전에 대한 욕구를 인식하고 욕구를 해결하기 위해 취해지는 행동들에 대한 중요성을 인식하여야 한다.

제 2 절 조직발전과 조직변화연구

1. 조직발전과 계획된 변화

조직변화연구는 기본적으로 조직발전연구의 연장선상 또는 조직발전연구에 의해서 발전했다고 할 수 있다. 조직발전은 조직변화연구에 체계적 접근방법이 가능하도록 인도하였다고 할 수 있는데 체계적 접근은 조직변화에 대한 개방체계이론의 도입을 포함하여 조직변화의 단계, 조직의 총체적 체계로의 강조, 그리고 전체 조직변화과정에서의 인간적 가치에 대한 이해 등을 포함한다(Burke, 2002).

조직발전과 연관하여 조직변화연구를 발전시킨 대표적인 학자는 Porras와 Robertson(1992)이다. 그들은 조직변화를 이해하는데 보다 체계적이고 알기 쉬운 개념을 사용하였다. 그들은 조직변화를 계획된 변화(planned change) 대 계획되지 않은 변화(unplanned change) 그리고 일층질서변화(first order change) 대 이층질서변화(second order change)라는 개념을 사용하여 조직변화를 설명하였는데 그 내용은 아래와 같다.

• **계획된 변화**: 조직의 계획된 변화는 특정 방식으로 조직을 개선하기 위한 또는 보다 근본적인 방식으로 조직체계를 변화시키기 위한 심사숙고 또는 의식적인 결정을 의미한다.

• **계획되지 않은 변화**: 계획되지 않은 변화는 조직변화가 기대하지 않은 외적 변화에 대한 응답으로 나타난다는 점이 강조된다. 예를 들어 기업활동에 영향을 미치는 신기술의 등장과 같은 외부변화에 대한 조직의 응답이 곧 계획되지 않은 조직변화를 이끈다. 계획되지 않은 변화에서 응답은 순응적이며 자발적으로 일어난다.

• **일층순서변화**: 일층순서변화는 조직의 지속적인 개선을 의미한다. 즉, 변화는 조직미션과 같은 근본적인 것이 아닌 조직서열구조와 같은 조직 관리나 조직을 행정하는 방법을 제거하는 것과 같은 기존 조직체계의 특성을 수정하는 것을 의미한다. 특히 일층질서변

화는 조직의 근본적인 것은 변화하는 것이 아님으로 진화적 변화와 깊은 연관이 있다.

• **이층순서변화**: 이층순서변화는 조직변화에 있어 급진적이고 더욱 근본적인 변화를 의미함으로 혁명적 변화와 연관이 있다. 즉, 조직의 깊은 구조에 대한 변화를 나타낸다.

Porras와 Silvers(1991)은 위의 구분과 연관하여 일층질서변화를 조직발전으로 그리고 이층질서변화를 조직변형(transformation)으로 유형화하였다. 이들의 조직변화유형을 표로 나타내면 아래와 같다.

〈표 3-1〉 Porras와 Robertson의 조직변화구분

변화의 순서	변화의 구분	
	계획된 변화	계획되지 않은 변화
일층	발전	진화적
이층	변형	혁명적

* Porras와 Robertson(1992), p. 722에서 재인용

하지만 Porras와 Robertson의 조직변화에 대한 위와 같은 구분은 진화적 변화와 혁명적 변화가 모두 계획되어 발생할 수 있다는 점을 간과한다는 한계를 갖는다(Burke, 2002).

2. 조직변화와 개방체계이론의 적용

조직변화에 개방체계이론을 접목시킨 대표적인 학자는 Porras (1987)이다. 그는 투입을 환경으로 그리고 처리(활동)를 조직으로 이해하였으며 산출로는 조직성과와 개인적 발전을 제시하였다. 그

는 산출이 다시 피드백고리를 통하여 투입으로 들어간다고 보았다. 특히, 처리로서 조직은 조직구성원의 행동과 작업설정으로 구성되어 있다고 보았다. 아래의 그림은 Porras의 모델을 나타낸 것이다.

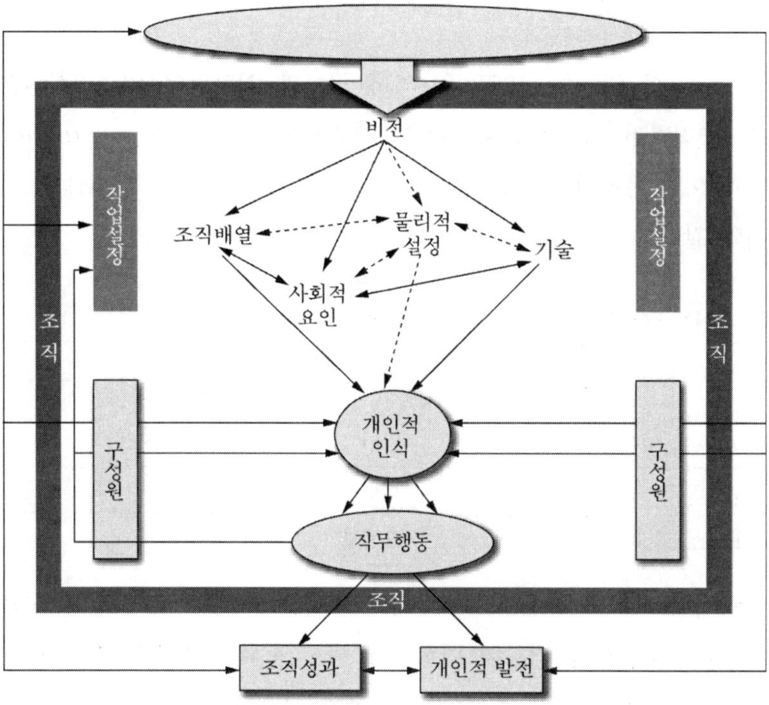

자료: Burke. p. 133, 〈그림 6-2〉에서 재인용

〈그림 3-3〉 Porras의 변화를 기초로 하는 조직구조모델

위의 Porras의 모델에서 조직배열은 조직 목적, 전략, 조직구조 등을 의미하며, 사회적 요인은 개인적 태도나 사회적 네트워크나 사회적 유형을 포함하고, 기술은 도구, 장비, 직무설계 등을 나타내며, 물리적 설정은 공간, 내부인테리어 등을 나타낸다. Porras의 모

델은 어떻게 외부적 환경으로부터의 투입이 산출인 조직성과와 조직구성원 개개인들의 발전으로 전환되는지를 설명해준다. 즉, 조직 외부환경변화에 따른 투입이 처리과정에서 작업설정을 바꾸고, 작업설정이 개인적 인식을 배구고 개인적 인식이 개개인들의 직무행동을 바꾸어 산출로서 조직성과와 개인적 발전을 가져온다는 것으로 요약할 수 있다.

3. 조직발전과 계획된 변화 그리고 조직변화과정

Porras와 Robertson, Silvers 등은 모두 조직변화에 있어 계획된 변화를 강조한다. 특히, Porras와 Silvers(1991)는 계획된 변화가 어떻게 조직을 변화시키는지를 설명하는 조직변화과정모델을 제시하였다. 그들에 따르면 계획된 변화는 조직을 환경에 더욱 응답적으로 만든다고 강조하였다. 그들의 계획된 조직변화과정모델은 개방-체계이론을 적용한 모델로서 변화과정은 조직적 개입(organizational intervention)으로부터 시작한다. 즉, 그들은 조직적 개입이 개인적 발전을 향상시키며 나아가 조직성과를 개한다고 보았던 것이다. 계획된 조직변화과정모델에서 조직변화의 목적은 조직변형과 조직발전이며 조직변화결과는 개선된 조직성과와 향상된 개인적 행동이다. 계획된 조직변화과정모델은 기본적으로 앞에서 설명하였던 Porras의 조직구조모델에 기초하는데 모델을 그림으로 나타내면 아래와 같다.

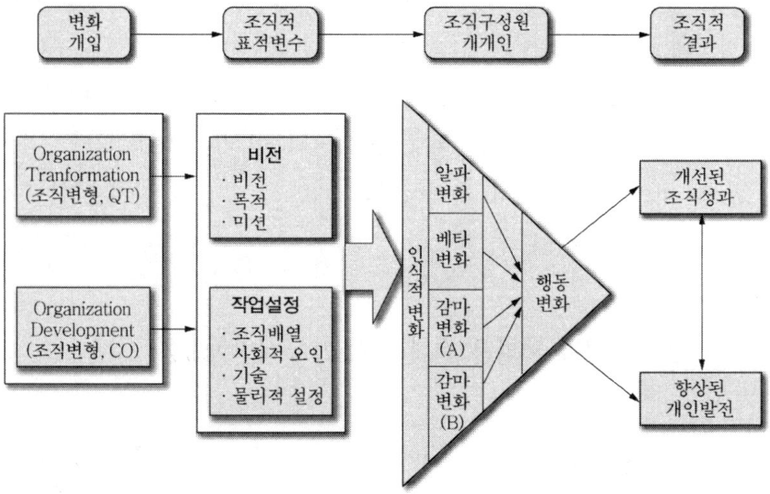

자료: Porras와 Silvers(1991)에서 재인용

〈그림 3-4〉 계획된 조직변화과정모델

계획된 변화과정모델은 다음과 같은 몇 가지의 특징을 가지고 있다.

첫째, 계획된 변화과정모델의 기본 가정은 조직구성원들이 적절한 방식으로 그들의 직무행동을 수정하여야만 조직변화가 성공적으로 마무리 된다는 점이다.

둘째, 계획된 변화과정모델은 어떻게 조직이 변화하는가를 보여주는 선형적 그림이라는 점이다. 즉, 개입으로 시작하여 조직변형을 위한 개입(조직변형)이 변화를 위한 개입이 조직목적이나 가치, 비전에 영향을 미치고 그리고 조직발전을 위한 개입(조직발전)이 작업설정에도 영향을 미치게 된다. 그리고 이러한 개입들(조직변형과 조직발전개입)은 조직구성원들의 생각이나 정신적 측면에도 영향을 주어 알파, 베타, 감마변화[5)]가 일어나 그들의 행동은 변하게 된다. 그리고 이러한 조직구성원들의 행동변화는 개선된 조직성과와 개인적 발전을 향상시키는데 영향을 미친다. 따라서 이들 모형은 A가 B를 변화시키고 B가 C를 변화시키는 선형적 변화모델이라는 특징을 갖는다.

하지만 모든 조직의 변화가 위에서 제시된 계획된 조직변화과정을 거치면서 변화하는 것은 아니다. 즉, 계획된 변화과정모델은 단지 하나의 변화과정을 설명하는 모델에 불과하다는 것을 의미한다. 이 모델이 갖는 한계로는 다음과 같은 점이 지적될 수 있다.

첫째, 모든 조직의 변화는 조직이 변화를 계획하는 것이 아니라 결국 조직구성원들이 계획하고 실행한다. 하지만 인간인 조직원들의 변화를 위한 행동은 무엇을 변화할 것인지를 생각하기에 앞서 먼저 행동의 변화가 일어나는 경우도 존재한다. 결국, 위의 계획된

5) Golembiewski, Brillingsley, 그리고 Yeager(1976)에 따르면 조직변화는 알파변화, 베타변화 그리고 감마변화를 가져온다. 알파변화는 변화이전과 변화 이후의 차이를 의미한다. 즉, 변화가 개입 이전과 개입 이후의 상대적인 측정을 통해 나타낸다. 사회복지사들 사이의 신뢰를 향상시키기 위한 조직개입 이전과 신뢰증진프로그램제공 이후의 신뢰감 증진의 정도가 곧 변화가 된다. 하지만 만약 사회복지사들 사이의 신뢰증진을 위한 개입이 변화를 가지고 오지 않았다고 한다면 또는 개입이 신뢰를 떨어트리지도 않았고 신뢰를 증진시키지도 않았지만 신뢰에 대한 중요성을 모든 사회복지사들이 인식하게 되었다고 한다면 이러한 변화는 베타변화를 의미한다. 즉, 베타변화는 신뢰에 대한 생각의 기준이나 판단의 기준 등이 바뀌는 변화를 나타낸다. 감마변화는 어떤 것이 변화를 일으키는 요인이라고 생각했는데 그것이 변화를 일으키는 것이 아니라 다른 요인이 변화를 일으킴으로 변화요인에 대한 재수정이나 개념을 다시 설정을 하게 되는 변화를 의미한다. 즉, 신뢰가 사회복지사들의 팀 작업에 영향을 주는 변수가 아니라 팀 작업개선과 신뢰가 전혀 관련이 없고 다른 변수가 팀 작업에 영향을 준다면 사회복지사들의 신뢰에 대한 생각은 바뀌게 되는데 이러한 변화가 감마변화라고 할 수 있다.

조직변화과정모델에 따르면 인간행동의 변화가 인식이후에 발생하는 것으로 나타나고 있지만 현실적으로 이와는 반대의 현상이 나타날 수도 있다. 결국, 인간행동의 징후는 조직변화를 위한 개입 첫 단계부터 인식되고 변화할 수 있는 것이지 어떤 단계를 거쳐 순차적으로 발생한다고 보기 어렵다(Burke, 2002).

둘째, 계획된 조직변화과정모델에서는 조직변화가 조직변형과 조직발전으로 이원화되며 조직변형은 조직목적과 비전과 같이 조직의 거시적 측면의 변화를 그리고 조직발전은 조직설정과 같은 조직구조적 변화를 이끌어 각각 다른 영역에서 조직변화를 수반한다고 가정하지만 현실적으로 조직변화는 조직비전과 목적에 근거함으로 조직변형과 조직발전이 서로 다른 영역이라기보다는 각각 인과적 관계에 있다고 할 수 있다. 즉, 계획된 조직변화과정모델은 조직변화의 모든 과정에 있어서 인과적 관계를 등한시하고 있음을 알 수 있다.

셋째, 조직변형과 같은 조직변화는 계획된 변화에 의거하지 않고 갑작스런 조직외부환경의 변화에 기인하는 경우가 있다. 결국, 계획된 조직변화과정모델에서는 조직변형을 계획된 조직변화로 보고 있음으로 계획되지 않고 일어나는 조직외부환경변화의 영향을 고려하지 않는 조직변화과정모델이라고 할 수 있다.

결국, 계획된 조직변화과정모델은 조직개개인들의 행동변화가 조직 성과개선 및 향상된 개인발전을 이끄는 조직변화의 과정을 계획된 변화라는 점에 근거하여 선형적 논리를 대입하여 설명한다는 특징을 가지고 있지만 외부환경의 변화에 대한 대처미흡, 변화 각 단계들의 인과적 관계에 대한 인식부족, 그리고 인간행동의 수정이 단계적으로 발생한다고 보는 등의 한계를 가지고 있다.

제 3 절 계획된 변화와 조직의 유연성

1. 조직과 계획된 변화

비영리조직이 추구하는 변화는 변화의 목적이 불확실하고 애매모호하며 즉흥적인 변화가 아니라 계획에 의거한 계획적이고 체계적인 따라서 예측 가능하고 명확함을 추구하는 변화여야 한다. 계획에 의거한 변화는 조직의 모든 측면에서의 변화에 중심축이 되는 지도로서의 역할을 담당한다. 계획된 변화라는 개념을 사회복지분야에 처음 소개하였던 사람은 사회복지사인 Robert Morris였다고 한다. 일반적으로 조직에서의 변화를 설명해주는 두 접근방법이 있는데 하나는 흐름이론(theory of flux)이고 다른 하나는 구조적 변화이론(structural change theory)이다. **흐름이론**이라고 불리는 계획된 변화의 모델은 조직이 계속적으로 변화하고 그러한 변화는 피할 수 없으며 항상적이라는 것을 강조한다. 다른 한편으로 **구조적 변화이론**이라고 불리는 계획된 변화의 모델은 조직이 균형상태로 있음을 강조하며 그리고 변화는 구조적 안정이 수반되는 특별한 경우에 일어나는 것으로 간주한다.

Chin과 Benne(1976)에 따르면 위의 두 변화이론은 모두 세 개의 변화전략을 갖게 된다고 하는데 첫 번째는 **경험적-이성적(emperical-rational) 변화전략**이고 두 번째는 **규범적-재교육**

적(normative-reeducative) **변화전략**이며 세 번째는 **힘-강제적(power-coercive) 변화전략**이라고 한다. 경험적-이성적(empirical-rational) 변화는 자지자신의 이익에 관심이 있는 조직이나 개인들에 의해 변화가 일어난다고 보며, 규범적-재교육적(normative-reeducative) 변화는 변화가 태도, 가치, 기술 그리고 관계의 수정을 통해서 일어난다고 보고, 힘-강제적(power-coercive) 변화는 변화가 힘의 실천을 통해서 일어난다고 본다.

한편 Kettner, Daley, 그리고 Nichols(1985)는 계획된 변화는 갈망하는 변화를 성취하기 위한 행동들의 집합체라고 정의하고 계획된 변화는 다섯 요인을 포함한다고 강조하였다. 그들에 따르면 계획된 변화에 포함되는 요인들은 첫째, 이전 조건에 대한 숙고, 둘째, 변화를 위한 준비, 셋째, 기획, 넷째, 변화실행 그리고 마지막으로 변화결과의 사정이라고 한다. 이 요인들이 포함하는 구체적인 내용이나 행동들에 대해서 살펴보면 다음과 같다.

- **이전 조건에 대한 숙고** : 조직 변화에 있어서 이전 조건에 대한 숙고는 관리 또는 행정스타일, 직원과 관리층과의 관계, 조직의 사기 또는 조직과 환경과의 관계 등을 포함한다고 한다. 또한 변화를 시도했었던 과거의 경험이나 과거 변화가 남겨놓은 결과 등을 포함한다.
- **변화를 위한 준비** : 변화를 위한 준비는 이전 조건을 심사숙고하기, 관련된 정보의 원천을 확인하기, 개입하여야 하는 시스템을 확인하기, 개입을 위한 허가를 획득하기 그리고 계획된 변화노력에 개입하는 것을 결정하기 등의 행동들을 포함한다고 한다.

- **기획** : 기획(planning)은 변화기회를 확인하기, 변화기회를 분석하기, 목적과 목표를 설정하기, 변화노력을 설계하고 구조를 만들기 그리고 자원계획을 만들기 등을 포함한다.
- **변화실행** : 변화실행은 계획을 한 행동에 기초해서 변화개입을 실행에 옮기는 행동들을 수반하는데 이러한 실행 행동들로는 변화노력을 수행하기, 변화노력을 검토하기, 변화노력을 평가하기, 상황을 안정화시키고 재 사정하기 등을 포함한다.
- **변화결과의 사정** : 변화결과는 기대했던 것일 수도 있고 기대하지 않은 것일 수도 있으며 의도했던 것일 수도 있고 의도하지 않은 것일 수도 있다. 그리고 결과는 또한 분명한 것일 수도 있고 애매모호한 것일 수도 있으며 쉽게 인식할 수 있는 것일 수도 있고 쉽게 인식할 수 없는 것일 수도 있다. 결국 변화결과는 조직변화의 여파 또는 잔존결과라고 할 수 있다.

한편 Brager와 Holloway(1978)는 조직의 변화가 직원이 어떤 것의 현재 상태와 그것이 이렇게 변했으면 좋겠다는 것 사이의 긴장을 경험하는 것에서 시작한다고 한다. 그들에 따르면 계획된 변화는 일련의 일들로 진행되는 과정이라고 하는데 일련의 일들은 계획된 변화과정을 위한 요인을 의미한다고 할 수 있다. 일련의 일들로 그들이 지적한 것들은 첫째, **시작 사정**(initial assessment), 둘째, **사전개시**(preinitiation), 개시, **실행**, 그리고 **제도화**(institutionalization)라고 한다. 시작사정은 실제 인식되어진 것과 갈망하는 것 사이의 불일치가 인식되어지고 이루어질 수 있는 것에 대한 개념이 형성되어지는 변화과정단계를 의미한다. 사전개시는 변화를 소개하는 단계를 말하며 개시는 변화목적의 승인, 확산, 소개를 보장하는 단계를 의미한다. 따라서 개시단계에서의 중요한 과업은 적합한 변화목적을 설정하는 것이라고 할 수 있다. 실행은 변화를 조직이 채택하는 단계를 의미하고 제도화는 변화가 체계 안에 안전하게 자리 잡아 조직의 삶에 영속적인 구성요인으로 되는 변화과정 단계를 의미한다.

조직변화에 있어 경제적 효율성을 강조하는 입장을 취하는 Kast와 Rosenzwig(1979)는 계획된 변화를 조직과 조직을 관리하는 관리자들이 다양한 분야에서 현재의 조직조건과 갈망하는 조건사이의 차이를 확인할 수 있도록 돕는 것으로 인식하였으며 이를 위한 일반적인 행동들을 조직개선(organizational improvement)이라는 말로 한정하였다. 그들은 계획된 변화를 위한 노력들은 첫째, 효율성, 둘째, 효과성, 셋째, 참여자 만족을 강조하는 것이며 다음과 같은 질문에 대한 대답을 추구하는 것이라고 정의하였다.

> "어떻게 이 조직을 일하기에 더욱 만족스러운 장소로 만들 것이며 더욱 효과적으로 그리고 더욱 효율적이 되도록 만들 것인가?"

계획된 변화가 실행되는 과정은 몇 개의 단계들로 이루어져 있다고 할 수 있는데 Kast와 Rosenzwig(1979)에 따르면 조직이 가지고 있는 문제를 인식하는 단계가 계획된 변화를 실행하는 가장 첫 번째 단계라고 한다. **문제인식단계**는 변화를 위한 필요성 또는 욕구를 인지하는 것을 포함한다. 변화되어야 하는 문제에 대한 인식은 다양한 자원에서 이루어질 수 있는데 가장 중요한 방법은 조직을 둘러보고 비판하고 그리고 후속조치를 취하는 것이라고 한다. 그리고 계획된 변화를 위한 두 번째 단계는 문제확인이고 세 번째 단계는 문제 해결이며 네 번째 단계는 변화의 실행이다. 조직은 이러한 일련의 계획된 변화과정을 거치면서 새로운 조직적 변화를 경험하게 된다. **문제확인단계**는 현재의 조직조건과 원하는 조건 사이의 차이를 확인하는 것을 의미한다. 시작이 반이라는 말이 있듯이 일단 문제가 확인되면 반은 해결된 것으로 생각할 수 있게 된다. **문제해결단계**는 대안들을 만들고 대안들을 평가하여 하나의 대안을 실행하기 위한 행동을 선택하는 것을 포함한다. 다음은 계획된 변화과정을 그림으로 나타낸 것이다.

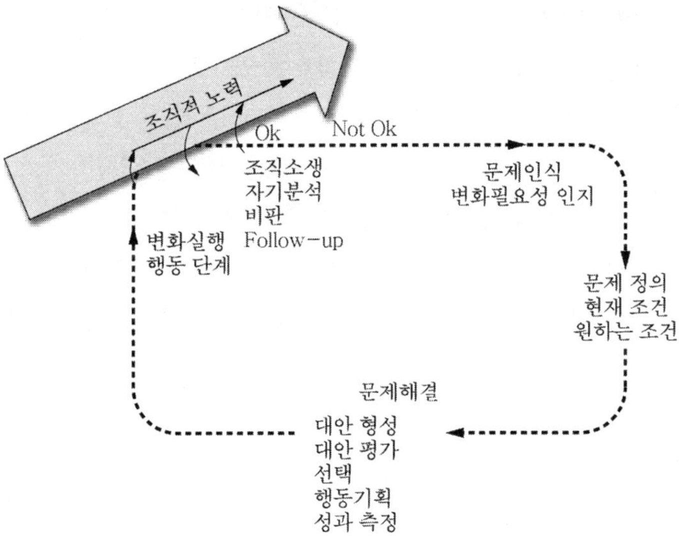

자료 : Kast and Rosenzwig. 1979. p. 579에서 재인용

〈그림 3-5〉 변화된 계획의 과정

Cummings와 Worley(2005) 역시 계획된 변화를 위한 단계를 제시하였는데 그들이 주장하는 계획된 변화모델은 도입과 계약, 진단, 기획 및 실행 그리고 평가 및 수용화의 네 단계로 구분된다. Cummings와 Worley의 모형을 그림으로 나타내면 아래와 같다.

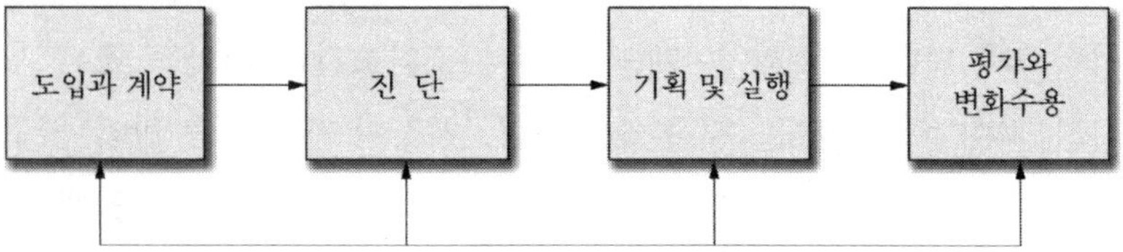

자료: Cummings와 Worley(2005). p. 29 〈그림 2-2〉에서 재인용

〈그림 3-6〉 Cummings와 Worley의 계획된 변화모형

• 도입과 계약(동의)단계

계획된 조직변화를 위한 첫 단계인 도입과 계약단계는 조직이 직면한 문제를 이해하기 위한 각종 자료를 모으는 것을 포함하여 변화요구에 긍정적인 영역을 결정하는 단계이다. 일단 조직이 직면한 문제에 대한 자료가 수집되면 문제 또는 변화를 위한 기회가 관리자들 사이에 논의되고 다른 조직직원들에게 계획된 변화에 개입하도록 동의 또는 계약을 하게 된다. 이 단계에서 직원들 사이에 계획된 변화에 대한 동의가 이루어지지 않을 수 있으며 각종 저항이 나타날 수 있다.

• 진단단계

계획된 조직변화를 위한 두 번째 단계인 진단단계에는 조직문제에 집중하여 문제를 진단하는 단계로서 문제의 원인과 전후관계 그리고 변화의 긍정적인 측면에 대한 자료를 수집하는 행동들이 포함된다. 진단단계는 조직발전에 있어 매우 중요한 단계로서 관리자들이나 조직구성원들로부터 조직이 당면한 문제에 대한 피드백 등 정보를 취합하고 분석하는 행동들이 포함된다. 진단단계에서는 정보를 수집하고 분석하고 피드백을 제공하는 행동들이 핵심적인 활동이라고 할 수 있다.

• **기획 및 실행단계**

계획된 변화의 기획 및 실행단계에서, 조직구성원들은 조직발전을 위한 개입을 계획하고 실행한다. 즉, 조직의 비전과 목적을 성취하기 위한 개입계획을 설계하고 개입을 실행하기 위한 행동계획을 실행한다.

• **평가 및 수용단계**

계획된 변화의 마지막 단계인 평가 및 변화수용단계는 개입의 효과를 평가하는 것과 조직이 수용한 변화의 내용들이 지속될 수 있도록 관리하는 것을 포함한다. 변화를 위한 개입결과에 대한 조직구성들의 피드백은 변화가 수정되어야 하는지, 지속되어야 하는지, 중지되어야 하는지 등에 관한 정보를 제공한다. 또한 변화를 수용하는 것은 변화에 대한 피드백을 통해서 변화를 더욱 강화시키는 것을 의미한다.

Cummings와 Worley의 계획된 변화모형의 특징은 각 단계들이 평가를 통한 피드백과정을 거쳐 변화가 각 단계에서 수정됨을 강조하는 선순환과정으로 나타난다는 점이다.

공공조직과 비영리조직의 기획된 변화에 대한 연구에서 Bills (1992)는 공공기관들이 직면한 핵심적인 문제점은 누가 무엇을 할 것인지에 대한 역할혼란(role confusion)이며 비영리기관들이 직면한 문제점은 조직이 무엇인가를 하는 것이 옳은 것인지에 대한 지위불명확성이라고 강조한다. Roger와 Shoemaker(1971)은 혁신의 확산을 강조하였는데 그들에 따르면 확산과정은 인식, 관심, 평가,

시도, 그리고 채택의 다섯 상태를 통해서 움직인다고 한다.

결론적으로 계획된 변화는 조직적 측면에서 현재의 조직상황과 새롭게 원하는 방향 사이에서 나타나는 차이를 극복하기 위해 취해지는 일련의 행동 또는 노력이라고 할 수 있다. 공식적 조직은 계획에 의한 조직이고 대부분의 사회복지조직들은 공식적 조직이기 때문에 사회복지기관의 행정이나 경영을 위한 계획의 필요성은 조직 운영에 있어서 가장 중요한 부분일 수 있다. 따라서 대부분의 사회기관 또는 사회복지기관들은 매일 매일 기획의 과정 그리고 계획에 의한 변화에 순응하는 과정에 개입되어 있다고 볼 수 있다. 현재 대부분의 기획모델들은 직관적이고 경험적 사고에 기초하지 않는 문제해결적이고, 이성적 사고를 강조하고, 그리고 결정 수립의 모델들을 강조하는 모델들이 중심이 되고 있다. 물론 문제해결적 접근방법이 조직변화를 주도하는데 있어 완전한 접근방법이라고 말할 수는 없다. 이는 문제해결적 접근방법이 문제를 확인하고 그 문제를 해결하는 것에는 장점을 가질 수 있지만 새로운 조직구조를 설계하고 행정체계를 재설계하고 프로그램을 변화시키며 새로운 계획을 창조하고 조직문화를 일신하는 데에는 부족한 면이 있기 때문이다. 따라서 변화가 계획에 의거한다는 것은 변화가 문제해결적 접근방법에 기초한다는 것을 의미하는 것이 아니라 보다 광범위한 변화를 실행하기 위해 변화노력이 계획에 의거하여 체계적으로 진행된다는 것을 강조한다는 것이라고 할 수 있다.

결국 사회복지행정가들은 다양한 의미에서 계획가로 역할해야 하며 계획활동을 위한 끊임없는 욕구와 프로그램과 정책의 심사숙고를 위한 계속적인 책임성을 강조해야 한다. 이것은 조직의 임무선언, 목적과 목표, 전략 그리고 다양한 이해당사자들과의 관계와

이 외에 다른 측면들을 재음미하고 다시 활력을 불어 넣어주기 위한 필요성이 증대하는 것과 같은 맥락으로 이해될 수 있다. 현대 사회복지의 제반 환경들이 급속히 변화하는 사회에서 특히 사회복지행정가의 계획가로서의 역할은 그 중요성이 더욱 증대될 수밖에 없다고 보여진다. 사회복지사들이 변화를 위해서 그들이 속한 조직 또는 지역에서 사회기획을 위한 주도권을 행사하지 않으면 또는 기획에 참여하지 않으면 누가 그 일을 대신할 수 있겠는가?

2. 변화와 조직의 유연성

조직은 조직의 내부와 외부를 둘러싸고 있는 환경과 조건의 변화에 능동적으로 대처하기 위해 환경이나 조건에 대한 순응과 조직의 유연성을 강조하게 된다. 특히, **유연성(flexibility)**은 현대와 같이 급속도로 복잡하게 변화하는 시대에 있어 가장 중심적인 조직변화를 위한 추진세력이라고 할 수 있다. 일반적으로 유연성은 우수, 순응, 그리고 열린 마음 등과 같은 개념으로 분류될 수 있으며 불연성(inflexibility)은 낡은 고루한 사고, 엄격함, 그리고 고집 센 고용주 등과 연관이 있는 개념이다(Dawson, 2003). 결국, 현대의 급격하게 변화하는 환경에 조직은 빠르게 순응하고 유연하게 대처하여야만 살아남을 수 있기 때문에 유연성이 조직변화에 있어서 중요한 동력으로 자리 잡고 있는 것이다. 따라서 유연성이라는 개념은 변화의 경험을 이해하는데 있어 중요한 하나의 개념이며 조직에서 일어나는 모든 변화를 구성하는 중요 요소가 된다.

제 4 장

조직변화의 필요성

제 1 절 조직변화를 연구하여야 하는 이유

사회복지사들의 삶은 조직적 삶이고 그들은 조직과 함께 울고 웃으며 사회약자들의 편에 서서 그들의 경제 사회적 차별과 불의를 시정하기 위해서 그리고 궁극적으로는 사회정의를 실현하기 위해서 노력한다. 따라서 사회복지사와 조직은 밀접한 관계를 가지고 있는 사회변화의 중심세력이자 추진세력이라고 할 수 있다. 체계주의적 입장을 따른다면 조직은 하나의 체계로서 그 안에 있는 하위체계 또는 구성요인들이 결국 조직을 움직이게 하는 중요한 부분이 되는데 사회복지사들은 이러한 구성요인들 중에서 가장 이성적이고 능동적이며 과학적인 구성요인이라고 할 수 있다. 때문에 급박하고 새롭게 변화하는 환경의 요구에 부응하기 위해서 조직의 구조나 client처리기술, 힘의 관계, 부서 배열, 프로그램 등의 조직을 구성하는 중요한 구성요인들의 변화를 추구하는 가장 큰 목적은 바로 client에 대한 조직적 대응의 효과성을 개선 또는 진전시키기 위함이어야 한다고 할 수 있다.

client의 개선을 목적으로 하는 조직적 대응의 효과적 개선을 위한 조직변화는 환경의 변화와 그에 따른 client들의 욕구나 문제의 변화에 기초해야만 하며 **변화를 위한 주체세력은 바로 환경과 사회복지사** 자신들이라고 할 수 있다. 조직의 변화는 일회적으로 끝나지 않고 조직이 살아있는 동안 꾸준히 영속적으로 변화를 추구하게 되며 만약 조직이 변화를 추구하지 않는 다면 환경의 요구에 응답하지 않는다는 것을 의미하고 나아가 client에 대한 조직적 대응을 포기한다는 것을 의미하며 client가 없는 조직 다시 말해 사회복지조직으로서의 생명줄을 놓는다는 것을 의미한다고 볼 수 있다. 따라서 꾸준히 영속적인 환경의 변화와 client에 대한 욕구의 변화에 적절히 대응하기 위해서 사회복지조직의 변화는 필수적이라고 할 수 있다.

조직의 변화가 성공적으로 그리고 효과적으로 실행되기 위해서 조직변화에 대한 연구의 필요성이 제기된다. Huber와 Glick(1993)이 제시한 왜 조직변화를 연구하여야 하는가에 대한 이유를 사회복지조직과 연관해서 정리하면 다음과 같이 세 가지로 정리할 수 있다.

첫째, 사회가 client들에게 더 좋은 서비스와 재화를 제공하는 조직에 의존하고 있기 때문에 조직변화에 대한 연구는 필요하다고 한다. 한 사회의 건강성은 사회복지조직의 효과성과 직접적으로 연관이 있다. 따라서 더 좋은 서비스와 재화를 제공하기 위해서 조직의 변화에 대한 연구가 필요하게 된다.

둘째, client들의 경제적 번영과 삶의 질은 절대적으로 사회복지조직의 행동에 의해 결정된다. 따라서 조직의 변화는 client들에게 긍정적이든 부정적이든 직접적인 영향을 미치게 된다. 때문에 사회복지조직의 변화에 대한 연구가 필요하게 된다. 만약 조직의 변화를 예측하고 이해할 수 있다고 한다면 사람들은 더욱 현명하게 자원을 투자할 수 있고, 더 좋은 앞선 계획을 작성할 수 있으며 그리고 적절한 상황변수에 대한 계획을 준비할 수 있게 된다.

셋째, 과학의 단일한 목적이 인류와 인류를 둘러싼 환경을 이해하는 것이라고 한다. 따라서 과학적 관점에서 본다면 조직변화과정의 연구는 잘 이해되지 않고 있는 분야이기 때문에 연구하기에 매력적일 수 있다. 다시 말해 아직도 조직변화와 관련된 분야는 개발할 수 있는 여지가 많은 비옥한 영토이기 때문에 조직변화에 대한 연구가 필요하다고 할 수 있다.

제 2 절 조직의 변화는 왜 필요한가?

인간봉사조직을 포함하는 모든 비영리조직은 항상 현 상태의 유지와 균형 그리고 안정을 추구하는 것을 조직운영의 일차적 목적으로 한다고 볼 수 있는데 이는 어떤 조직도 균형이 붕괴되는 것을 바라지는 않을 것이기 때문이다. 비영리조직이 항상 균형을 유지하여 나아간다면 조직변화를 위한 모든 시도나 노력은 불필요한 과정이라고 할 수 있다. 하지만 균형이 변화를 통해서 이루어진다면 변화는 균형을 위한 필수불가결한 과정이 된다. 조직이 안정을 유지한다는 것은 조직이 제공하는 서비스나 혜택에 대해서 그리고 조직이 서비스를 전달하는 전 과정에서 어떠한 불만이나 개선의 필요성이 발견되지 않음을 의미하고 이는 곧 현재 조직의 성과나 효과성에 대한 어떠한 수정이나 개선이 불필요함을 의미하는 것이라고 할 수 있다. 하지만 모든 조직이 안정과 균형을 원한다고 해서 안정과 균형이 저절로 찾아오지는 않으며 균형은 그에 상응하는 노력을 필요로 한다.

조직의 변화에 대한 다양한 이론들과 모델들에 대해서 살펴보기에 앞서 가장 먼저 이해해야 할 것이 바로 왜 조직은 변화가 필요한가를 이해하는 것이라고 할 수 있다. 어떤 이유들 때문에 조직들은 점진적이든 급진적이든 또는 작은 변화든 큰 변화든 변화를 추구하게 되며 그 변화가 조직의 운명에 많은 영향을 미친다는 점을 부인할 수 없다. 조직의 지도자들이나 구성원들은 외부환경에서 일어나는 변화를 이해하여야 하고 그리고 그 변화가 그들의 조직에 어떠한 영향을 끼치는지를 인식해야 한다.

변화는 절대적으로 진공상태에서 일어나지 않는다(Perlmutter, 1993). 이는 반드시 변화를 일으키는 원인이 존재한다는 것을 의미한다. 따라서 변화를 일으키는 또는 변화가 일어나게끔 하는 환경적 요인들을 이해하는 것이 변화를 이해하는데 도움이 된다고 할 수 있다. 이는 변화의 과정을 어떻게 관리할 것인가 그리고 추구하려는 변화의 본질은 무엇인가를 알기에 앞서 변화가 일어나게끔 하는 정황을 이해하여야 한다는 것을 의미한다. 결국 조직을 둘러싼 외부적 내부적 환경의 정황이 요인으로 작용하여서 변화가 일어나도록 작동하기 때문에 이러한 환경정황을 이해하는 것이 변화의 본질을 이해하는 첫 단계라고 할 수 있는 것이다. 사람이 환경에서 존재하는 것과 같이 조직도 환경에서 존재하기 때문에 어떻게 환경의 요구에 응답하면서 환경과 상호행동을 하는가가 조직의 성장과 발전에 필요한 원동력이 될 수 있다. 조직이 변화를 추진하게끔 하는 요인들은 다양하다.

Perlmutter(1993)는 변화를 야기하는 환경정황으로 첫째, client숫자의 증가, 둘째, 민영화에 따른 이익집단의 사회복지영역으로의 진입, 셋째, 민간복지조직들의 정부와의 계약에 대한 의존의 심화, 넷째, 공공지출의 계속적인 지출감소 등을 들고 있다. 이 장에서는 조직이 변화를 하게끔 하는 환경에 대해서 첫째, 경제적 이유, 둘째, 정치적, 법적 변화와 규제의 변화, 셋째, 사회복지기술의 발전 또는 기술 혁신, 넷째, 사회 문화적 변화, 다섯째, 민영화, 그리고 여섯 번째, client의 특성 및 욕구의 변화를 중심으로 자세히 살펴보기로 한다.

1. 경제적 이유

경제적 요인은 조직이 변화하여야 하는 중요한 하나의 원인을 제공해 준다. 1990년대 한국 사회는 산업사회를 거쳐 빠르게 후기산업사회로 진입하였다. 후기산업사회의 주요 특징은 생산과 제조업의 쇠퇴와 서비스업의 성장이다. 다시 말해에서 생산과 제조업의 고용이 서비스분야로의 고용으로 유지된다는 점이다. 즉, 후기산업사회는 제조분야나 생산분야가 중요하지 않음을 강조하는 것이 아니라 오히려 지식과 정보의 창조, 교환 그리고 수용이 사회적 그리고 경제적으로 더 중요함을 강조한다는 것이다. 광산, 조선, 공학 등이 은행 재정 서비스, 관광, 교육 서비스의 성장에 의해서 뒤쳐지게 되었다. 정보가 사회의 중요한 중심축이 됨으로 인해 정보에 뒤쳐져 있는 또는 정보사용에 있어 기술이 없는 사람들은 노동시장의 둘레로 전락해 버려 운송, 청소, 접대 서비스 등의 일자리에 매이게 된다. 따라서 후기산업사회는 복지국가에 있어 한편으로는 위협이기도 하면서 한편으로는 기회이기도 하다.

복지국가에 대한 위협으로써 후기산업사회는 국가의 사회복지 설립에 기초가 되었던 계급구조가 용해된다는 것을 의미한다. 다시 말해 고 연봉 노동자들의 대거 출현으로 인해 노동자들에게 있어 계급의식은 사라지고 대신에 더 높은 연봉을 위한 경쟁력 강화에만 관심이 모아지게 되었다는 것을 의미한다. 이는 복지국가가 시장이 중심이 되는 사회 그리고 더욱 개인주의적 사회로 변화한다는 것을 의미한다.

하지만 복지성장의 기회로써 후기산업사회는 복지시설이나 제도 등이 후기산업사회에서 더욱 필요하다는 사회복지서비스윤리가 구체화되는 계기를 마련하였는데 이는 후기산업사회에서 노동에 대한 소외가 더욱 심해지고 소외계층이 확대되면서 복지제도에 대한 필요성이 더욱 증가하였기 때문이다.

후기산업사회의 특징으로 기인하는 소외계층의 확대는 빈익빈부익부의 심각한 양극화현상이 고착되는 것을 뛰어넘어 더욱 양극화가 심화되는 것을 의미하며 이러한 사회계급구조의 불균형의 성장으로 인해 결국 중간계급은 점차 사라지게 되고 대부분의 중간계급들은 상층계급으로 이동하기보다는 빈곤계층이 중심을 이루는 하위계급으로 떨어지게 되는 결과가 초래되고 있다. 따라서 이러한 산업경제구조 하에서 사회복지조직의 필요성과 영향력의 확대는 증가할 수밖에 없게 되며 하위계급들의 복지서비스에 대한 욕구는 계속 확대하고 있다. 하지만 동시에 보수주의의 영향으로 국가의 복지비는 계속 후퇴하고 있고 우리나라의 경우는 대부분의 선진복지국가 국가복지 지출비의 약 30% 선에 머물러 있는 것이 현실이다. 결국 복지관련 조직들은 국가의 복지비 지출의 증대를 위해서 계속적인 노력을 기울여야 하는 경제적 환경에 직면해 있다고 할 수 있다. 복지비의 지체나 축소와 사회소외계층의 확대와 사회문제 해결이라는 욕구의 증대라는 경제적 요인은 새로운 사회적 욕구로서 자리 잡게 되어 사회복지조직에게 있어 변화에 대한 조직적 대응을 필요로 하는 변화요인을 제공하고 있다.

2. 정치적, 법적 변화와 규제의 변화

복지제도나 복지전달체계를 변화시키는 정치적 변화나 규제의 변화 그리고 법의 변화는 사회복지조직이 기능함에 있어 직접적인 영향을 미친다. 예를 들어 미국에서 공화당이 중심이 되어 추진하여 이루어졌던 1996년 복지개혁은 각종 새로운 법안과 규제의 등장을 낳았으며 사회복지조직들이 복지서비스를 전달하는데 있어 심대한 영향을 미쳤다. 우리나라의 경우도 국민기초생활보장법이 국회를 통과하여 1999년에 입법화되면서 저소득층 복지정책과 전달체계에 변화를 가져다주었으며 도가니사태로 촉발되어 현재 진행중인 사회복지사업법개정안도 사회복지전달체계의 확립 및 비영리 사회복지조직의 운영에 많은 영향을 가져다 줄 것으로 생각된다. 따라서 이러한 정치적 법적 그리고 규제의 변화는 조직의 대응을 불러일으키며 나아가 조직의 변화에 요인을 제공해 준다.

3. 기술 혁신

다른 조직과 마찬가지로 기술은 사회복지조직에도 심대한 영향을 미친다. 새로운 기술과 함께 재화 또는 상품 그리고 서비스의 유형에 변화가 이루어지게 되고 재화와 서비스가 만들어지는 방법에 있어서도 변화가 일어나게 된다. 정보처리기술과 업무수행 방법에서의 발전은 모든 조직에 있어 공통적으로 나타나고 있으며 작업장의 작업조건을 급속하게 변화시키고 있다.

책임성의 증대와 측정할 수 있는 결과에 대한 강조는 사회복지조직들에게 있어서 그들의 효과성, 재정적 능력 등을 서류화할 수 있는 컴퓨터기술의 사용증대와 그리고 자금을 보조해 주는 정부기관이나 민간재단들에게 자금사용에 대한 꾸준한 보고를 해야 하는 필요성이 제기되어 이를 위한 컴퓨터 기술의 사용 역시 증가하고 있다. 또한 조직 상호간의 또는 조직과 client들과의 의사전달의 효과를 증진시키는 방법으로 또한 컴퓨터기술(특히 인터넷의 사용 등)의 사용이 보편화되고 있다. 또한 적절한 정보에 보다 편리하고 빠르며 정확하게 접근할 수 있는 정보망의 구축은 다양한 욕구를 가지고 있는 client들에게 그들의 욕구에 맞는 다양한 문제를 해결할 수 있는 정보와 소개기관을 전달해 주는데 있어 혁신적인 방법을 제공해 주고 있다. 결국 컴퓨터기술의 사용은 client의 서비스를 증가시키고 생산성과 비용효과성 그리고 서비스의 이중적 제공 등을 피함으로써 **경제율**(경제율이란 더 많은 양의 재화나 서비스가 더 적은 양의 재화나 서비스보다 더 싸게 생산 또는 제공될 때를 나타내는 경제용어이다)을 개선하는 데 결정적인 원인을 제공한다고 볼 수 있다.

4. 사회 문화적 변화

지난 수년 동안 업무에 대한 직원들의 태도와 서비스를 향한 지역주민들의 기대감에 영향을 미치는 주요한 변화들이 사회에서 이루어져 왔다. 업무에 대한 직원들의 태도에 있어서 직원들 간의 협조적이 관계를 중요시하는 분위기와 소비자주권시대와 연관하여 나타나는 소비자주의 그리고 이와 연관하여 나타나는 client들에게 나타나는 질을 담보하는 서비스의 기대 등은 대부분의 조직에 영향을 미치고 있는 사회 문화적 변화요인이라고 할 수 있다. 사회복지조직은 꾸준히 client에 대한 서비스의 질 향상시키기 위해 노력해 오고 있으며 직원들의 상호 협조에 기초하는 집단적 결정을 수립하기 위해 노력해오고 있다.

가정폭력과 학대, 빈곤, 약물중독, 범죄 같은 전통적인 사회문제들과 함께 사회문화적 변화로 나타나는 왕따, 집단 자살, 성폭력 등의 성범죄와 가족동반자살 등 새롭게 나타나고 있는 다양한 사회문제들은 재정적으로 한계가 있는 사회복지조직에게 있어 이러한 사회문제에 대처하기 위한 새로운 변화를 시도하게끔 하는 기폭제 역할을 하고 있다. 또한 인구구성의 변화, 특히 노인인구의 급격한 증가와 아동인구의 감소, 한부모의 증가를 포함하는 가족구조의 변화 등의 인구 통계적 변화 또한 비영리사회복지조직들에게 있어 이에 대한 적절한 대처를 할 수 있는 변화요인으로 작동하고 있다. 또한 계속적으로 증가하고 있는 빈곤 인구의 확대와 실업자 수의 증가도 새로운 서비스의 개발과 이에 대한 적절한 대책들을 필요로 하는 조직적 변화에 대한 필요성으로 작동하고 있다.

5. 민영화의 확대

복지서비스의 민영화는 1980년대 이후 하나의 사회적 현상으로 자리잡고 있다. 관료적 공공복지전달체계에 의해서 전달되었던 많은 복지서비스들이 계약을 통해 비영리복지기관들에게 이전됨으로써 이전에 공공복지전달체계에 의해서 제공되던 때보다 서비스의 책임성에 대한 증대와 질의 증대에 긍정적인 영향을 미치고 나아가 서비스전달의 효과성의 확보와 확대가 이루어지고 있다는 점에서 민영화의 확대는 계속적으로 이루어지는 외부환경의 특징으로 자리잡아가고 있다.

제한된 자원과 높아지는 복지서비스에 대한 기대감은 또한 영리기관들에게도 복지전달체계가 이윤추구의 영역으로 인식되어 복지서비스를 시장을 통해서 교환이 이루어지도록 하는 영리추구의 민영화가 증대하도록 하였다. 특히 영리조직 중심의 민영화는 노인장기요양보험제도의 도입과 2007년 이후 도입된 사회서비스 바우처사업으로 더욱 확대되어 가고 있는 실정이다.

결국 민영화는 비영리복지조직들이 더욱 서비스에 집중하고 더욱 비용 효과적인 서비스를 제공하도록 하는 데 동력으로 역할을 함과 동시에 복지전달체계의 변화라는 새로운 환경에 대한 적응과 조직 간의 경쟁이라는 또 다른 환경을 제공해 주고 있다고 볼 수 있다. 예를 들어 만약에 사회복지서비스전달을 둘러싸고 조직이 경쟁하게 된다면 직원들의 태도와 가치에서뿐만 아니라 조직 체계, 절차, 그리고 구조에 있어서 변화가 초래될 수밖에 없다.

6. Client의 특성 및 욕구의 변화

client와 관련된 조직변화의 필요성은 첫째, client의 특성이 변화한다는 것과 둘째, client들의 욕구 역시 변화한다는 것이다. 사회문제가 복잡화되고 확대발전하면서 이에 영향을 받은 client들의 욕구는 날로 다양하게 변화하고 있다. 초기 복지국가 발전기에 공적부조와 사회보험에 대한 국민들의 욕구 증대는 이에 대한 적절한 대응을 필요로 하였으며 공적부조와 사회보험의 도입 및 정착기 이후에 국민들에게서 나타난 돌봄서비스에 대한 욕구증대는 역시 사회서비스 확대 발전을 가져다주었고 돌봄서비스를 포함하는 사회서비스 확대에 대한 조직변화의 필요성을 제기하였다. 즉, 비영리사회복지조직에게 있어 국민들로부터 오는 새로운 욕구의 증대는 곧 그에 대한 조직적 차원에서의 대응과 변화를 요구한다고 할 수 있다.

사회문제의 복잡성과 다양성에 기인하여 나타나는 client의 특성 변화역시 그에 대한 조직적 차원에서의 적절한 변화를 요구한다. client가 가지고 있는 문제가 단순히 하나의 문제가 아니라 다양한 문제가 복합적으로 나타나고 있음으로 하나의 서비스를 제공하는 것보다 client의 특성의 변화로 인하여 복합적인 서비스가 동시에 제공되는 통합적 서비스의 필요성 역시 증가하고 있어 이에 대한 조직적 변화를 요구하고 있다. 예를 들어 노숙인들은 단순히 집을 필요로 하는 것이 아니라 정신적 물질적 도움을 동시에 필요로 하고 있으며 기초생활보호대상자들도 단순히 생활보호뿐만 아니라 직업교육 및 훈련 등의 제공이 동시에 필요하다.

또한 빈곤층이나 실업자 또는 노숙인, 장애인, 노인, 여성, 아동 및 청소년 등 전통적으로 사회서비스를 필요로 하는 client집단이 새로운 사회문제 및 인구 통계적 변화로 인하여 일인가구구성원, 이민결혼여성, 다문화가정 및 아동, 이주노동자, 새터민 등으로 확대되면서 이들의 특성을 이해하고 보다 적절한 서비스를 제공하도록 하는 조직변화를 요구하고 있다.

지금까지 설명한 조직을 둘러싸고 있는 변화하는 환경은 사회복지조직의 서비스제공 방식과 운영과 기능에 있어서의 변화를 불러일으키는 변수로 이해할 수 있다. 결국 조직은 이러한 변화하는 환경 속에서 다음과 같은 일들을 수행해야 한다.

첫째, 서비스의 질과 client의 가치를 증진시켜야 한다.

사회복지조직들은 대중들의 기대를 충족시키기 위해 서비스의 신뢰도, 비용효과성, 그리고 수행능력을 반드시 증진시켜야 한다. 조직의 지도자들은 직원들이 서비스수혜자들이 누구인지를 확인하고, 그들이 무엇을 원하는지를 질문하고 서비스를 가지고 어떻게 그들을 만족시킬 것인가를 찾고 그런 서비스를 제공할 수 있도록 재 조직화하는 것에 의해서 서비스수혜자들과의 관계를 혁신할 수 있도록 도와야 한다.

둘째, 행정관리비용을 줄여야 한다.

대부분의 비영리사회복지조직들은 자원에 있어 제한적이기 때문에 좀더 client가 만족하는 서비스를 제공하기 위해서 행정관리비용의 낭비를 줄일 수 있는 방안들이 고려되어야 한다.

셋째, 혁신방안들은 도입하여야 한다.

사회복지조직들은 반드시 서비스를 제공하는 데 있어서 혁신적인 방안들을 수용하고 도입해서 더욱 효과적이어야 한다.

넷째, client의 욕구에 대한 응답시간을 줄여야 한다.

빠르게 변화하는 환경 속에서 client의 욕구에 더욱 빨리 응답하는 것도 조직의 측면에서 하나의 특권이라고 할 수 있다. 빨리 응답한다는 것은 두 가지 측면으로 나누어서 살펴볼 수 있는데 첫 번째는 현존하는 서비스를 더욱 빨리 제공하는 것이고 다른 하나는 새로운 기술을 더욱 빠르게 도입하는 것이다.

다섯째, 직원들이 조직을 위해 더 많은 기여를 할 수 있도록 동기를 부여하여야 한다.

직원들의 재능과 기술을 고취시킬 수 있도록 하여서 직원들이 조직에 더 많은 기여를 할 수 있도록 하는 것도 중요한 과제가 될 수 있다. 대부분의 사회복지조직에 있어 직원들의 동기를 부여하기 위해서 화폐적 보상을 하는 것은 제한적이기 때문에 지도자들은 직원들의 동기를 고취시킬 수 있는 대안들을 반드시 찾아야만 한다. 그리고 직원과 상층 관리자들 간의 관계가 갈등을 일으키지 않도록 개선된 노사관계를 유지하는 것도 중요하며 갈등이 일어나는 경우 갈등이 빨리 해결되고 상호책임성을 강조하는 것도 중요하다.

여섯째, 변화를 빨리 관리하여야 한다.

변화는 불가피하기 때문에 조직은 더욱 효과적으로 변화를 관리할 수 있는 능력을 발전시키는 것이 중요하다.

일곱째, 가치를 입증하여야 한다.

민영화에 대한 위협을 예방하기 위해서 특히 비영리복지조직은 대중들에게 그들 조직이 존재하는 가치를 입증할 수 있는 능력을 개발하여야 한다. 또한 그들이 제공하는 서비스가 다른 민간 영리조직들이 제공하는 서비스와 다른 점을 집중적으로 확인하고 비영리복지조직이 더욱 효과적인 서비스를 제공한다는 것을 입증하여야 한다.

다음의 예는 Nadler와 Shaw(1995)에 의해서 개발된 조직이 변화를 필요로 하는지 아닌지를 알아볼 수 있는 간단한 질문지이다.

내가 몸담고 있는 조직이 얼마나 혁신적인가를 알아볼 수 있는 질문지의 예
다음의 문항을 읽고 가장 적당한 대답에 O표 하십시오. 1점은 전혀 그렇지 않다이고 10점은 전적으로 그렇다입니다. 1. 나의 기관은 높은 수행력을 가지고 있는 조직이라고 생각된다. (전혀 그렇지 않다) 1 2 3 4 5 6 7 8 9 10 (전적으로 그렇다) 2. 우리는 우리의 서비스를 개선시키기 위한 새로운 방법을 항상 기대한다. (전혀 그렇지 않다) 1 2 3 4 5 6 7 8 9 10 (전적으로 그렇다) 3. 우리는 규칙적으로 client들로부터의 정보(input)와 피드백을 추구한다. 그 결과 우리는 더 좋은 서비스를 client들에게 제공할 수 있다. (전혀 그렇지 않다) 1 2 3 4 5 6 7 8 9 10 (전적으로 그렇다) 4. 우리는 서비스를 제공하기 위한 비용을 줄이는 방법을 개발시켜 왔다. (전혀 그렇지 않다) 1 2 3 4 5 6 7 8 9 10 (전적으로 그렇다)

5. 우리는 행정비용을 줄이기 위한 방법을 인식하여 왔다.

(전혀 그렇지 않다) 1 2 3 4 5 6 7 8 9 10 (전적으로 그렇다)

6. 나의 기관은 새로운 서비스전달체계를 최근에 실행했다.

(전혀 그렇지 않다) 1 2 3 4 5 6 7 8 9 10 (전적으로 그렇다)

7. 우리는 우리의 서비스전달을 개선시키기 위한 기술을 사용하고 있다.

(전혀 그렇지 않다) 1 2 3 4 5 6 7 8 9 10 (전적으로 그렇다)

8. client들은 나의 기관에서 서비스를 빨리 그리고 꾸준히 받는다.

(전혀 그렇지 않다) 1 2 3 4 5 6 7 8 9 10 (전적으로 그렇다)

9. 우리는 새로운 프로그램과 서비스를 빠르게 도입하는데 있어 성공적이다.

(전혀 그렇지 않다) 1 2 3 4 5 6 7 8 9 10 (전적으로 그렇다)

10. 나의 기관에서 직원들은 최상의 업무를 수행하도록 동기부여 받는다.

(전혀 그렇지 않다) 1 2 3 4 5 6 7 8 9 10 (전적으로 그렇다)

11. 우리 기관의 노사관계는 꾸준히 개선되고 있다.

(전혀 그렇지 않다) 1 2 3 4 5 6 7 8 9 10 (전적으로 그렇다)

12. 나의 기관은 매우 빠르게 변화를 관리하는데 있어 성공적이다.

(전혀 그렇지 않다) 1 2 3 4 5 6 7 8 9 10 (전적으로 그렇다)

13. 나의 기관은 다른 기업(영리기업)이 하는 것보다 더욱 효율적으로 서비스를 제공하고 있다.

(전혀 그렇지 않다) 1 2 3 4 5 6 7 8 9 10 (전적으로 그렇다)

점수: 7점 이상을 대답한 항목을 세서 10개에서 13개 항목에서 7점 이상을 대답하였다면 당신의 기관은 혁신적 기관이며 7에서 9개 항목에서 7점 이상을 대답하였다면 당신의 기관은 진전이 진행 중에 있는 기관이고 6개 이하의 항목에서 7점 이상을 대답하였다면 당신의 기관은 문제가 있는 변화가 필요한 기관입니다.

제 3 절 성공적인 변화를 위한 전제조건과 요소

조직변화가 성공적으로 수행되기 위해서는 첫째, 성공적인 변화를 위해 조직에게 반드시 필요한 전제조건이 무엇인가를 생각해 볼 수 있으며 둘째, 공적 사회복지조직이든 비영리민간사회복지조직이든 조직이 변화를 성공적으로 수행하는데 결정적으로 중요한 요소들은 어떤 것들이 있는지를 확인하는 것도 중요하다고 볼 수 있고 셋째, 조직변화가 성공적으로 수행되기 위해서 반드시 평가하여야 하는 일련의 변수들은 어떤 것들이 있는가를 고려하는 것도 중요하다. 이번 절에서는 성공적인 조직변화를 위한 전제조건의 내용과 요소들 그리고 평가되어야 하는 변수들에 대해서 살펴보기로 한다.

1. 성공적 변화를 위한 전제조건

Frey(1990)는 조직변화가 성공적으로 수행되기 위한 전제조건으로 다음과 같은 네 개의 조건을 강조하였다.

첫째, 변화를 성공적으로 수행하기 위한 효과적인 행동계획을 개발하기 위해서, 실천가(또는 사회복지사)들은 변화제안서의 허용을 방해하는 또는 지지하는 요인들을 반드시 사정하고 확인하여야 한다. 결론적으로 잠재적 저항에 대한 사전 조사 또는 사정은 결정적으로 중요하다는 것을 의미한다. 이러한 저항에 대한 사정은 변화에 대한 지지를 획득하는 행동계획을 발전시키는 토대를 형성할 수 있다.

둘째, 모든 변화제안서는 독창적이라고 전제되어야 한다. 이론적으로는 무수히 많은 수의 변화제안서들이 조직의 문제를 해결하기 위해서 소개되어졌지만 조직의 문제는 다양한 방식으로 해결되었다고 할 수 있다. 심지어는 같은 조직의 문제를 해결하기 위해 설계된 제안서들도 그 복잡성, 크기, 내용 그리고 비용 등의 측면에서 다 다르다. 또한 조직변화를 언제 시도하였는지의 시기에 따라서 변화에 대한 조직의 수용여부도 다 다르다. 어떤 때는 조직변화제안서가 수용되기도 하지만 또 어떤 때는 거부되기도 한다. 따라서 모든 변화제안서들은 그것 자체가 갖는 자신만의 특별한 상황으로 보여져야 할 필요성이 제기된다.

셋째, 변화제안서의 내용과 본질은 제안서에 대해서 조직적 요인들이 갖는 상대적인 영향력을 사정하기 위한 실마리를 실천가들에게 제공해야 한다. 이는 각각의 제안서들이 각기 독립적으로 평가되어야 한다는 것을 의미한다. 결국 어떤 조직적 요인은 제안서를 거부하는데 영향을 미쳤지만 또 다른 제안서를 거부하는데 그 조직적 요인이 똑같이 제안서를 거부하도록 영향력을 행사한다고 가정할 수는 없다는 점을 의미한다. 예를 들어 조직적 요인으로서의 변화를 위한 자금지출이 어떤 제안서에는 변화에 대한 치명적인 방해물이 될 수 있지만 또 다른 제안서에서는 상대적으로 덜 중요할 수도 있다. 따라서 제안서의 내용이 어떤 요소가 중요한지를 사정하는데 뿐만 아니라 개인적 요인들의 상대적 중요성을 확인하는 데에도 도움을 주는 실마리를 제공한다.

넷째, 조직운영의 주체인 실천가들이 변화제안서를 가지고 있다는 전제이다. 변화제안서는 분명하고 구체적인 행동이 이루어질 수 있는 일련의 제안들로 구성되어 있다. 따라서 실무에 대해 가장 적확한 지식과 경험을 가지고 있고 매일 매일 client들을 상대하는 실천가들이 변화제안서의 핵심주체라는 점이 강조된다. 예를 들어 사회복지기관에서 일련의 사회복지사들이 client들이 상담을 위해 기다리는 시간에 관심이 있다고 했을 때 그들은 변화제안서를 만들어서 구체적으로 기다리는 시간을 줄일 수 있는 방안들(예를 들어 새로운 사회복지사를 채용한다든지, 접수시간을 줄인다든지 짧은 상담을 강조한다든지 하는)에 대해 제시하게 된다. 결국 조직의 문제는 변화제안서에 따른 행동에 의해서 해결되는 것이라고 할 수 있다.

2. 성공적인 변화를 위한 요소

성공적인 변화를 위해서 반드시 필요한 중요한 핵심적 요인들은 과연 어떤 것들이 있는가? Proehl(2001)은 조직이 변화를 성공적으로 수행하는데 결정적으로 중요한 10가지의 요소들을 지적하였다. 여기에 변화에 개입되어 있는 변화참가자와 이해관련당사자를 확인하는 것도 성공적인 변화를 위해 중요한 요인이라고 볼 수 있기 때문에 결국 성공적인 변화를 위해 반드시 필요한 요인은 11개 요인으로 정리될 수 있다. 또한 Tyson과 Jackson(1992)은 조직변화를 위해 필요한 요소로 여섯 요소를 제시하였다. 성공을 위해 확인하여야 하는 또는 수행하여야 하는 이들 요소들을 살펴보면 다음과 같다.

1) 임무

Altshuler(1999)는 성공적인 혁신은 중요한 문제를 해결하기 위해 설계된 변화를 위한 임무가 조직성원들과 조직외부의 사람들에 의해서 이해되어질 수 있도록 분명하게 성격 규정되어져야 함을 강조하였다. 잘 정의된 임무는 변화노력을 위한 경로(또는 절차나 과정)를 잘 이해할 수 있도록 도우며 설사 지도력에 있어 변화가 있다 해도(예를 들어 지도자가 바뀌었을 경우) 임무는 조직이 나아가야 할 방향과 기능의 연속성을 유지할 수 있도록 돕는다고 한다. Drucker(1999)에 따르면 임무에 집중하는 것은 혁신을 수행하기 위해 필요한 주요열쇠 중에 하나라고 한다.

대부분의 조직들은 실천을 위한 기준으로써 임무를 가지고 있지만 임무가 중심이 되는 조직(mission focused organization)은 훨씬 덜 일반적이라고 한다. 임무가 조직의 결정수립을 하는데 있어 중심이 되었을 경우에 인사나 모든 다른 우선순위들은 이차적이 문제가 된다. 복지행정가나 슈퍼바이저, 또는 상층 관리자들은 임무를 성취하기 위해 존재한다는 점을 명심할 필요가 있으며 모든 조직성원들은 임무와 연관이 없는 어떤 결정에 대해 의문을 가질 정당한 권리가 있음을 인지해야 한다. 결국 사회복지조직에 있는 지도자들에게 있어 가장 커다란 도전 중에 하나는 조직이 임무가 중심이 되도록 하는 것이라고 할 수 있다.

2) 결과

일반적으로 결과측정은 일반기업들에게 있어 추진하는 힘 또는 추진력이었으며 공적조직들에게 있어도 결과(outcomes)를 사용한다는 것은 직원들의 동기를 고양시키기 위해서, 공적조직의 책임성을 유지하기 위해서, 그리고 조직이 성취한 성취물에 대해 일반 대중들로부터 지지를 얻기 위해서라고 한다.

하지만 사회복지조직들에게 있어 프로그램의 결과를 확인하는 것이 어렵기 때문에 그리고 성과를 평가할 수 있는 자료를 모집하는 것이 또한 만만치 않기 때문에 성과가 추진하는 힘이 된다는 것, 직원의 동기를 고양시킬 수 있다는 것 또는 책임성을 유지하기 필요하다는 것 등은 어렵다고 볼 수 있다. 따라서 프로그램의 책임성을 증진시켜야 하는 책임을 맡고 있는 복지기관의 행정가들은 측정하기가 어렵고 성과에 대한 통제가 제한적이기 때문에 결과측정보다는 측정하기가 쉽고 통제하기가 쉬운 행동을 측정하는 것을 선호한다. 그리고 전통적으로 사회복지는 가치를 중심으로 하는 실천의 영역이기 때문에 결과를 측정하는 것보다 과정이나 행동을 측정하는 것을 더 중요하게 간주하여 왔다.

하지만 결과를 측정하여 조직이 제공하는 서비스에 대한 책임성의 근거로 삼으려고 하는 변화에 직면하여 사회복지조직들은 그들이 제공하는 서비스나 프로그램의 효과성을 증명해야 할 필요성이 제기되고 있다. 이는 조직이 목적하는 것을 얼마나 잘 성취하였는지를 측정하기 위해 성과측정을 사용하여 숫자로 보여주어야 하는 변화에 직면해 있다는 것을 의미한다. 예를 들면 고용훈련프로그램을 통해 얼마나 많은 client들이 직업을 획득하였는가? 10대 임산부비율이 증가하였는가? 감소하였는가? 범죄율이 증가하였는가? 감소하였는가? 아동학대발생률이 증가하였는가? 감소하였는가? 등의 프로그램의 결과를 측정하여 프로그램의 효과의 정도를 결정짓는 근거로 삼는다는 것을 의미한다. 따라서 이러한 결과가 프로그램의 효과를 알려주는 숫자화된 척도가 되었다(Murphey, 1999).

3) 변화가 조직의 가치 위에 근거하는가?

대부분의 사회복지조직들은 이미 확고한 조직문화를 가지고 있는 경우가 대부분이기 때문에 조직의 문화를 변경하고자 하는 시도는 상당히 어렵고 복잡하다고 할 수 있다. 비록 새로운 지도자나 법률이 기존의 문화가 잘 기능하지 않거나 또는 비생산적인 문화라고 한다면 조직문화를 수정할 수 있지만 이러한 경우는 자주 발생하는 경우라고 할 수 없다. 성공적인 변화는 조직의 임무, 가치, 그리고 규범이 변화를 위한 기초로서 작동할 때 발생한다고 할 수 있다. 조직의 지도자들은 종종 조직을 잘못 이끌 수도 있으며 그리고 그들의 행동이 조직의 문화를 파괴적으로 이끌 수도 있다.

정치가든지, 조직지도자이든지, 또는 노조지도자이든지 성공적인 변화주도세력은 조직의 핵심가치를 빨리 알아내서 추종하는 사람들에게 그 가치들에 관해 얘기함으로써 추종자들의 마음을 확실히 잡아야 하는 것이 중요하다고 한다. 예를 들어 미국의 Roosevelt 대통령은 국민들에게 친숙한 신념, 전통, 체계의 정황 안에서 급진적인 개혁을 추구하였기 때문에 성공하였다고 한다(O'Toole, 1995).

4) 변화는 전체적이어야 한다.

체계이론의 기초적인 전제는 조직은 상호 연결된 부분으로 구성되어 있다는 것이고 체계의 한 부분에서 변화가 발생할 때 다른 부분들도 변화에 영향을 받든지 또는 변화된다는 것이다. 모든 열린 체계와 마찬가지로 조직도 외부환경과 밀접하게 연관이 있으며 외부환경에 변화가 일어나게 되면 조직은 반드시 생존하기 위해 변화한다. 그러나 많은 사회복지조직의 경우에 있어 어느 한 부서가 변화를 추진하는 경우 다른 부서에 어떻게 변화가 영향을 미칠지를 고려하는 경우가 적고 심지어는 한 부서의 변화가 다른 부서에게 있어 문제로 나타나는 경우도 발생하여 결국에는 전제적인 새로운 변화가 이 문제를 해결하기 위해 나타나는 경우가 종종 일어난다.

따라서 조직을 전체체계로 바라본다는 것은 한 부분의 변화는 조직 안에서의 일관성을 성취하기 위한 다른 부분의 변화와 주위를 또한 필요로 해야만 한다는 것을 의미한다. 변화를 위해서는 최소한의 의사소통, 조정, 그리고 통제체계가 부서들간에 이루어져야 한다. 전체적인 노력으로 변화를 바라보기 위해서는 조직의 임무선언이 강력한 힘을 발휘할 때 즉, 변화가 조직의 임무선언과 일치하여야 한다는 점이 중요하다고 할 수 있다.

5) 최고관리층의 지원

조직의 전반적인 변화를 추구하는데 있어서 최고관리층이 변화에 적극 지원하는 것이 효과적인지 아닌지에 대해서는 어떻게 지원이 이루어지는가에 따라서 견해가 상이하다고 볼 수 있다. 예를 들어 일부 지도자들은 변화과정에 적극 개입하여 회의나 모임을 주선하고 해결을 위한 제안을 제시하고, 변화의 수행을 감독하는 경우도 있고 또한 어떤 지도자들은 변화과정에서 한 걸음 뒤로 물러나 있으면서 단순하게 직원들의 역량을 강화시키는 것에 좀더 주안점을 두는 경우도 있다. 하지만 Proehl(2001)에 따르면 위의 두 경우가 모두 변화를 지원하는 적절한 방법이 아니라고 한다. 그녀에 따르면 최고관리층이 변화에 적극적인 경우에 있어 현실적으로 최고관리층은 서비스를 전달하는 최일선에 자리하고 있지 않기 때문에 종종 조직의 매일 매일 일상적으로 이루어지는 운영에 대해 잘 인식하지 못할 수도 있고 그리고 조직의 매일 매일의 업무에 영향을 미치는 제한된 능력을 가지고 있을 수 있기 때문에 적절하지 않다고 한다. 또한 최고관리자들은 일반적으로 조직 안의 어떤 한 부서가 최고의 성과를 산출하기 위해서 어떻게 해야 하는지에 대한 잘 모를 수도 있으며 제기된 문제에 대한 충분하게 포괄적으로 이해를 하지 못하는 경우도 있다고 한다.

또한 최고관리자가 변화에 대해 자유방임적인 관점을 가지는 경우도 또한 문제점들이 제기된다고 한다. 그녀에 따르면 선의의 입장에서 지도자들이 직원들의 역량강화를 해준다고 하지만 이것이 변화에 주도적인 직원들의 노력을 고의로 방해할 수 있다고 한다.

Proehl(1996)에 따르면 역량강화가 된다는 것이 직원들로 하여금 변화에 자기가 주체적으로 나아간다는 것을 의미하는 것은 아니라고 한다. 따라서 변화에 자유방임적인 자세를 취하는 것이 변화에 적극적인 자세를 취하는 것보다 덜 지지적인 행동이라고 볼 수 있는 데 이는 변화를 주도하는 직원들이 종종 변화를 성공적으로 수행하기 위해 필요한 기술, 지식, 또는 정보를 가지고 있지 않은 경우가 많이 있기 때문이다.

성공적인 최고관리자들은 변화주도세력을 지원한다는 것에 대해 다시 생각하여 입장을 정리하여야 할 필요성이 있는데 이는 변화과정을 위한 전반적인 방향성을 명확하게 규정하는 것에 의해 그들의 지지를 나타내는 것을 의미한다고 할 수 있다. 또한 최고관리자들은 정보에 대한 접근, 훈련 그리고 인적 자원을 포함하는 변화를 위해 필요한 자원을 제공하여야 한다. 그리고 최고관리자들은 변화주도세력들에게 경제적인 도움을 주어야 한다. 나아가 최고관리자들은 변화를 주도하는 직원들의 업무시간에 대한 유연성과 변화실행노력을 도울 수 있는 슈퍼바이저의 역할을 담당할 수도 있다. 지지적인 최고관리자라는 것은 위험과 요구를 지원하는 환경을 만드는 역할을 담당하여 실수를 변화과정에서 받아들일 수 있는 부분으로 만들어 주는 사람들이라고 할 수 있다. 결국 변화과정에 개입되어 있는 사람들을 위한 선도자나 조언자의 역할을 담당하는 것이 최고관리자들의 중요한 변화과정에서의 역할이라고 할 수 있다.

6) 올바른 역량강화

힘 관계(power relationship)의 이동은 종종 역량강화와 증진된 참여를 통해서 이루어지는 경우가 있지만 역량강화와 참여의 증진이 항상 성공적인 결과를 가져다 주는 것만은 아니라고 한다(Proehl, 2001). Proehl(2001)에 따르면 역량강화가 성공적인 결과를 가져다주지 못하는 이유 중에 하나는 일선 직원들의 재능과 상상력을 이끌어내지 못하기 때문이다. 따라서 변화를 성공적으로 유도하기 위해 일선 직원들의 재능과 상상력을 이끌어내기 위해서는 일선직원들을 담당하는 슈퍼바이저들의 역할이 중요하다고 볼 수 있다. Larkin과 Larkin(1996)에 따르면 일선 슈퍼바이저들은 조직에서 의견을 이끄는 오피니언리더라고 한다. 이는 일선 슈퍼바이저들이 일선 직원들의 태도와 행동에 매우 큰 영향을 주기 때문이다. 결국 일선슈퍼바이저들이 변화노력의 성공에 절대적으로 중요한 성공열쇠라고 할 수 있다.

Senge, Kleiner, Robert, Ross, Roth, 그리고 Smith(1999)에 따르면 사람들이 깊게 고려하고 있는 변화를 둘러싸고 있는 힘과 자기 자신들로부터 나오는 변화에 대한 사명감이 성공에 있어서 중요한 열쇠가 된다고 한다. 결국 변화를 성공적으로 이끌기 위해서는 단순히 직원들의 역량을 강화시켜야 한다는 당위성이 중요한 게 아니라 역량강화가 직원들이 변화과정에 필요한 재능과 창의력을 유도할 수 있게 변화와 직접적인 연관이 있어야 한다는 것이 중요하다고 볼 수 있다.

7) 주의가 client에게 집중되어 있는가?

Drucker(1999)에 따르면 조직은 반드시 다음의 점들을 명확히 하여야 한다고 주장한다.

첫째, 무엇이 우리조직의 임무인가?
둘째, 우리의 소비자는 누구인가?

셋째, 소비자의 가치는 무엇인가?

그리고 Osborne(1994)는 변화에 있어 첫 번째 단계는 다음과 같은 기본 질문들을 하는 것이라고 한다.

첫째, 우리는 어떤 기업을 운영하고 있는가?
둘째, 우리의 임무는 무엇인가?
셋째, 우리가 서비스를 제공하고자 목표로 하는 소비자는 누구인가?

결국 변화를 성공적으로 이끌기 위해서는 사회복지조직이 서비스를 제공하고자 하는 client가 누구인지에 대한 철저한 분석이 반드시 뒷받침되어야 한다는 점이 강조될 수 있다.

8) 가능한 다른 기관과의 협조

제한된 예산과 증가하는 대중들의 욕구에 적절하게 대처할 수 있는 성공적인 프로그램을 제공하기 위해서는 사회복지조직들은 다른 조직들과의 연계망을 구성하여 장기적인 문제를 해결하기 위한 다양한 형태의 연합행동들이 필요하게 된다. 현재 해결해야 하는 대부분의 사회문제들은 정부조직 혼자만의 힘으로는 결코 문제를 해결할 수 없으며 민간 조직들이나 단체들의 협조가 반드시 필요하다. 예를 들어 노인들의 소득보장을 위하여 시행되는 노인일자리사업의 성공은 정부조직 혼자만으로는 절대적으로 불가능하며 일반기업체들의 적극적인 참여와 비영리노인복지단체들의 협조가 반드시 필요하다고 할 수 있다. 결국 혁신적인 계획(또는 프로그램)의 제공이나 수정 또는 변경 등이 다른 분야의 조직들이나 단체들과의 연합에 의해 성공적으로 성취될 가능성이 높다고 할 수 있다. 따라서 변화주도세력들에게 또는 변화를 추진하는 촉진세력들에게 다른 조직이나 단체들과의 연합행동의 중요성이 강조되어야 하겠다.

9) 정보기술

기술은 사회복지조직에 중요한 효과를 가져다 주는 요인이다. 사회복지조직에 있어서 정보처리과정과 업무처리방식은 과학기술의 발전과 함께 급속도로 발전하고 있다. 특히 책임성과 성과 측정이 강조되는 현존의 상황에 맞추어 사회복지조직들은 그들의 업무의 효율성, 효과성, 그리고 재무관리 등을 서류화하기 위해서 그리고 재정을 지원하는 상급조직에 운영보고를 하기 위해 컴퓨터기술을 사용하는 것이 증가하고 있다. 또한 client에 대한 서비스의 질을 개선하기 위해서 컴퓨터의 사용이 증가하고 있다. 결국 이러한 컴퓨터 기술을 포함하는 정보기술의 발전에 기인하는 외부환경의 급속한 발전과 이에 대한 적응은 조직이 그들의 기술적 부분을 성공적으로 개선하고 변화하는데 있어서 하나의 중요한 열쇠로서 작동하고 있다.

10) 지도력

어떻게 변화를 이끌 것인가 또한 사회복지조직에서 일하는 대부분의 직원들에 의해 변화를 성공적으로 이끄는 하나의 중요한 요인으로 지적되고 있다. Kotter(1996)에 따르면 성공적인 변화노력은 관리에서 오는 것이라기보다는 지도력에서부터 온다고 한다. 그에 따르면 실제 성공적인 변화에 있어 관리는 약 10%에서 30% 그리고 지도력은 70%에서 90%를 좌우한다고 한다. 그는 관리란 복잡한 체계를 유지하고 기술이 완만하게 적용되도록 하는 과정의 집합체라고 정의하고 지도력은 변화하는 상황에 조직을 적응하도록 하는 과정의 집합체라고 정의하였다. 따라서 지도자들은 미래는 어떠할 것인지를 규정하여야 하고 사람들이 비전을 갖도록 해야 하며 그리고 방해에도 불구하고 비전이 일어나도록 고취하여야 한다.

다음의 표는 Proehl(2001)이 제시한 변화주도세력이 변화를 성공적으로 성취할 수 있는지를 평가하는데 도움이 되는 질문들의 예이다.

〈표 4-1〉 성공적인 변화를 위한 열쇠

1. 변화계획을 위한 임무가 얼마나 잘 명확화되어 있는가? 2. 계획을 위한 구체적인 성과는 무엇인가? 3. 변화가 설립되는 가치는 무엇인가? 4. 어떠한 방식으로 변화를 위한 전체적인 접근이 취해지는가? 5. 상위 관리층의 지원이 어떻게 유도되었는가? 6. 변화로 나아가는데 있어 직원들의 동기부여는 얼마나 중심적인가? 7. 어떻게 소비자들에 대해 주의력을 집중할 것인가? 8. 다른 조직들과 상의된 것은 무엇인가? 9. 어떻게 정보기술이 계획에 융화되었는가? 10. 계획을 위한 지도자들은 누구인가 그리고 그들이 조직의 상이한 수준을 대표하는가?

11) 변화참가자와 이해관련당사자의 확인

성공적인 변화를 위해서는 조직의 다양한 집단들이나 개인들 그리고 client와 이해관련당사자들로부터 지지를 얻는 것이 결정적이라고 할 수 있다. 지지를 얻는 것은 노력과 계획을 필요로 하는데 이러한 계획과 노력은 **제안된 변화에 누가 주요 참가자들이고 이해관련당사자들인가를 이해하는 것**에서부터 시작한다고 할 수 있다

(Netting, Kettner and McMurtry, 2004). 변화에 참여하는 참여자들이나 이해관련당사자들은 변화가 성공이나 실패냐를 결정하는 중요한 역할을 수행할 수 있기 때문에 이들에 대한 확인과 이해가 필요하고 이들을 변화지지세력으로 만드는 것이 반드시 수반되어야 하는 구체적인 행동이라고 할 수 있다.

변화에 참여하는 또는 이해가 걸려 있는 당사자들을 구분하면 첫째, 변화를 처음 선도한 선창자 둘째, 변화주도세력 셋째, client 넷째, 지지자 다섯째, 통제자 여섯째, 변화책임부서, 일곱째, 표적 여덟째, 행동팀 아홉 번째, 실행자 그리고 마지막으로 반대자 등으로 구별할 수 있는데 왜 이들이 누구인지 그리고 이들이 변화에 개입하는지를 이해하고 확인하는 것이 결국은 중요한 성공을 위한 요소가 된다.

결론적으로 변화를 성공적으로 수행하기 위해서는 변화에 직접 간접으로 참여하게 되는 사람들이나 집단들을 확인하고 이해하는 것이 중요한데 이를 위해 조직의 변화에 연관이 있는 조직변화에 개입되어 있거나 이해관련당사자와 관련된 명부를 작성하는 것이 중요하다고 할 수 있다. 변화개입 또는 **변화참가명부**는 조직 안에서 처음으로 변화의 필요성을 제기한 사람(선창자)을 포함해서 조직변화에 관련이 있는 사람들에 대한 속성을 분류한 표이다. 다음은 명부의 예이다.

〈표 4-2〉 변화참가(또는 개입)명부

직위	정의	내 용
선창자	문제를 처음 제기한 사람	처음 문제를 처음 인식한 그리고 그 문제에 관심을 기울인 사람
변화주도세력	변화를 조정하고 실행하기 위해 노력하는 사람들이 모인 집단	변화협력팀으로도 불린다. 변화노력의 단계에 지도력과 조정에 책임이 있는 사람들이나 집단
client	변화의 일차적(직접적) 또는 이차적(간접적) 수혜자	조직변화가 client의 욕구에 보다 응답적이기 위함이 목적이기 때문에 client가 일차적 수혜자라고 할 수 있다. 하지만 조직행정구조나 조직관리자의 변경 등과 같은 경우는 직원들이 일차적인 수혜자가 되고 client가 이차적인 수혜자가 될 수 있다. 따라서 일차적 수혜자가 누구이고 이차적 수혜자가 누구인지를 확인하는 것이 필요하다
지지자	변화노력을 지지 또는 지원하는 것으로 기대되는 사람	변화노력을 지원 또는 지지할 집단이나 사람들에 대한 확인
통제자	변화를 승인하는 그리고 변화가 실행되도록 지시하는 힘이나 권위를 가지고 있는 사람이나 집단	제안된 계획의 실행을 명령하고 승인할 수 있는 공식적 힘이나 권위를 가진 사람이나 집단
책임부서	변화에 책임이 있는 조직부서나 조직	변화노력의 행동을 전달하거나 지지하는 것에 책임이 있는 조직부서나 조직
실행자(implementor)	변화행동개입을 실행하는 집단이나 사람	변화노력의 행동을 전달하거나 지지하는 조직부서나 변화노력을 실행하기 위해 필요한 행동들을 또는 서비스를 직접적으로 전달하는 것에 개입되어 있는 개인
표적(target)	성공적인 개입으로 변화되어야 하는 것	변화가 성공적으로 되기 위해 변화되어야 할 필요가 있는 것(사람, 집단, 구조, 정책, 실무 등)은 무엇이고 어디에 그것들이 위치해 있는가에 대한 명확화

반대자	변화에 반대하는 사람이나 집단	현 상황을 선호하는 또는 기존의 상태에 대해 불만을 가지고 있지 않은 사람 그리고 변화에 부정적인 영향을 받는 사람들이나 집단
행동팀	변화를 추진하는 추진팀(task force)	변화를 실행하고 계획하는데 있어 결정적인 역할을 수행하는 개개인들로 구성된 팀. 변화를 실행하기 위해 여러 변화관련이해집단이나 사람들이 모여서 이루어진 집단으로 팀원은 변화주도세력, 책임부서원, 실행자 등과 중복될 수 있음)

12) 조직변화를 위한 중요 요소

Tyson과 Jackson(1992)은 조직이 성공적으로 변화를 수행하는데 필요한 다음과 같은 여섯 요소들을 강조하였다.

■ 변화의 필요성을 인식하는데 있어 상위층 관리자로부터의 압력

직원들이 변화를 위한 인식을 할 수 있도록 하는 고위관리자들로부터의 압력은 조직을 둘러싼 환경요인들로부터 올 수 있다. 예를 들어 프로그램 도중에 프로그램을 그만두는 client들의 높은 중도 탈락률이나 서비스를 위해 대기하는 시간의 양, 조직 부서간 갈등이나 높은 비용부담에 비한 낮은 효과 등을 관리자들이 제시함으로써 변화의 필요성에 대한 인식을 직원들이 동감할 수 있다.

■ 제3자의 개입

조직변화를 성공적으로 수행하는데 필요한 요소로서 제3자에 의해 개입이 필요하다. 제3자의 개입은 조직의 변화를 주도하는 지도자들에게 그 조직의 문제점들을 인식하도록 하는데 도움을 줄 수 있으며 그들 나름대로의 변화에 대한 시각을 제공할 수 있기 때문에 변화에 도움이 된다.

■ 진단

변화하려고 하는 문제가 무엇인지를 인식하기 위한 문제의 진단이 성공적인 조직변화를 위해 필요하다.

■ 창조적인 해결책

문제의 해결을 위해 취하는 행동들에 대한 소명감뿐만 아니라 창조적인 해결책을 찾는 것이 성공적인 조직변화를 위해서 반드시 필요하다.

■ 실험

큰 변화가 시도되기 전에 작은 변화를 위한 시도의 실현가능성을 타진할 수 있는 실험이 필요하다. 하지만 이러한 작은 시도들은 급박한 변화가 이루어지는 경우는 생략될 수 있다.

■ 보상

변화의 실현가능성을 높이기 위해 그리고 변화를 실현시키기 위해 연속적으로 일어나는 행동들이나 노력으로부터 얻어지는 긍정적인 결과들에 대한 칭찬이나 보상은 전체적인 변화의 성공을 위해 필요하다.

3. 성공적인 조직변화를 위해서 검토해야 할 변수

조직변화는 시도 때도 없이 이루어지는 것이 아니다. 어느 정도 필요성이 인정되고(위에서 언급했던 경제적 이유, 정치적 법적 변화와 규제의 변화, 기술혁신, 사회 문화적 변화, 그리고 민영화 등), 수행능력도 있어야 하며 외부나 내부로부터의 지지 등도 필요하다.

또한 위에서 언급한 바와 같이 성공적인 변화를 위해 필요한 요소들도 있어야 한다. 마지막으로 여기에 덧붙여 변화는 변화를 추구하는데 있어 나타날 수 있는 다양한 변수들에 대한 사정을 필요로 한다. Frey(1990)에 따르면 조직변화를 수행하는데 있어 반드시 고려하여야 하는 변수 또는 요인들이 있다고 한다. 성공적인 변화를 달성하기 위한 변화계획과 관련하여 평가하여야 할 필요가 있는 변수들로 Frey(1990)는 열 개의 변수들을 제시하였는데 그것들은 첫째, 인지된 이점(advantage), 둘째, 노력, 셋째, 위험, 넷째, 가라앉은 비용(sunken cost), 다섯째, 이해력, 여섯째, 능력, 일곱째, 깊이와 거리, 여덟째, 사고와 사상 아홉 번째, 욕구 마지막으로 열 번째, 일반성이다. 즉, 변화를 수행하기 위해 변화가 조직에게 어떠한 이점이 있는가, 변화를 수행하는데 있어 계속적인 노력을 쏟을 수 있는가, 변화과정에 어떤 위험이 나타날 것인가, 변화에 들어가는 비용 중에서 가라앉은 비용은 어느 정도인가 등등의 변수들이 확인되어야 함을 의미한다. 이러한 변수들에 대한 사정은 곧 변화를 추구하는 사회복지사들에게 조직적 지원이나 저항에 대한 잠재적 자원을 확인할 수 있도록 도와주기 때문에 필요하다고 할 수 있다. 이러한 변수들에 사정이 완수되고 나면 결국 변화세력은 구체적인 변화행동계획을 작성하는 단계로 넘어갈 수 있게 된다. 이들 변수들에 대해 살펴보면 다음과 같다.

1) 인지된 이점

변화에 따른 인지된 이점은 **변화에 따른 혜택**을 의미한다. 하지만 현실적으로 모든 변화가 조직 안에 있는 모든 집단성원들에게 혜택을 가져다주지는 않기 때문에 어떤 집단에게는 긍정적인 혜택을 가져다 주고 또 다른 어떤 집단에게는 부정적인 효과를 가져다 주기도 한다. 따라서 변화계획의 혜택을 완전하게 이해하기 위해서 변화를 주도하는 사회복지사들은 다음과 같은 다양한 조직집단의 관점에서 계획을 사정할 필요성이 있다고 할 수 있다.

- **결정수립가** : 변화계획을 받아들이고 수정하고 그리고 거절할 수 있는 공식적 권위를 가지고 있는 사람들
- **변화실행자** : 변화계획을 실행으로 옮기는데 책임이 있는 사람들
- **직원** : 변화계획이 일단 실행되면 직접적으로 영향을 받는 사람들 또는 실질적으로 변화를 실행에 옮기는 사람들

물론 각각의 서로 다른 집단의 입장에서 변화계획이 어떻게 보여지는지를 확인하는 것은 매우 어렵다고 할 수 있다. 하지만 각각의 입장에서 바라다보는 변화계획에 따른 긍정적 또는 부정적 혜택의 여부를 사정하는 것은 매우 중요하다고 볼 수 있다. 이는 만약 변화계획이 조직에게 또는 client들에게 분명한 혜택으로 보여주지 않는다면 변화계획은 성공적으로 실행될 수 없을 뿐만 아니라 저항에 직면하게 될 것이기 때문이다.

2) 노력

노력은 변화계획을 실행과 수용을 보장하는데 필요한 에너지와 시간의 양을 의미한다. 노력은 또한 조직적 비용(organizational cost)으로 생각될 수 있다. 결국 노력이 변화계획을 실행하는데 들어가는 비용이라는 것을 의미한다는 것은 결과적으로 노력은 계획으로부터 오는 혜택이 계획에 들어가는 노력을 뛰어넘는다는 것을

입증할 필요가 있다는 점을 의미한다. 결국 들어간 비용보다 혜택이 적은 경우 효과적이고 성공적인 변화라고 말할 수 없게 된다. 변화계획이 조직성원들로부터 더욱 많은 에너지와 시간을 필요로 한다면 계획에 대한 높은 사명감과 관심을 유지하는 것이 더욱 어렵게 된다(Human Interaction Research Institute, 1976). 따라서 이렇게 되는 경우 변화계획은 방해에 직면하게 되고 변화계획은 축소되게 된다.

비록 변화과정의 발전에 있어서의 조직성원들의 참여가 성공적인 변화노력에 있어서 결정적으로 중요한 변수이기는 하지만 장기적이고 계속 유지되는 노력을 필요로 하는 변화계획은 노력이 덜 필요한 계획보다 관리하기가 훨씬 어렵다는 점이 지적된다(Glaser, Abelson and Garrison, 1983; Frey, 1990).

3) 위험

조직변화는 조직에게 있어 불확실성을 만들어낸다. 누구든 변화의 결과가 어떻게 될 것이라는 것을 장담할 수 없기 때문에 변화에 따른 불확실성이 나타나게 되는 것은 당연하다고 할 수 있다. 변화계획이 목표하는 바를 성취하지 못하였을 경우에 상대적 비용과 관련된 위험이 초래하게 된다. 또한 일단 변화계획이 수용되면 기대하지 않은 문제들이 발생하게 되고 이것들이 변화계획이 종결되도록 하기도 한다. 결국 위험이란 변화계획의 부정적인 결과를 의미한다(Glaser, Abelson and Garrison, 1983). Frey(1990)에 따르면 일반적으로 위험도가 높은 세 종류의 계획이 있다고 한다. 위험도가 높은 세 종류의 계획 중에 첫 번째 유형의 계획은 일단 계획이 승인되면 조직에 근본적인 비용을 초래하는 것 없이는 종결될 수 없는 또는 바꿀 수 없는 계획을 의미한다. 이런 종류의 계획은 그 계획이 수용됨과 동시에 비용이 초래된다. 예를 들어 고가의 장비를 구매하는 것을 포함하는 계획안들이 이러한 높은 위험도가 있는 계획안이라고 할 수 있다.

두 번째 유형의 높은 위험도가 있는 계획은 단계별로 되어 있지 않은 계획이라고 한다. 계획은 단계에 따라 실행되어야 훨씬 수용될 가능성이 큰데 이는 이러한 변화가 조직에게 있어 위험을 줄일 수 있도록 하기 때문이라고 한다(Brager and Holloway, 1978; Rothman, et al., 1978). 이전의 단계가 다음단계로 진행되기 전에 먼저 평가되고 따라서 문제가 발생하는 경우 단계에 따른 발빠른 대응을 할 수 있게 되고 나아가 계획의 종결을 빨리 결정할 수 있도록 허용하기도 한다. Rothman, Erlich와 Teresa(1981)와 Resnick(1977)에 따르면 단계별로 부분화되어 있는 계획이 덜 저항에 직면한다고 한다.

세 번째 유형의 높은 위험도가 있는 계획은 조직이나 조직구성원들 또는 대중들과의 가치 갈등을 일으키는 계획이라고 한다. 이러한 계획은 너무 급진적인 또는 너무 보수적인 계획들을 의미한다. 이러한 논쟁적인 계획은 조직 내부성원들 사이의 갈등을 유발시키고 지역 성원들이나 집단 또는 조직들로부터의 지지를 상실하게 하는 원인을 제공하기도 한다. 결국 Roger(1962)와 Brager 그리고 Holoway(1978)에 따르면 계획이 급진적이면 급진적일수록 그 계획에 대한 저항은 더욱 거세진다고 한다.

4) 매몰비용

매몰비용(sunken cost)은 특정 실천을 지원하기 위한 조직적 투자와 관련이 있다. 이러한 투자는 조직을 위한 자원의 또 다른 유형으로 전환될 수 없는 에너지, 돈, 시간으로 구성된다(Patti, 1974). 예를 들어 어떤 기관이 사회복지사들에게 특정한 치료기법을 교육하기 위해 시간과 돈을 투자하는 경우 그러한 투자는 곧 매몰비용을 나타내는데 이는 그 투자비용이 또 다른 유형의 자원으로 전환되지 않기 때문이다. 하지만 기관이 버스를 구입하는 경우 그러한 비용은 조직을 위한 하나의 자원이라고 할 수 있다. 왜냐하면 버스는 팔 수도 있고 그 자금을 다른 목적을 위해 사용할 수도 있기 때문이다. 따라서 매몰비용을 사용하는 변화계획은 그러한 비용을 담고 있지 않은 계획보다 더 심한 저항에 직면할 가능성이 크다고 할 수 있다.

5) 이해력

이해력은 조직변화를 증진시키는 의사전달 기술의 중요성을 의미한다. 이해력은 두 개의 영역으로 나눌 수 있는데 첫 번째 영역은 사람들이 성취하기를 희망하는 결과나 그러한 결과를 성취하기 위해 취해질 필요가 있는 일련의 행동들을 설명하는 것을 포함한다. 매우 복잡한 설명을 필요로 하는 제안서는 더욱 많은 저항에 직면할 수 있다. 따라서 복잡한 계획을 단순하고 이해하기 쉬운 언어로 요약할 수 있는 것이 중요하다. 결국 계획에 대한 저항의 정도는 실천가들이 간결하고 분명하며 이해할 수 있는 언어로 계획의 내용을 의사전달하는 능력과 연관이 있다고 한다(Glaser, Abelson and Garrison, 1983).

이해력의 두 번째 영역은 계획서의 제출을 받게 되는 사람들 또는 청중을 의미한다. 즉, 변화를 수행하는 실천가들은 청중들의 가치와 일치하는 언어로 그리고 그들의 주요 관심사를 해결하는 계획안을 작성할 필요가 있다.

6) 능력

능력은 제안된 계획을 실행하는 조직의 역량을 의미한다. 계획을 실행에 옮기는 조직의 역량은 크게 자금, 인적자원, 기술, 그리고 공간 등을 포함한다. 일반적으로 변화를 수행하는 실천가들은 추가적인 자금을 필요로 하는 계획은 많은 저항에 직면할 것이라고 가정할 수 있다. 자원의 희소성의 원칙에 입각해서 본다면 자금이 충분하지 않기 때문에 사장되는 훌륭한 내용의 많은 계획들이 있음을 짐작할 수 있다. 이러한 자원의 희소성을 극복하기 위해서는 현실적인 자금원천을 확인하는 것이라고 할 수 있다. 하지만 제안된 변화의 실행할 수 있는 조직의 능력이 자금에만 국한되는 것은 아니다. 때때로 변화는 특별한 기술을 가진 사람들을 필요로 한다. 또한 새로운 기술도 직원을 개발시키기 위해서 필요하다. 또한 어떤 경우에는 제안된 계획의 실행이 공간의 유용성 가능성에 의존하게 되는 경우도 존재한다.

7) 깊이와 거리

변화계획의 깊이는 조직을 변화시키는 정도를 의미하는데 Frey(1990)에 따르면 세 개의 상이한 수준의 깊이가 존재한다고 한다.

첫 번째 변화의 깊이는 절차(procedural)의 변화이다. 제안된 변화는 기관의 프로그램이나 정책을 실행하는 직원들의 매일 매일의 행동을 인도하는 규정이나 절차를 바꾸는 것을 추구하는 경우가 있다.

두 번째 변화의 깊이는 프로그램(programmatic)의 변화이다. 조직의 기본적인 목적이나 목표를 실행하는 현존하는 정책 또는 프로그램을 수정하는 것을 목적으로 하는 변화가 존재한다.

세 번째 변화의 깊이는 기초(basic)의 변화이다. 변화가 조직의 중심적인 목적과 목표를 변화시키는 것을 목표로 하는 경우이다(Patti, 1974).

변화계획의 깊이가 깊을수록 즉, 절차의 변화에서 기초의 변화로 나아갈수록 변화계획에 대한 저항은 증가하게 된다.

변화제안서가 경유하게 되는 조직의 거리는 조직의 잠재적 저항을 사정하는 하나의 주요한 요인이라고 할 수 있다. 조직의 거리는 계획을 작성하는 실천가들과 궁극적으로 그 계획을 결정하는 행정가 사이의 거쳐야 하는 행정적 단계 또는 수준을 의미한다. 변화계획이 경유하는 거리가 멀면 멀수록 더 많은 저항에 직면하게 되는데 이는 단계 단계를 경유할 때마다 계획의 내용이 왜곡되고 바뀌게 되기 때문이다.

8) 사고와 사상

사고는 계획의 내용에 관한 현존하는 지식을 의미한다. 일단 조사를 거친 계획안은 저항에 덜 직면하게 되는데 이는 비용, 효과성, 그리고 실행에 관한 자료가 이용가능하기 때문이다. 반대로 조사를 거치니 않은 사고는 조직에게 잠재적 위험을 증가시키게 한다(Glaser, Abelson and Garrison, 1983). 계획은 또한 조직의 이념과 일치하여야 할 필요가 있다고 한다. 조직의 이념은 조직의 전반적인 운영을 인도하는 가정 또는 체계들로 구성된다. 예를 들어 어떤 조직은 조직성원들간에 폭넓게 공유된 과업을 가지고 있는 경우도 있고 또 어떤 조직은 특정 민족이나 인종 또는 성차별 등에 대해 강력한 사명감을 가지고 있는 경우도 있다. 따라서 변화계획은 저항을 배제하기 위해서 조직의 이념에 일치할 필요가 있다(Brager and Holloway, 1978).

9) 욕구

욕구는 다양한 의미를 포함하지만 조직변화의 측면에서 욕구는 조직성원들이 해결해야 하는 문제와 관련해서 비슷한 인식을 공유하는 정도로 인식할 수 있다. 따라서 변화를 위한 욕구는 문제를 해결하기 위해서 이루어져야 하는 무엇인가에 대한 조직성원들의 인식을 반영한다. 변화를 위한 욕구는 변화계획의 목적을 강조한다. 예를 들어 어떤 절차는 조직성원들간의 동의가 가능하지만 어떤 절차는 동의가 불가능한 경우가 존재한다. 만약 변화를 위한 욕구가 대다수 조직성원들에 의해 지지를 받는다면 변화목적은 덜 저항에 직면할 것이고 계획은 성공적으로 수행될 가능성이 있게 된다.

10) 일반성

일반성(generality)은 변화계획에 의해서 영향을 받는 조직단위의 크기를 의미한다. 일반적으로 조직변화는 조직의 부서나 단위들에 영향을 미치게 되는데 일반성은 변화가 어디까지 영향을 미치는지를 나타낸다고 할 수 있다. Patti(1974)는 일반성의 세 개의 수준을 제시하였다.

- **구성요인**: 변화주도세력 또는 변화주도세력이 매일 매일 상호작용하는 집단과 일차적으로 연관성을 가지고 있는 조직의 배

열이나 운영에 있어서의 수정을 추구하는 변화노력을 의미한다.

- **하위체계**: 조직의 한 부서나 단위의 배열과 운영을 수정하는 것을 목적으로 하는 변화노력을 의미한다.
- **체계**: 모든 조직성원들에게 영향을 미치는 조직전반의 변화를 목적으로 하는 변화노력을 의미한다.

계획이 구성요인이나 하위체계보다 더 큰 체계에 영향을 미칠수록 더욱 큰 저항에 직면하게 된다. 따라서 일반성의 요인은 위에선 언급한 깊이와 연관이 있다고 할 수 있다. 따라서 계획이 조직의 목적에 영향을 미치고 전체 조직에 직접적인 영향을 미치면 저항은 가장 극렬할 수 있다.

결국 성공적인 조직변화를 위해서 반드시 평가해야 할 필요가 있는 일련의 변수들에 대한 사정은 첫째, 변화주도세력이 변화계획을 지지하는 또는 저항하는 잠재적 요인들을 인식하는데 도움을 주며 둘째, 저항이 지적된 후에 그 저항을 극복할 수 있는 논리적인 계획을 발전시키도록 돕고 셋째, 결정수립가들에게 공식적으로 제출되기 전에 분석이 이루어짐으로 인해 변화주도세력이 저항을 극복할 수 있는 이성적이고 실천적인 접근방안을 개발하고 잠재적 저항을 예측할 수 있도록 도움을 준다고 할 수 있다.

제 5 장

조직변화와 조직문화

제 1 절 조직의 변화와 조직문화

조직 안에서 변화가 일어나는 경우 그 조직에 소속되어 있는 각각의 구성원들은 변화를 어떻게 바라볼까? 그리고 조직 성원들은 조직적 변화를 시도하는데 있어 어떠한 접근방식을 사용할까? 다시 말해 조직구성원들이 조직의 변화를 바라보는데 있어서 많은 요인들이 영향을 미친다고 할 수 있으며 또한 어떠한 방식으로 변화를 시도할 것인지에 대한 방식을 결정하는 데에도 많은 요인들이 영향을 미친다고 볼 수 있다. 이러한 영향을 미치는 요인들 중에서 가장 중요한 요인들의 하나가 바로 조직문화라고 할 수 있다. 다시 말해 변화를 인도하기 전에 그 조직의 조직문화를 반드시 이해해야 한다는 점이 강조된다. Hampden-Turner(1992)와 Schein(1985)은 변화의 역동성을 이해하기 위해서 변화가 일어나는 광범위한 정황

중에서 조직문화를 이해하는 것이 가장 중요하다고 강조하였다. Hampden-Turner(1992)에 따르면 변화를 인도하는 데에 있어 조직의 문화를 이해하는 것을 무시할 수 있는 사람은 거의 없을 것이라고 강조하였다. 한편 Cameron과 Quinn(1999)는 100개 이상의 조직을 살펴본 후에 성공적인 변화는 문화적 변화에 대한 개선전략을 갖는가에 달려 있다고 강조하였다. 즉, 그들에 따르면 기본적인 목적, 가치 그리고 개개인이나 조직의 기대감 등의 변경이 없는 변화는 피상적일 수밖에 없으며 기간도 짧다고 한다. 결국 그들은 성공적인 변화는 조직문화의 변경에 의존한다는 점을 강조하였다고 할 수 있다. 변화는 아무것도 없는 진공상태에서는 일어나지 않으며 특정한 조직적 정황 안에서 일어난다는 점을 인식하여야 한다는 점이 중요하다고 할 수 있다.

조직문화란 대부분의 조직성원들에 의해서 공유되어 있는 그리고 새로운 조직성원들에게 전달되는 어떤 일을 수행하고 생각하는 방식이라고 정의할 수 있다. Schein(1985)에 의하면 조직문화란 내적 통합과 외적 순응의 문제들에 대처하면서 학습되어지며 집단에 의해서 발전되고, 발견되고, 창조되어진 기본가정들의 하나의 유형이며 그리고 이 유형은 구성원들에게 문제와 관련해서 느끼고 생각하고 인지하는데 있어 정확한 길을 갈수록 학습되어지고 충분히 유용한 것으로 간주되어 잘 기능하여 왔던 유형이라고 한다. Schein(1985)은 조직은 그동안 쌓여왔던 조직의 삶뿐만 아니라 매일 매일의 과정에서 발생하는 사건이나 경험들에서 의미를 이해하고 인지하는 **그 조직만의 방식을 가지고 있다**고 보았다. 따라서 인지와 이해가 오랫동안 가지고 있던 공통된 경험에 의해서 온다고 본다면, 오랫동안 일한 또는 조직에 몸담았던 노동자나 조직원이 그들과 같은 방식으로 느끼고 인지하고, 생각하게끔 새로운 조직원에게 영향을 미치고 그리고 조직의 문화를 결성한다.

변화하는 외부환경에 직면해서 신념, 가치, 그리고 규범이 공유되고 유지된다면 조직은 조직에 대한 동질적 의식 즉, 동질감을 유지할 수 있게 된다. 동질감의 유지는 Luthans(1992)에 따르면 조직의 문화가 client, 직원, 임무, 산출, 활동에 대한 전제들을 반영하기 때문이며 그리고 Schein(1985)에 따르면 조직문화가 조직의 외적 환경에서의 생존의 문제에 대한 그리고 통합을 위한 조직 문제 있어 학습된 응답이기 때문이다. 다시 말해 조직문화는 그 동안에 잘 운영되어져 왔던 유형으로써 조직의 내적 외적 문제와 관련지어서 생각하고 느끼고 인식하는 올바른 방식으로 새로운 직원들에게 학습되어지는 하나의 유형이라고 할 수 있는 것이다.

결국 조직문화란 기본적으로 수여되어지고 그리고 무의식적으로 작동하는 조직성원들에 의해 공유된 기본적인 전제들이라고 할 수 있다. Schein(1985)은 기본적인 전제들이란 눈에 보이는 책략들이 아니라 조직 구성원들에게는 보이지 않는 조직문화의 마음이라고 한다. 이 기본적인 전제들이란 어떻게 조직이 기능하는지, 어떻게 결정이 이루어지는지, 어떻게 조직성원들이 client에게 응답하는지, 그리고 어떻게 성원들이 서로 상호 행동하는지에 영향을 미치는 전제들이라고 한다.

제 2 절 조직문화의 유형

조직의 문화를 설명해 주는 다양한 이론들이 존재한다. Handy(1995)는 조직문화를 권위와 힘에 관한 전제를 중심으로 네 개로 유형화하였으며 Cammeron과 Quinn(1999)은 또 다른 네 개의 조직문화를 강조하였다. 또한 Kouzes와 Mico(1979)는 문화를 영역으로 구분하여 이해하려고 노력하였다. 이들 이론들을 살펴보면 다음과 같다.

1. Handy의 모델

Handy(1995)는 조직문화의 네 가지 유형을 제시하였는데 그에 따르면 이 서로 상이한 네 개의 조직문화는 어떻게 개개인들이 학습하고 성장하는지, 어떻게 일들이 변화하는지 그리고 무엇이 사람들에게 동기를 부여하는지를 권위와 힘에 관한 전제를 중심으로 분류하였다. 그에 따르면 조직문화는 첫째, 클럽문화(club culture) 둘째, 역할문화(role culture) 셋째, 과업문화(task culture) 그리고 마지막으로 실존적 문화(existential culture)가 그것들이다. 그는 이들 문화를 그리스의 신과 비교하였는데 이에 대해 살펴보면 다음과 같다.

■ **클럽문화(club culture): Zeus신**

클럽문화는 일반 기업체에서 많이 발견되는 조직문화로써 카리스마가 있는 지도자에 의해서 주도되는 조직의 문화를 의미한다. 많은 지역에 기초한 사회복지조직들 중에서 열정적이고 깊이 있게 잘 돌보는 지도자들에 의해서 설립된 조직들이 이러한 조직문화를 가지고 있는 것으로 분류된다. 클럽문화는 빠른 결정을 하며 문서화를 짧게 하고 공식적인 접촉보다는 오히려 개인적 관계에 많은 가치를 둔다.

■ 역할문화(role culture): Apollo신

역할문화는 개개인들이 이성적이고 그리고 모든 것이 논리적인 형식으로 주문될 수 있다는 전제로 구성되어 있는 조직문화를 의미한다. 안정, 예측성, 그리고 통제가 역할문화의 슬로건이라고 할 수 있다. 조직구성원들은 역할문화를 선택하는데 이는 그들이 안정과 확실성을 원하고 그리고 변화를 싫어하기 때문이라고 한다. 이러한 역할문화가 있는 가장 대표적인 조직은 공적(정부)조직이다.

■ 과업문화(task culture): Athena신

과업문화는 결과의 측면에서 수행능력을 판단하여 계속적으로 문제를 해결하는 것에 관심이 있는 조직문화유형이다. 과업문화 속에서 전문적 지식이나 기술은 힘의 원천이고 신선한 접근방법과 창조성 그리고 재능이 필요하게 된다. 창조성, 혁신 그리고 혈기가 있고 변화에 친근한 조직문화를 나타낸다. 과업문화는 조직이 산출해야 하는 산출물이 문제해결인 경우에 잘 기능한다고 한다.

■ 실존적 문화(existential culture): Dionysus신

실제적 문화는 위의 세 개의 문화와는 달리 조직이 개개인들이 성취하는 것을 돕기 위해서 존재(또는 실존)한다고 한다. 과업문화

는 전문가들이 선호하는 조직문화라고 하며 그리고 과업문화는 개개인들의 재능과 기술이 조직의 결정적인 자산인 경우에 잘 기능한다고 한다. 일반적으로 과업문화는 대학이나 전문연구기관 등의 지배문화라고 한다. 그리고 과업문화에서 조직구성원들은 그들의 전문성으로 그들을 규정한다.

대부분의 조직은 위의 네 가지 유형의 문화가 복합적으로 나타나며 그리고 조직구성원들은 이 네 개의 유형들 중에서 어떤 특정 문화를 선호하게 되는데 만약 개인이 선호하는 개인적 문화와 조직이 가지고 있는 조직문화가 일치하지 않는 경우에는 직무만족과 효과성에 있어 큰 손실이 있게 된다고 한다. Handy(1995)에 따르면 조직의 미래를 위해서 조직문화는 역할이나 클럽문화보다는 과업이나 실존적 문화가 더 적합하다고 한다. Handy의 모델을 표로 나타내면 다음과 같다.

〈표 5-1〉 Handy의 조직문화 유형

조직문화 유형	내 용	신
클럽문화	작은 기업조직에서 일반적으로 많이 발견되는 조직문화로써 지도자가 존경받기도 하고 공포의 대상이 되기도 하며 때때로 사랑 받기도 한다. 이 조직문화의 상징은 거미집이다. 거미집의 중심에 가까이 있으면 있을수록 힘의 원천에 가까이 있는 사람이다.	Zeus신 (올림푸스산의 최고의 신)
역할문화	역할문화는 일반적으로 우리가 조직의 문화를 생각할 때 많이 생각하는 조직문화로써 개성(personalities)보다는 역할에 기초하는 문화를 의미한다. 역할문화의 상징은 그리스성전에서부터 왔는데 그리스 성전들은 그들의 힘이나 미를 기둥(pillars)들로부터 온다는 것을 전제하였다. 따라서 이 기둥들이 조직에 있어서의 분업을 나타내며 기둥들은 맨 위층부(지붕)에서 하나로 합쳐진다.	Apollo신 (태양신)
과업문화	과업문화는 기본적으로 문제의 성공적인 해결에 관심이 있는 조직문화를 의미한다. 과업문화의 상징은 그물(net)이다. 왜냐하면 그물은 특정 문제에 초점을 맞추기 위해서 조직의 다양한 부분들로부터 자원들을 끌어모으기 때문이다.	Athena신 (지혜, 예술, 전술의 여신)
실존적 문화	실존적 조직문화는 조직구성원 각각은 그들 각각의 운명에 책임이 있음을 전제한다. 그리고 조직은 조직 구성원 개개인들이 목적하는 것을 성취할 수 있도록 돕기 위해 존재한다고 한다. 실존적 문화의 상징은 하나의 원안에 느슨하게 모여 있는 개개인들 집단이다.	Dionysus신 (와인과 노래의 신)

2. Cameron과 Quinn의 모델

Cameron과 Quinn(1999)는 조직문화의 또 다른 모델들을 제시하였다. 그들에 따르면 조직의 문화는 크게 네 분류로 유형화될 수 있다고 하는데 첫 번째는 서열적 문화이고 두 번째는 시장문화이며 세 번째는 족벌문화이며 네 번째 조직문화는 위원회문화라고 한다. 이들 문화에 대해서 살펴보면 다음과 같다.

■ 서열 문화(hierarchy culture)

서열문화는 Handy가 구분하였던 역할문화와 비슷하다. 서열문화는 직원들이 무엇을 해야 하는지를 지배하는 절차에 의해서 일을 하는 매우 공식적이고 구조화된 장소로서 조직을 강조하는 문화이다. 조직의 관심은 효율성과 안정 그리고 질서에 있으며 대부분의 정부조직들이 이 유형에 속한다고 한다.

■ 시장문화(market culture)

시장문화는 결과를 지향하는 조직문화를 의미한다. 이 문화의 특징은 조직의 목적이 경쟁적인 행동과 측정 가능한 목적과 표적을 성취하는 것에 있다는 점이다. 시장문화에서 작업환경은 엄격하며 지도자들은 거칠고 요구가 많으며 압력도 많다.

■ 가족문화(clan culture)

가족문화는 지도자가 부모들 같고 좋은 조언자들로 생각되는 확대된 가족과 같은 문화를 가지고 있는 조직을 의미한다. 가족문화에서 조직에 대한 소명감은 높으며 충성심과 개인적 결속력이 조직을 함께 지탱하는 힘이다. 가족문화는 단결, 사기, 팀작업 등을 강조한다.

■ 위원회문화(adhocracy culture)

위원회문화는 업무에 있어 역동적이고 기업적인 환경을 제공해주는 문화를 말한다. 지도자들은 혁신과 실험에 적극적이고 위험을 감수하는 사람들로 인식된다. 조직구성원들은 위험을 감수하도록 그리고 성장과 새로운 자원의 획득 등을 성취하기 위해 개인적 주도력을 입증하도록 북돋움을 당한다.

Carnochan과 Austin(2000)에 따르면 많은 공공복지조직들과 비영리민간복지조직들이 서열문화에서 가족문화와 위원회문화가 합쳐진 형태의 문화로 이동하고 있다고 한다.

3. 문화 영역이론: 문화의 세분화

Kouzes와 Mico(1979)는 문화개념에 대한 세분화를 시도하였다. 그들에 따르면 문화는 크게 세 분류로 영역을 세분할 수 있다고 한다. 그들에 따르면 인간봉사조직들은 세 부류의 영역으로 구성되어 있다고 한다. 첫 번째 영역은 **정책**이고 두 번째 영역은 **관리**이며 세 번째 영역은 **서비스**이다. 그들에 따르면 이러한 문화의 세 분류의 영역은 각각의 상이한 가치, 규범, 성공측정, 업무형식, 그리고 구조적 배열을 가지고 있으며 이들 세 영역 사이에서의 상호 행동이 불일치와 갈등을 만들어낸다고 한다. 문화를 세분화하는 Kouzes와 Mico의 이론은 **영역이론**이라고 불린다.

Kouzes와 Mico(1979)에 따르면 **정책영역**은 지배하는 원칙이 설정되어 있는 장소를 의미한다고 하는데 일반적으로 지역에서 투표로 선출된 관리들이 이 영역을 차지하고 있다고 한다. 선호되는 조직구조는 참여와 대의 중에 하나이고 성공에 대한 평가는 형평이라고 한다. 그리고 정책영역은 선호하는 직무방식으로 일차적으로 투표나 거래, 협상을 강조한다. 즉, 투표나 거래, 협상에 의해서 직무가 성취된다.

관리영역은 서열적 통제와 조정의 원칙에 의해서 지배당하는 영역으로서 Handy의 역할문화와 비슷하다고 한다. 조직구조는 관료적이다. 관리자들은 성공을 조직의 비용 효율성과 효과성에 의해 측정하며 선호하는 직무방식은 이성적 기법이나 도구를 사용하는 것이라고 한다. **서비스영역**은 Handy의 실존적 문화와 비슷하며 자체규정과 자율을 강조한다. 성공의 측정은 서비스나 상품의 질을 가지고 판단한다. 그리고 동료적 조직구조를 선호하며 문제해결방식과 직무에 있어 client가 중심이 되는 방식을 선호한다.

위의 세 영역은 각기 다른 규범들을 가지고 있으며 이 규범들은 때때로 갈등을 일으킨다고 한다. 예를 들어 규정과 규칙에 있어서의 일치는 관리영역의 기준이고 개별성의 불일치는 서비스영역의 기준이다. 정책영역에서 다양한 집단들은 공식적으로 불일치가 일어날 수 있지만 관리영역에서는 불일치는 수용할 수 있는 기준이 될 수 없다. 결국 한 영역에서는 받아들여지고 다른 영역에서는 받아들여지지 않는 기준이 있기 때문에 갈등은 피할 수 없는 결과라고 할 수 있다.

변화를 바라보는 시각도 세 영역은 각기 다르다고 한다. 정책영역은 변화를 정치적 압력이나 고려의 결과로서 바라보며 관리영역은 기술적 경제적 영역에서의 압력에 대한 대응으로 변화가 일어난다고 본다. 서비스영역에서는 인간과 문화의 영역에서의 변화에 응답하는 것으로 변화를 바라본다. 변화는 한 영역에는 혜택을 가져다주지만 다른 영역에는 해를 가져다준다. 예를 들어 조직의 어떤 부분의 기능을 개선시키기 위한 노력은 다른 부분에서의 기능의 저하를 가져다준다. 불행히도 각각의 영역은 그들 자신들의 기득권의 입장으로부터 변화를 바라본다. 다음의 표는 세 영역을 설명해 주고 있다.

〈표 5-2〉 인간봉사조직에 있어서의 세 영역

	정책영역	관리영역	서비스영역
원칙	동의	서열적 통제: 조정	자치: 자기 자신을 지배
성공의 측정	형평: 공평하고 균형 잡힌 결정	비용효율성: 효과성	돌봄의 질: 전문적 기준
구조	대의	관료적: 분명한 권위관계	동료적
직무모델	투표: 협상: 거래	분명하게 정의된 절차: 이성적 기법과 도구	client가 중심이 되는 문제해결: 개인적 접근

자료: Kouzes와 Mico(1979)에서 재인용

제3절 조직문화 이해

조직문화를 이해하고 바라보는 독특한 방식으로 Wheatley(1999)는 **현장이론(field theory)**을 제시하였다. 그녀에 따르면 현장이론은 우리에게 어떻게 조직문화가 움직이는지를 이해하는데 도움을 준다고 한다. 그녀는 조직 안에 있는 문화는 우주 안에 보이지 않는 분야에 비유된다고 강조한다. 비록 조직 안에 있는 문화나 우주 안에 있는 보이지 않는 분야나 관찰하는 사람들에게는 똑같이 보이지 않지만 그들 분야는 행동에 막강한 영향을 행사한다고 한다. Wheatley(1999)에 따르면 우주에 있는 공간은 비어 있는 것 같이 보이지만 양자물리학(quantum physics)에 따르면 우주공간은 우주의 실존에 영향을 미치는 보이지 않는 영향력을 가진 현장(fields)으로 가득 차 있다고 한다. 실제적으로 원자(atom)가 99.99%가 비어 있는 것처럼 눈으로 보이지 않는 우주 공간이 보이는 공간보다 훨씬 많다고 한다.

Wheatley(1999)의 현장이론은 조직에 있는 보이지 않는 힘의 영향력을 재조사하는데 많은 영향을 미쳤다. 조직문화는 만지거나 맛을 느낄 수는 없지만 조직구성원들의 행동에 많은 영향을 미치는 것으로 인식되어진다. 다시 말해 문화는 우리가 만지고 느낄 수는 없지만 문화를 경험할 수는 있으며 문화를 공부할 수 있는 유일한 방식은 조직구성원들이 행하는 행동양식을 살펴봄으로써 가능하게 된다. 결국 현장이론에 따르면 우리는 힘을 조직화하는 보이지 않는 현장으로 문화를 볼 수 있게 된다고 할 수 있다. 조직화하는 문화의 힘이 크면 클수록 조직 안에서 일치된 행동을 할 가능성이 더 커진다고 할 수 있다. 다시 말해 조직문화의 힘이 크면 조직구원들이 공유된 가치나 행동을 하게 된다는 것을 의미한다.

Wheatley(1999)에 따르면 문화를 강화하는 것은 말한 것과 이루어진 것 사이의 아주 높은 통합수준을 갖는 일관되고 분명한 현장을 창조하는 것이라고 한다. 그리고 문화의 일치성을 추구한다는 것은 조직 안에 모든 구성원들이 같은 메시지를 갖는 의사소통을 하는 현장으로 접근한다는 것을 의미한다고 한다. 만약 현장이 상이한 그리고 일치하지 않는 메시지로 채워진다고 하면 조직구성원들의 행동은 부정적으로 영향을 받게 되어서 일치된 행동은 나타나지 않고 제 각각의 흩어지고 불일치하는 행동들이 나타나게 되는 것이다.

결국 현장이론은 보이지 않는 영향력을 미치는 힘을 이해하는 방식으로 조직구성원들의 행동에 영향을 미치는 문화를 이해하려고 했던 시도로서 보여질 수 있으며 조직의 문화를 강화시키는 것이 조직이 성공적으로 일치된 구성원들의 힘을 바탕으로 해서 목적을 성취할 수 있다는 점을 강조한다는 것으로 이해할 수 있다. 결론적으로 변화를 시도하지 전에 조직의 문화를 이해하는 것이 중요하다는 점이 다시 한번 강조되며 변화주도세력은 반드시 조직의 문화를 이해해야 하고 조직 안에 있는 서로 다른 영역(그리고 문화)을 인식하고 변화전략을 세워야 한다는 점이 중요하다고 할 수 있다.

제 6 장

변화이론

제1절 변화에 대한 관점과 영역

1. 변화의 관점

우리가 사회에서 일어나는 현상에 대해서 기능주의적 관점, 갈등주의적 관점 그리고 상징적 상호 작용주의적 관점 등으로 해석하고 이해할 수 있는 것과 마찬가지로 조직에서 일어나는 변화에 대해서도 다양한 관점으로 이해하고 해석할 수 있는데 가장 대표적인 변화에 대한 관점이 기술-관료적 관점, 정치적 관점 그리고 문화적 관점이다(Dawson, 2003). 이 세 개의 관점은 조직의 변화를 바라보는데 있어 상이한 견해를 우리에게 제공해 주며 변화에 있어서 어떠한 요소나 요인을 강조할 것이고 변화가 어떠한 과정을 거치는지에 대한 견해를 또한 제공해 준다고 할 수 있다.

조직변화에 대한 **기술-관료적 관점**(technical-bureaucratic perspective)은 간략하게 설명하면 조직의 변화는 조직이 수행하려는 목적을 보다 효율적으로 성취하기 위해서 그리고 조직의 수행능력을 증진시키기 위해서 일어난다는 것이다. 따라서 기술-관료적 관점은 관리(management)를 조직의 목적을 성취하기 위해 필요한 효율성을 획득하기 위한 수단으로서 바라본다는 특징이 있다. 이 관점에 따르면 관리자는 증진된 조직의 효율성과 수행능력을 성취하기 위해서 변화관리전략에 대해 합리적으로 결정을 수립하는 것이 강조된다. Morgan이 조직을 기계라고 표현한 것은 바로 이러한 기술-관료적 관점에 기인한다고 볼 수 있다.

조직변화에 대한 **정치적 관점**(political perspective)은 간략히 설명해서 조직의 변화가 조직 안에 있는 집단이나 개개인들이 그들의 요구나 선호를 실현시키기 위해서 발생하는 것이라고 본다. 즉, 조직의 변화가 정치적인 목적으로 이루어진다는 것을 강조한다. 따라서 정치적 관점은 조직 안에서의 힘의 관계의 유형을 통한 협상과정을 중요시하며 이러한 힘을 가지고 있는 다양한 유형의 관계들이 협상과정을 통해서 조직을 새롭게 변화시킨다고 한다(Reed, 1989). 또한 정치적 관점에 따르면 변화주도세력들로부터 선호하는 성과를 얻기 위해 다양한 힘의 관계에 있는 개인이나 집단들이 상호간에 갈등과 경쟁을 양산하게 될 수 있다고 한다. 그리고 힘의 관계와 연관해서, 기술-관료적 관점에 따르면 힘은 직위와 연관이 있는 공식적이고 정당한 권위로 인식되지만 정치적 관점에 따르면 상위집단에 있다고 해서 변화를 수행하기 위해 필요한 정치적 자원이나 힘을 확보하고 있는 것은 아니라고 한다. 결국, 정치적 관점에 따르면 상이한 힘의 집단들이 자신들의 요구를 관철하기 위한 다양한 자원을 가지고 있음을 전제하기 때문에 변화를 위해서 그들 이익집단이나 경쟁집단 간에 협상이나 다른 집단이나 개인들로부터 지지나 지원을 획득하는 것을 중요시 여긴다.

변화에 대한 **문화적 관점(cultural perspective)**은 변화가 일어나는 요인을 문화(culture)에서 찾으며 도덕적 질서(moral order)를 중요시 여긴다. 특히 문화적 관점은 조직의 변화는 보다 지지적이고 긍정적인 조직문화를 만드는 것에 있음을 강조한다(Kanter, 1985, 1990; Peters and Waterman, 1982).

2. 변화의 영역

조직에서 일어나는 변화를 구체적으로 이해하기 위해서 반드시 알아야 하는 부분이 있다. 그것은 변화는 어떤 모습인가? 좀 더 구체적으로 조직적 변화는 어떠한 속성 또는 성격을 내포하고 있는가에 대한 변화의 영역(dimension)에 대한 부분이다. Dawson(2003)은 조직변화의 영역 즉, 조직구조의 성격을 Buchanan과 Badham(1999)이 강조한 세 영역에다 하나의 영역을 추가하여 크게 네 개의 영역으로 나누어진다고 강조하였는데 이들 네 분야는 다음과 같다.

- **현재 상태에서 미래 상태로의 이행을 위한 일시적인 요소**: 예를 들어 변화가 일시적으로 이루어질 것인지 또는 장시간 이루어질 것인지에 대한 변화를 위한 시간 틀(time frame)
- **변화의 규모(scale)**: 예를 들어 큰 규모의 변화와 작은 규모의 변화

- **변화의 정치적 영역**: 변화가 중요하며 일반적으로 받아들여지는가 아니면 하나의 위협으로 받아들여지고 있는가에 대한 부분
- **변화의 본질적인 요소**: 변화의 본질적인 요소는 변화에 있어 필수적인 본질과 내용을 의미한다. 예를 들어 문화적인 변화인가 새로운 기술도입에 따른 변화인가 아니면 새로운 시스템의 실행인가 하는 실질적인 변화의 본질을 의미한다.

3. 변화의 기본 틀

조직변화는 기본적으로 변화가 이루어지도록 도전을 받고 변화가 수용되어지는 과정을 의미한다. 또한 조직변화는 점진적으로 장기간에 걸쳐서 발생하기도 하지만 단기간에 급진적으로 발생하기도 한다. Buchanan과 Badham(1999)은 조직변화의 기본 틀을 아래와 같이 제시하였다.

Buchanan과 Badham(1999)은 변화의 기본 틀로 힘과 연관하여 (1)번과 (2)번 즉, 힘 중심과 협상중심 변화로 구분하고 신뢰와 믿음 등을 중심으로 (3)과 (4) 즉, 폭넓은 참석과 대표자만 참석하는 변화로 구분하였다. 즉, 변화에 대한 강력한 힘이 있는 경우 변화는 강제적으로 급진적으로 일어날 수 있으며 변화로의 참여는 제한적으로 일어나 전체 조직원들의 신뢰나 믿음을 확보하는 것보다 일부 변화주체들만 신뢰를 형성하는 것이 중요할 수 있고, 변화가 점진적으로 일어나게 되면 힘의 과시나 강제력보다는 변화에서 협상이나 협력이 강조되고 변화에 많은 조직원들이 참여하게 되고 그들 사이의 폭넓은 신뢰나 믿음 등이 강조될 수 있다.

Buchanan과 Badham이 제시한 변화 틀은 힘의 관계와 신뢰나 믿음 등의 관계의 중요성을 중심으로 조직변화를 설명한다는 특징이 있다.

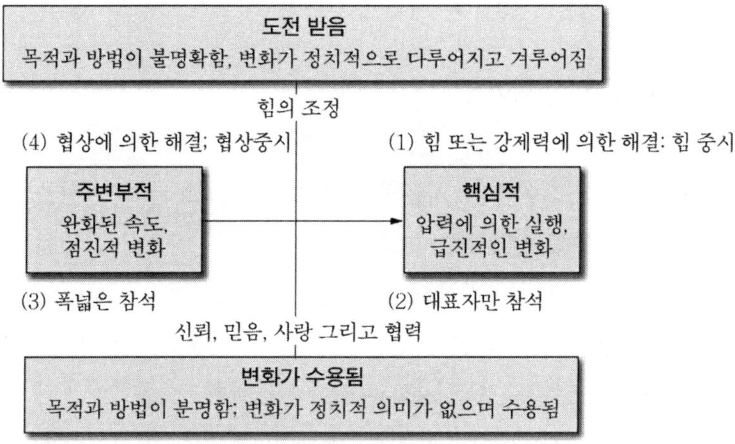

자료: Buchanan과 Badham(1999). p. 181에서 재수정

〈그림 6-1〉 변화의 기본 틀

조직변화와 변화의 틀을 보다 깊게 이해하기 위하여 조직변화에 영향을 주는 변화일반이론 및 조직변화이론 그리고 조직변화 모델 등을 구체적으로 살펴보기로 한다.

제 2 절 변화의 일반이론

변화를 설명해 주는 일반적 이론은 Van de Ven과 Poole(1995) 그리고 Gersick(1991) 등에 의해서 제시되었다. 그들이 제시한 변화의 일반이론은 첫째, 진화론적 변화(evolutionary change)이론, 둘째, 혁명적 변화(revolutionary change)이론, 셋째, 인생주기적 변화이론, 넷째, 변증법적 변화이론 그리고 목적론적 변화(teleological change)이론이다.

1. 진화론적 변화이론

진화론적 변화이론은 기본적으로 다윈의 진화론에 영향을 받은 이론(Gersick, 1991)으로 변화를 순환, 축적, 변동의 개연론적 전진, 선정(selection), 실체의 보존 등으로 바라본다(Van de Ven and Poole, 1995). 다윈의 진화론은 종의 변화에 있어서 점차적이고 그러면서도 지속적인 진화과정을 강조하며, 종은 그 자체가 환경에서 살아남기 위하여 환경의 변화에 그 자신을 변화시키고 적응시킨다고 본다. 이러한 진화론적 관점에서 보면 변화는 지속적이고 매우 점진적으로 발생한다. 진화론적 변화이론은 경쟁적인 생존을 전제하였으며 변화가 의도적으로 추진되지 않아도 자연적으로 발생하게 되는 것으로 바라보았다(Van de Ven and Poole, 1995). 결국 진화론적 변화이론은 점진적 변화, 단계적 변화나 순차적 변화를 의미한다고 볼 수 있다. 진화론적 변화이론은의 가장 분명한 예는 인간진화와 같은 물질적 것의 변화인데 이는 인간 개인적 지식, 감정, 행동 등을 모두 인생과정을 거치면서 순차적으로 느리게 발전되기 때문이다. 따라서 진화론적 변화이론에 따르면 조직의 변화는 주변 환경에 영향을 받으면서 점차적으로 발생하게 된다.

진화론적 변화이론에 영향을 받아 Weick과 Quinn(1999) 그리고 Orlikowski(1996)은 **지속적인 변화**를 강조하였는데 그들은 조직 전반에 걸쳐 나타나는 작은 지속적인 조정들이 기본적 변화를 만들고 축적시키는 것이 지속적인 변화라고 정의하였다. 진화론적 변화이론의 결정적인 한계는 급속적으로 일어나는 변화를 설명할 수 없다는 점이며 가장 큰 장점은 오랜 시간동안에 이루어지는 어떤 실체의 발전을 설명하는데 적합하다는 점이다.

2. 목적론적 변화이론

목적론적 변화이론은 Mead(1863-1931), Weber(1864-1920), Simon 등의 연구에 영향을 받은 변화이론으로 변화가 목적을 가진 분명한 이유에 의해서 나타난다는 것을 설명해 준다. 즉, 변화 자체가 분명한 목적이 있으며 변화는 변화를 일으키는 분명한 이유가 존재하여야 가능하다는 것을 나타낸다. 목적론적 변화이론의 기본 전제는 첫째, 변화실체는 목적을 성취하기 위해 또는 목적을 향해서 나아간다, 둘째, 목적을 추구하는 것은 변화를 자극한다는 것이다(Van de Ven and Poole, 1995). 따라서 장기적 발전이나 변화는 변화실체가 얻으려고 하는 것에 기초하여 목적을 설정하는 그리고 목적을 평가하는 반복적인 연속과정으로 비쳐진다(Comm, 1999). 따라서 조직적 측면에서 보면 조직은 목적을 성취하기 위해 움직이며 변화는 이러한 목적을 성취하기 위해 조직 내, 외의 환경과 상호행동하는 과정으로 이해될 수 있다.

학습은 목적론적 변화이론의 중요한 개념이다. 즉, 목적론적 변화이론은 학습을 변화를 추동하는 중요한 역할로 본다. Golembiewski (1972)에 따르면 조직은 목적을 성취하기 위해 즉, 목적성취를 위한 변화를 하기 위해 더 많은 정보를 필요로 하며 더 좋은 정보나 더 많은 정보는 학습을 통해서 얻어짐으로 학습은 목적성취 나아가 조직변화에 결정적인 역할을 한다고 볼 수 있다.

목적론적 변화이론은 목적을 성취하기 위해 변화실체는 무엇을 어떻게 하여야 하는지를 구체적으로 제시하지 않는 한계를 가지고 있다(Brunsson, 1982). 또한 목적론적 변화이론은 목적을 설정하는 것 없이는 변화가 발생하지 않는다고 봄으로 목적설정 이외 조직의 내, 외적 환경의 요구에 따른 변화의 가능성을 부인하고, 조직이 가지고 있는 자원의 유용성이나 한계 등을 목적성취와 결부시키지 못하는 단점을 가지고 있다(Gibson, 1988).

3. 인생주기변화이론

1) 인생주기변화이론

인생주기변화(life cycle change)이론은 변화가 탄생, 성장, 발전, 쇠퇴 그리고 죽음을 포함하는 자연적인 연속선상에 있는 것으로 가정한다(Comm, 1999). 아래의 그림은 변화의 인생주기이론을 나타낸 것이다.

자료 : Comm, 1999, p. 15. 〈그림 1〉에서 재인용

〈그림 6-2〉 변화의 인생주기이론

인생주기이론은 인간과 생물학적 발전이론에 뿌리를 두고 있으며

이론에 영향을 준 대표적인 이론가들은 Comte(1798-1857, 콩트), Spencer(1820-1903, 스펜서) 그리고 Piaget(1896-1980, 피아젯) 등을 들 수 있다(Van de Ven and Poole, 1995). 인생주기이론은 변화를 변화주체의 의지와는 상관없이 자연스럽게 발생한다고 보며 환경은 변화에 영향을 줄 수 있다고 가정한다. 또한 변화 그 자체는 변화주체가 파괴되지 않는 이상 멈출 수 없다고 전제한다.

Van de Ven과 Poole(1995)은 조직발전에 대한 인생주기접근이 변화를 가장 잘 설명해 주는 이론이라고 주장하였는데 그 이유는 조직이 기본적으로 인간들로 구성되어 있으며 조직구성원들 그들 자신들의 변화가 곧 조직변화를 가져다 줄 수 있다는 점에서 찾을 수 있다. 인생주기이론의 기본 한계는 변화의 주체가 성장과 발전의 한정되어 있는 단계를 무의식적으로 또는 거의 의식하지 않은 상태에서 지나친다고 전제한다는 점이다. 변화의 종착역이 곧 죽음을 의미한다는 점 또한 인생주기이론이 가지고 있는 큰 한계라고 할 수 있다.

2) 조직변화와 인생주기

조직의 변화과정, 좀더 구체적으로 조직의 생성과 쇠퇴를 인간이 태어나고 죽는 순환과정과 동일시하여 바라보는 시각이 있다(Hasenfeld and Shimid, 1989; Hannan and Freeman, 1977). 생물학적인 은유를 빌린다면 조직은 태어나고 성장하고 성숙하고 쇠퇴하고 나중에는 죽게 된다. 이러한 변화과정에서 조직은 조직안에 있는 문화, 구조, 전략, 서비스, 과정 등의 변형을 겪게 된다. 물론 생물체와는 달리 조직은 재생(renewal)을 통해서 죽음과 쇠퇴를 예방할 수 있다. 이 재생이 바로 조직적 변화를 의미한다고 할 수 있다. client에게 제공되는 서비스나 프로그램, 서비스전달체계, 조직구조나 행정관리체계, 재정이나 예산관리체계, 직원관계 등에 대한 혁신적인 변화가 죽어 가는 조직을 다시 살리게 할 수 있다는 것을 의미하는 것이다.

인생주기이론 또는 인생주기관점에 따르면 조직의 생성과 죽음에 이르는 과정은 외부적 환경에 기인한다고 한다. 외부적 환경은 자원의 수납, 서비스전달에 대한 정당성의 확보 등을 의미하며 정당성을 확보하지 못하면 서비스를 전달하지 못하게 되고 자원이 부족하면 인적자원이든 물적 자원이든 서비스를 중단하게 되기 때문에 조직은 쇠퇴하여 죽음에 이르게 된다는 것을 의미한다. 조직의 탄생과 성장, 쇠퇴, 죽음과 재생의 역동성을 이해하는 것은 인간봉사조직이 외부적 환경에서 기인하는 혼동을 효과적인 전략을 형성함으로써, 적응구조를 설계함으로써, 그리고 보다 응답적인 서비스전달체계를 발전시킴으로써(결국 조직적 변화를 추구함으로써) 조정할 수 있다는 것을 의미하기도 한다(Hasenfeld and Schmid, 1989). 조직의 인생주기를 표로 나타내면 다음과 같다.

〈표 6-1〉 조직의 인생주기

단계 / 속성	형성 단계	발전 단계	성숙단계	구조완성단계	쇠퇴단계	죽음(또는 재생) 단계
외부환경	불안정 불확실 알려져 있지 않음	적절하게 안정	안정 확실성 평온 동질성	불안정 이질성 혼란	외부환경에 기댐 외부환경이 열악	외부환경에 기댐 외부한경 매우 열악하고 불확실함
자원	불확실 자원이 확인되지 않음	자원이 확인됨	자원의 흐름이 안정적임	자원의 안정된 흐름을 보장하기 위한 그리고 새로운 자원을 찾기 위한 노력들이 바쳐짐	자원과 정당성의 가파른 하락	자원과 정당성의 상실
전략	사전행동적이고 탐사적 단일 상품이나 서비스에 기초함 영역활동	단일 상품이나 서비스에 기초한 사전 행동	단일 상품이나 서비스에 기초한 반작용적인 영역 활동	새로운 기회나 적소를 위한 사전행동적인 조사 영역확장 생산물, 서비스 그리고 성장의 다양성	조직영역 지키기 새로운 위협을 예방하기	반작용 방어적
구조	비구조적 비공식적	기관적	공식적 관료적 기능적 기계적 구별적	탈 중앙적 행렬 위원회중심의 작은 이익 단위	관료적 서열적 정식화된	중앙화 관료적
관리과정	비공식적 적은 기획, 조정, 또는 의사소통	비공식적 의사소통 팀웍과 행동의 협동	규정의 정식화, 제도화된 절차, 규격화	전략적 기획 덜 규격화됨	역동적 과정의 지체 제도화, 축소관리	과정의 정치화, 역기능적인 절차, 관리 혼란
크기	작음	작음	중간/큼	큼	크기의 축소, 영역의 축소	영역의 감소
인적자원 관리	미성숙, 설립자의 기술에 기초해서 비공식적	집단역동성과 팀웍에 기초	전문화 특수화 공식화	전략적 관리	새로운 지도자와 추종자 요원이 필요함	탈전문화

자료 : Hasenfeld and Schimid, 1989, pp. 248-249에서 재인용

인생주기관점에 따르면 조직은 태어나서 성장을 거듭하면서 변화를 받아들이고 적응하여 재생하지 않는 한 몰락 또는 죽음에 직면하게 된다는 것을 알 수 있다. 즉, 조직은 쇠퇴단계에서 재생으로 나아가지 않는 한 죽음을 맞이하게 된다.

인생주기관점에 따르면 조직은 집중(또는 수렴)과 재교육(reorientation) 사이를 왕복한다(Tushman and Romanelli, 1985). 집중은 성숙과 구조완성단계를 의미하며 이 기간 동안 조직은 목적을 성취하기 위해 점진적인 변화를 경험한다. 그리고 재교육은 형성, 발전, 재생단계를 의미하며 조직은 이 기간동안에 급진적인 변화를 경험하게 된다(Hansenfeld and Schimid, 1989). Hansenfeld와 Schimid(1989)에 따르면 조직의 재생(또는 재교육)은 다음과 같은 네 개의 조직하위체계의 조정된 변형을 반드시 포함한다고 한다. 다시 말해 다음과 같은 네 개의 체계가 조직을 변화시키는데 역할을 수행한다는 것을 의미한다. 그것들은 첫째, **지도력**, 둘째, **조직과 환경의 관계**, 셋째, **조직구조**, 넷째, **조직과 client의 관계**이다. 결국 조직이 변화하기 위해서 또는 재생하기 위해서 지도력이나 환경, 구조 그리고 client를 위한 서비스전달체계가 반드시 조정되어야 한다는 것을 의미한다. 따라서 급박히 변화하는 환경에 대한 적응부재, 지도력의 부재, 엄격함과 관료화의 증대, client의 욕구에 대한 무반응 내지는 무감각은 결국 조직쇠퇴의 표시라고 할 수 있으며 조직생존을 위해서 새로운 변화를 위한 도약 즉, 재생과정이 필요하다는 표시이기도 함을 인식하여야 한다는 점이 강조된다.

조직재생의 궁극적인 목적이 client들에게 좀 더 응답적인 서비스전달체계를 만드는 것이라고 정의한다면 결국 조직변화와 조직재생은 같은 뿌리에 있다고 할 수 있다. 조직이 쇠퇴하는 가장 주요한 이유는 조직이 추구하는 목적과 행동의 불일치에서 나타난다고 할 수 있다. 목적불일치에 의해서 조직은 client를 잃게 되고, client의 욕구에 대한 적절한 대응을 할 수 없게 되며, 자원과 자기 자신이 서 있어야 할 자리를 잃게 되어 결국 조직은 쇠퇴하고 결국에는 죽음에 이르게 된다고 할 수 있다. 따라서 client에 대한 조직의 응답을 증가시키는 것이 가장 중요한 일차적인 동력이라고 할 수 있다(Hasenfeld, 1987).

4. 변증법적 변화이론6)

변화에 대한 변증법적 변화이론은 변화주체들 사이에 갈등이 존재함을 전제한다. 변증법적 변화이론의 선구자는 Hegel(1770-1831, 헤겔)과 Freud(1856-1939, 프로이드)를 들 수 있다(Van de Ven and Poole, 1995). 변증법적 변화이론은 다양한 힘의 주체들이 서로 영역과 통제권을 위해 경쟁을 한다는 것을 가정하며, 이러한 영역이나 통제권에 대한 갈등을 전제로 하여, 안정과 변화는 변화주체들 사이의 힘의 균형관계를 중심으로 설명되어진다. 즉, 어떤 주체가 다른 주체에 도전할 수 있을 정도의 힘을 가지게 될 때 변화는 발생하게 된다.

변증법적 변화에 따르면 조직변화는 두 개의 상이한 관점 사이의 충돌로 발생한다. 그리고 충돌의 이상적인 해결은 두 상이한 관점 또는 반대되는 입장 사이의 종합이라고 할 수 있으며 이 종합

6) 변증법적 변화는 Marx의 사회변화이론에 기초가 된다. 즉, 제2장 Marx 이론과 변화에서 설명한 바와 같이 Marx의 사회변화이론의 핵심은 변증법적 변화이론이다.

은 좋은 것 수도 있고 나쁜 것일 수도 있다. 조직변화적 측면에서 갈등은 조직내부에서 발생할 수도 있지만 조직외부환경에 의해서 발생할 수도 있다. 따라서 힘이 있는 주체는 변화의 촉매제역할을 수행하게 된다. 변화를 설며하는데 있어 인생주기이론은 죽음을 피할 수 없는 단계로 보고 죽음을 극복하는 방법에 대한 설명을 하지 않는 한계를 가지고 있지만 변증법적 변화이론은 죽음 이상의 변화를 설명한다는 측면에서 인생주기이론의 한계를 설명해 주는 이론이라고 할 수 있다. 즉, 조직이 성장과 발전을 거듭하면서 결국 내적 동력을 위한 갈등이 변화를 위한 기초를 제공하여 조직재생의 길로 나아가도록 한다는 점에서 그렇다. 다시 말해 조직이 성장 하지만 성장의 밑거름이 되었던 구조나 관계, 지도력 등이 조직내 갈등을 가져다주고 이 요인들에 대한 변화가 다시 새로운 재생의 길을 가게 한다는 것을 의미한다.

변증법적 변화이론의 가장 큰 장점은 변화실체들 사이의 힘의 균형에 있어서의 이동을 설명한다는 점이라고 할 수 있다. 변증법적 변화이론의 한계는 변화의 주체가 다양하다는(양립하여야 함으로 최소 두 개 이상존재) 전제와 갈등에 초점을 맞춘다는 점이다. 즉, 두 개 이상의 변화주체가 존재하지 않으면 변화는 발생하지 않을 것이며 이들 사이에 갈등이 존재하지 않으면 이 역시 변화는 발생하지 않게 된다(Comm, 1999).

5. 혁명적 변화이론

혁명적 변화이론은 첫째, 현 상태를 강력하게 뒤엎는, 둘째, 빠르고 갑작스럽게 발생하는 셋째, 기본적이고 모든 영역을 포괄하는 넷째, 과거와는 완전히 다른 것을 수반하는 기본적 변화를 의미한다(Greiner, 1972; Miller, 1982; Johnson, 1987; Gersick, 1991). Gersick(1991)은 혁명적 변화이론을 짧은 기간 동안에 질적인 대변모를 수반하는 변화라고 지칭하였다. 혁명적 변화이론의 선구자는 Marx(1818-1883)로서 그는 노동자계급이 자본가계급을 무너트릴 수 있는 충분한 힘을 가지기 전까지 그들의 종속적 지위는 변하지 않을 것임을 주장하였다. Marx에 따르면 변화란 현재 상태에 대한 폭력적인 방식을 통해서만 획득될 수 있으며 폭력없이는 결코 변화시킬 수 없음을 강조하였다. 결국, 혁명적 변화이론은 근본적인 조직변화(fundamental organizational change)를 이해하고 설명하는 강력한 수단이다. 조직변화를 설명하는 중단된 균형이론(punctuated equilibrium)은 혁명적 변화이론에 영향을 받은 이론이라고 구분할 수 있는데 이는 대부분의 발전이나 변화는 갑작스런 기간 또는 중단된 기간의 불균형으로부터 발생한다고 볼 수 있기 때문이다(Comm, 1999).

혁명적 변화에 대한 이해는 현대사회에 더욱 필요하다고 할 수 있다. 우리를 둘러싸고 발생하고 있는 현대사회의 급속한 경제적, 기술적, 심리적, 사회적, 과학적 변화와 발전은 곧 급속한 변화의 시대에 나타나는 다양한 상황에 대한 다양한 대응을 필요로 하며 이는 혁명적 변화에 대한 보다 깊은 이해를 필요로 한다(Gersick, 1991).

아래의 표는 앞에서 설명된 변화를 설명하는 기초이론을 정리한 것이다.

〈표 6-2〉 변화 일반이론 비교

변화일반이론	변화를 추동하는 것	변화주체(entity)의 역할	시간기간
진화적 변화이론	시간	수동적	순환 매우 오랜 시간기간
인생주기적 변화이론	생명의 자연적 진전	환경과의 약간의 상호행동	순환 오랜 시간기간
목적론적 변화이론	설정된 목적	목적의 성취	반복 짧은 시간기간
변증법적 변화이론	갈등	갈등으로의 개입	반복 짧은 시간기간
혁명적 변화이론	주변 환경의 거대하고 광범위한 이동	근본적인 변형	반복 매우 짧은 시간기간

제 3 절 조직변화의 기초이론[7)]

특별히 조직의 변화를 설명해 주는 조직변화이론은 존재하지 않지만 조직변화를 설명해 주는 가장 기초적인 이론들로 조직발전이론, 학습조직이론 그리고 개방체계이론 등을 들 수 있다. 비록 직접적으로 조직변화를 설명해 주지는 않지만 조직발전이론, 학습조직이론과 개방체계이론은 조직변화의 필요성을 설명해 준다.

7) 본 절은 지은구(2012). "비영리조직성과관리연구"의 논의를 참고하였음

1. 조직발전이론

1) 조직발전이론이란?

조직발전이론(organizational development theory)은 조직의 성장과 발전을 설명해 주는 이론으로 조직은 끊임없이 변화하고 발전하여야 함을 강조한다. 따라서 조직발전이론은 조직변화를 통해서 조직발전을 강조하는 이론이라고 할 수 있다. 특히, 조직발전이론은 조직의 목적을 성취하기 위하여 그리고 현재의 조직기능을 사정하기 위한 조직의 능력을 건설하는 것을 강조한다. 조직이 발전하기 위해서는 현재의 조직수행능력을 사정하고 조직이 설정한 목적을 성취하여야 하며 그리고 효과성을 향상 또는 개선하기 위한 각종 조직행동을 수행할 능력을 가지고 있어야 한다. 또한 조직발전이론에 따르면 효과성을 개선하고 조직목적성취를 고취시키기 위한 조직행동이나 노력에 의해 조직은 발전할 수 있음이 강조된다. 따라서 조직발전이론의 핵심은 더욱 효과적으로 조직목적을 성취하는 것이고 이는 공유된 비전과 발전을 향한 조직구성원들의 집단적 노력의 과정을 필요로 한다.

조직발전은 효과적인 조직변화를 위한 체계적이고 계속적인 과정이다. 조직발전을 위한 과정에 개입하는 것은 행동과학에 대한 지식, 직원설문조사, 참여관리, 그리고 전반적인 조직체계개선을 통해 이루어진다(Smith, 1998). 조직발전이론에 따르면 조직발전은 조직효과성을 성취하고 변화를 위한 능력을 건설할 수 있도록 돕기 위하여 조직에 인간행동의 지식과 실천기술을 적용하는 과정이라고 할 수 있다(Cummings and Worley, 2005). 여기서 인간행동과학 또는 행동과학지식은 심리학, 사회학, 인간동기이론, 학습이론과 성격이론 등을 의미한다. French(1969)는 조직발전이 조직을 둘러싼 외부환경에 대처하기 위한 능력과 조직의 문제해결능력을 개선하기 위한 장기적인 노력이라고 강조하였다.

2) 조직발전과 행동조사

조직발전이론에 영향을 준 학자는 Kurt Lewin(1898-1947)으로 그는 조직발전을 위한 세 개의 협조적 변화과정으로 기획(planning), 행동하기(taking action), 그리고 결과측정(measuring results)을 강조하였는데 이것들이 조직발전의 중요요소인 행동조사(action research)의 전조이다. Lewin의 행동조사를 보다 강조하여 French와 Bell(1973)은 조직발전이 행동조사를 통한 조직개선이라고 정의하였는데 이는 조직발전이 행동조사를 통해 이루진다는 점을 강한 것이라고 할 수 있다. Lewin(1958)은 변화를 위한 동기는 행동과 밀접하게 연관이 있음을 강조하였으며 조직변화를 위한 단계로 첫째, 기획을 녹이는 단계로, 둘째, 행동을 변화시키는 단계로 그리고 셋째, 결과를 다시 얼리는 단계로 구분하였다. 이러한 Lewin의 행동조사에 기초하는 조직변화 3단계는 조직발전이론에 따른 조직변화모델로 자리 잡았다.

3) 조직발전이론과 조직변화

조직발전이론은 조직변화를 이해할 수 있는 가장 기초적인 이론이라고 할 수 있다. 조직발전이 조직변화를 통해서 이루어질 수 있음으로 조직발전이론과 조직변화는 깊은 연관이 있다. 이는 조직발전연구가 조직변화연구에 영향을 주었음을 의미하는 것이다. 조직발전이 조직개선을 목적으로 수행된다. 또한 조직발전은 조직이 발전할 수 있도록 조직구성원들에게 충분한 정보를 제공하는 것을 통해서 가능하다. 조직이 직면한 문제나 이슈를 해결하기 위한 해결책을 찾도록 조직원들을 도와주는 것이 바로 조직발전의 기본내용인 것과 같이 조직변화도 조직이 당면한 조직 내외적 상황에 따른 문제를 적절히 대처하는 것을 강조한다.

조작발전이론은 특히 계획된 변화(planned change)에 영향을 주었다. 즉, 조직발전이론에 근거하여 비계획적이고 갑작스런 변화가 아니라 계획된 변화를 통해서 조직의 발전이 도모됨을 나타내준다(Tysom and Jacksos, 1992; Cummings and Worley, 2005). Lewin의 조직변화모델은 조직반전이론에 근거한 가장 고전적인 유형의 계획된 변화모델이라고 할 수 있다.

2. 개방-체계이론

1) 개방체계이론이란?

모든 비영리조직이나 인간봉사조직은 개방체계라고 이해될 수 있다. 조직이 개방적이라는 의미는 조직이 위치하는 그리고 그것을 둘러싼 환경과 끊임없이 상호행동하고 의존한다는 것을 의미한다(Burke, 2002). 생존을 위해 조직은 환경으로부터 에너지를 취해야 하며 에너지는 일반적으로 조직생존을 위한 물적 그리고 인적 자원을 의미한다. 이러한 자원 즉, 자금이나 인력 그리고 원료 등과 같은 에너지가 서비스나 상품으로 변형되어 다시 환경으로 들어가게 되고 이러한 과정을 통해 조직은 발전하고 성장하게 된다. 즉, 산출이 다시 투입으로 들어가 조직은 발전하게 된다. 즉, 투입과 처리 그리고 산출의 순환과정 피드백은 산출을 다시 투입으로 전환시키면서 조직생존을 도모하게 된다.

2) 개방-체계의 특성

체계이론을 처음 제시하였던 생물학자인 Von Bertalanffy (1950)와 생물학적 체계이론을 조직에 적용하여 조직을 개방체계로 바라보았던 Katz와 Kahn(1978)이 강조하는 개방체계의 특성을 제시하면 아래와 같다(지은구, 2005; Burke, 2002).

(1) **에너지 흡수**: 자기가 알아서 작동하고 자기가 알아서 생존하는 독립적인 조직은 존재하지 않는다. 모든 조직은 조직 외부로부터 에너지를 흡수하여야 생존이 가능하다. 모든 조직은 생존하기 위해 환경으로부터 재료와 자원을 필요로 한다.

(2) **처리**: 개방 체계는 투여 받은 재료를 다시 조직화하고 또는 전환시키기 위해 필요한 에너지를 사용한다.

(3) **산출**: 개방체계는 환경 속으로 상품이나 서비스 등 투입을 전환하여 생산물을 내보낸다.

(4) **순환**: 효과적인 서비스 그리고 질이 좋은 서비스를 제공하는 것은 조직생존을 위한 기본 조건으로 질 좋은 서비스를 제공하기 위하여 조직은 투입(input), 처리(throughput) 그리고 산출(output)은 순환과정을 갖는다. 성공적인 순환(circle)은 순환의 반복을 위한 재료와 에너지의 자원을 제공한다.

(5) **부정적 엔트로피**: 혼돈(entropy)은 탈 조직화와 죽음을 향해 모든 조직이 움직이는 자연의 보편적 법칙이다(Katz와 Kahn, 1978). 생존하기 위해 열린 체계는 반드시 혼돈의 과정을 방해하고 개입하여야 한다. 이러한 혼돈에 빠지지 않기 위한 또는 혼돈에서 빠져나오기 위한 방해 작업은 더 많은 에너지나 자원에 의해서 성취될 수 있다. 만약 조직이 인력이 부족하거나 자금이 부족한 혼돈에 빠지게 되면 조직은 새로운 인력을 충원하거나 재원을 마련하기 위해 노력하여야 한다. 조직의 목적성취에 방해가 되는 모든 방해물들(혼돈)은 극복되어야 하며 이를 위해 조직은 끊임없이 환경과 협조하고 변화하여야 한다. 정부보조금을 받는 비영리조직이 정부의 자금축소에 의해서 지역주민들에게 좋은 평가를 받는 서비스를 축소하거나 중단하지 않도록 하기 위해 지역사회구성원과 지역조직들 간에 긴밀한 유대와 협력관계를 활용하여 혼돈을 최소화하기 위해 노력하는 것이 필요하다. 결국, 부정적인 혼돈으로 모든 비영리조직들은 자기 혼자 스스로 생존하고 성장하기가 어려움으로 성장과 발전을 위한 노력과 행동을 지속적으로 확대해 나가야 함을 나타내며, 비영리조직의 경우 혼돈을 극복하고 지속적인 안정과 발전을 위한 동력은 지역주민 그리고 조직들과 쌓아 놓은 높은 **신뢰**이다(Burke, 2002).

(6) **투입(또는 정보투입)**: 만약 조직이 지역주민이나 client들로부터 그들이 제공하는 산출(서비스)에 대한 피드백을 얻는다고 한다면 조직에게 있어 피드백은 보다 효과적인 서비스를 제공하는데 중요한 정보자원이 된다. 특히, 피드백이 조직활동이나 조직이 제공하는 서비스 등에 대한 부정적인 내용이라고 한다면 그 피드백

으로 인하여 조직은 그들의 행동을 수정하고 서비스를 개선하여 보다 효과적인 조직 활동을 전개해 나갈 수 있다. 만약 서비스를 제공받은 client들이 제공받은 서비스에 대해 불평을 한다면 조직은 투입, 처리 그리고 산출과정의 제반 요소들을 수정하고 변화시키기 위해 노력하여야 한다. 따라서 부정적 피드백이 체계를 안정적 상태로 유지하도록 돕는다고 할 수 있다. 소비자 또는 client 만족 그리고 서비스의 효과성(effectiveness) 등은 사회복지조직이 받는 피드백의 유형들이다.

(7) **안정 상태와 역동적 항상성**: 조직이 생존하기 위해서는 안정 상태를 유지하여야 한다. 물론 안정 상태를 유지한다는 것이 행동을 적게 한다는 것을 의미하지는 않는다. Katz와 Kahn(1978)에 따르면 안정상태란 움직임이 없음을 의미하거나 균형을 의미하지 않으며 외부환경으로부터의 지속적인 에너지 유입과 지속적인 서비스가 제공되는 것을 나타낸다고 한다. 조직의 투입이 증가하거나 감소하면 산출도 역시 증가하거나 감소하여 체계가 안정, 즉 같음을 유지하도록 하는데 이것이 곧 안정 상태를 의미한다. 결국 조직은 퇴보와 발전을 반복하는데 장기적인 관점에서 보면 조직이 퇴보하고 발전하는 것은 결국 평균적으로 조직이 안정 상태를 유지하는 것이라고 할 수 있다. 항상성(homeostasis)이란 열린 체계는 끊임없이 외부세계로부터 에너지의 유입이 있으며 그리고 끊임없는 생산물을 산출해 내는 자기규정과정(self regulating process)이라는 것을 의미한다.

(8) **상이성**: 지역주민이나 client로부터의 불만이나 불평은 조직의 여러 측면에서 새로운 시도나 노력 등을 수반함으로 기존의 서

비스와 다른 차별적인 서비스나 조직활동이 제공되어 조직을 발전시키도록 한다. 따라서 상이성은 조직발전의 기본 전제라고 할 수 있다. 변화하지 않고 계속 동일한 서비스나 조직행동을 수반하는 것은 조직이 혼동에 반응하지 않고 죽어 움직이지 않는 것을 의미한다. 따라서 개방체계인 조직은 지속적으로 상이성을 추구함으로 자연적으로 상이성과 복잡성의 방향으로 움직인다. 조직에 있어서 이러한 움직임은 더 효과적인 서비스제공을 위한 조직기능의 전문화와 노동의 분업을 증진시킨다.

(9) **통합과 조정**: 조직이 안정을 유지하기 위해서 지속적으로 새로운 것들이 조직으로 유입됨으로 새롭고 서로 다른 것들에 대한 통합과 조정은 필수적인 조직 활동이 된다. 통합은 공유하는 규범이나 가치에 의해서 성취된다. 사일로효과(silo effect)[8]는 상이성이 너무 많은 조직이나 통합과 조정이 이루어지지 않는 조직에서 흔히 발생한다.

(10) **같은 결말**(equifinality) : Von Bertalanffy(1950)의 원칙에 따르면 개방체계인 조직은 다양한 경로를 통해 그리고 상이한 시작점에서 출발하지만 결국은 같은 목적을 성취하기 위해 노력한다.

조직의 지도자는 위에서 제시된 개방-체계의 10개의 특성을 잘 이해하고 그에 따라 조직을 운영하여야 한다. 개방-체계이론에 따르면 조직활동은 투입, 처리 그리고 산출의 순환적 과정의 연속이

8) **사일로 효과**란 조직 장벽과 부서 이기주의를 뜻하는 용어로, 곡식을 저장해두는 굴뚝 모양의 창고인 사일로에서 유래하였다. 이는 조직의 부서 간의 지나친 경쟁 심리로 인하여 다른 부서와 협력하거나 교류하지 않고 내부이익만을 추구하는 현상을 일컫는 용어이다.

며 투입이 산출로 전환되어 외부환경(지역주민이나 client)으로 들어가고 그리고 산출이 피드백을 창출하여 다시 투입으로 들어가게 된다. 그 결과 조직은 개선된 산출을 제공하게 되고 조직의 안정적이고 지속적 생존은 유지된다. 따라서 조직은 외부환경으로부터 오는 에너지를 더 많이 축적하고 있어야 한다. 특히, 조직에 영향을 주는 부정적 혼동은 조직발전을 위한 가장 기본적인 토대로 작동하며 조직이 성과를 개선하기 위한 근원이라고 할 수 있다. 혼돈과정을 잘 극복할 수 있도록 조직이 대응한다면 조직은 발전하고 성장하게 되며 지속적으로 상이한 즉, 이전보다 개선된 서비스를 제공하게 된다. 또한 조직구성원들이 취할 수 있는 길은 다양하지만 조직이 성취하기 위한 목적은 같다고 할 수 있음으로 다양한 행동과 결로 속에서 같은 결말이나 같은 목적을 성취하기 위해 조직은 노력하며 발전하게 된다.

3) 개방체계이론과 조직변화

개방체계이론은 조직에 영향을 주는 부정적 혼동을 극복하는 과정에서 조직은 변화한다는 것을 강조한다는 특징이 있다. 즉, 부정적 혼돈이란 조직변화에 영향을 주는 조직 내, 외적 환경이나 조건 등을 의미하며 이러한 변화의 욕구는 조직에게 부정적혼동을 가져오고 이를 극복하기 위하여 조직은 변화를 실행하게 된다. 즉, 조직변화를 통해서 위험을 잘 극복하면 조직은 발전하고 성장하게 되며 지속적으로 상이한 즉, 이전보다 개선된 서비스를 제공할 수 있게 된다. 개방체계이론을 적용하여 사회복지조직의 변화구성요소를 설명하면 아래와 같다.

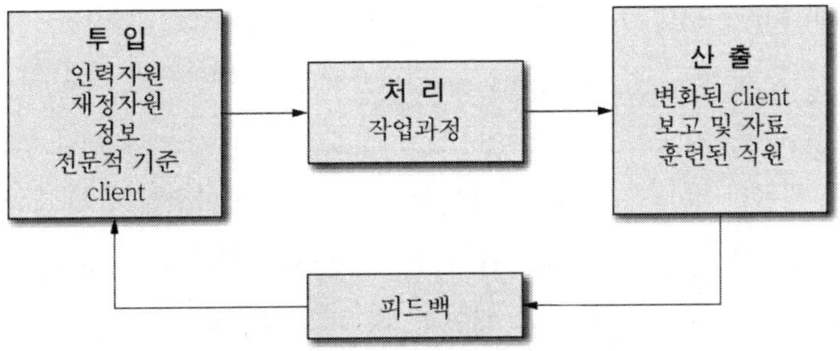

〈그림 6-3〉 사회복지조직변화의 개방체계이론 적용

3. 학습조직이론

1) 학습조직이론이란?

학습조직이론(Learning organization theory)은 조직이 조직구성원들의 학습을 촉진시켜서 끊임없이 변화하고 변형하는 것을 강조하는 이론으로 Senge(1990)에 의해 발전하였다. 학습조직이론은 시스템사고, 개인적 숙련, 정신모델, 공유된 비전 그리고 팀 학습과 같은 5개의 주요 특성을 가지고 있는데 그 내용은 아래와 같다.

첫째, 시스템사고: 시스템사고는 현상을 이해하고 이를 바탕으로 문제를 해결하려는 수단이다. 학습조직의 아이디어는 시스템사고(systems thinking)로부터 발전한다. 시스템사고는 사람들이 조직관리나 경영을 학습하도록 하는 개념적 틀이다. 학습조직은 그들의 조직을 평가 또는 사정할 때 시스템사고의 방법을 활용하며 전체조직과 조직구성요인들의 성과를 측정하는 정보체계를 가지고 있다.

둘째, 개인적 숙련: 학습과정에서 개개인들이 갖는 의무나 책임

(commitment)이 개인적 숙련(personal mastery)이다. 개인적 숙련은 개인이 추구하는 지식, 기술, 태도를 형성하기 위하여 개인적 역량을 지속적으로 넓혀나가고 심화시켜 나가는 행위를 의미한다. 개인적 숙련을 위한 개개인들의 학습은 직원훈련이나 직원개발을 통해서 성취된다. 하지만 학습은 우연히 일어나는 경우도 존재함으로 매일의 삶 속에서 개인적 숙련이 단련될 수 있는 조직문화를 발전시키는 것이 중요하다. 학습조직은 개인적 학습의 총합으로도 설명될 수 있으며 개인적 학습이 학습조직으로 전환되도록 하는 메커니즘이 반드시 필요하다.

셋째, 정신모델: 개인이나 조직에 의해서 유지되는 전제나 가정이 정신모델(mental models)이다. 정신모델은 또한 주변에서 발생하는 현상들을 이해하는 인식체계로서 무엇을 어떻게 보는지를 결정하고 어떻게 행동할지를 결정한다. 학습조직이 되기 위해서, 정신모델은 반드시 변화되어야 한다. 개개인들은 실천현장에서 활용하는 이론을 지지하며, 조직은 행동이나, 규범 그리고 가치를 유지 보전하는 "기억들"을 가지는 경향이 있다. 이러한 경향이나 기억들은 변화되어야 한다. 조직학습환경을 만들기 위해, 기존의 것을 유지하고, 새로운 것에 대항하는 태도를 버리고 신뢰와 탐구를 증진시키는 개방된 문화를 받아들여야 한다. 원하지 않는 규범이나 가치 등은 비-학습(unlearning)이라고 불리는 과정에서 버려져야 한다.

넷째, 공유된 비전: 공유된 비전(shared vision)의 개발은 직원들의 학습을 고취시키기 위하여 매우 중요하다. 공유된 비전은 직원들에게 학습에 대한 에너지와 학습에 집중할 수 있도록 하는 공통의 정체성을 가져다준다.

다섯째, 팀 학습: 개인적 학습의 축적이 탐 학습(team learning)을 구상한다. 공유된 학습이나 팀 학습의 혜택은 직원들이 더욱 빠르게 성장할 수 있도록 해주는 것과 조직문제해결능력이 더욱 개선되는 것이라고 할 수 있다. 학습조직은 팀 학습을 고취시킬 수 있는 구조를 가지고 있다. 팀 학습은 개개 직원들이 대화와 토론에 참여하고 개입하는 것을 필요로 하는데 이는 대화와 토론이 팀 구성원들에게 열린 의사소통, 공유된 의미, 공유된 이해를 발전시키도록 해주기 때문이다.

결국, Senge에 따르면, 성공적인 학습조직이 되기 위해서는, 기존의 고정관념을 탈피하여야 하고(정신모델), 개인의 지속적인 자기개발을 위해 노력하여야 하며(개인적적 숙련), 조직의 시스템에 대한 완벽한 이해를 바탕으로(시스템사고), 누구나 동의할 수 있는 미래의 비전을 설정하여 공유하며(공유된 비전), 조직구성원들의 개인적 능력을 뛰어넘어 지혜와 능력을 구축할 수 있도록 함께 노력하여야 함(팀 학습)을 알 수 있다(김희규, 2004).

2) 학습조직이론과 조직변화

학습조직이론에 따르면 조직이 태생적으로 학습조직으로 발전하는 것은 아니며 조직의 변화를 촉진시키는 요소들이 있다고 한다. 조직은 성장하면서 개별적 사고는 무뎌지고 학습능력을 점차 상실하게 되는데 이런 문제점들이 발생하게 되면 조직은 다른 조직들과의 경쟁에서 살아남지 못하게 됨으로 경쟁력있는 조직으로 변화되기 위해서, 조직은 재구조화되어야 하고 나아가 다른 조직보다 더 빠르게 학습하여야 하며 client에 대한 응답문화를 발전시켜야 한다(O'Keeffe, 2002). Argyris(1999)에 따르면 조직은 새로운 서비스나 상품과 과정에 관한 지식을 유지하고, 조직외부환경에서 일어나는 일이 무엇인지를 이해하여야 하며, 모든 조직의 지술과 지식을 이용하여 해답을 찾는 것이 필요하다. 학습조직이론에 따르면 학습조직은 다음과 같은 혜택을 조직에게 가져다준다(McHugh, Groves and Alker, 1998; Pedler, Burgogyne and Boydell, 1997).

첫째, 혁신수준을 유지하고 경쟁적이 되도록 해준다.
둘째, 외부압력에 보다 효과적으로 응답하게 해준다.
셋째, client의 욕구에 자원을 더 좋게 연계해 주는 지식을 갖도록 해준다.
넷째, 산출(서비스나 상품)의 질을 개선한다.
다섯째, 친 사람중심으로 기업의 이미지가 개선된다.
여섯째, 조직 안에서의 변화를 증대시킨다.

특히 학습조직이론은 지속적인 변화 또는 진화론적 변화이론에 영향을 받은 조직변화의 기초이론이라고 할 수 있는데 이는 학습이 조직의 변화를 위한 능력을 지속적으로 제공한다는 측면에 기인한다. Walkins와 Marsick(1993)은 조직변화와 연관하여 학습조직의 특성을 다음과 같이 제시하였다.

첫째, 학습조직은 학습을 하는 개개인들이 모인 곳이 아니라 조지 전체의 영역에서 그리고 조직 내의 다양한 영역에서 동시에 발생한다.
둘째, 학습조직은 변화를 위한 조직의 능력을 나타낸다.
셋째, 학습조직은 개인의 학습능력을 고취시킬 뿐만 아니라 조직구조, 문화, 직무설계, 생각하는 방식 등의 정신적인 측면을 변화시킨다.

넷째, 학습조직은 정보공유나 결정을 하는데 있어 이용자와 직원들의 광범위한 참여를 포함한다.

다섯째, 학습조직은 조직의 체계적 사고를 증진시킨다.

Walkins와 Marsick(1993), McHugh, Groves, 그리고 Alke (1998), Pedler, Burgogyne, 그리고 Boydell(1997) 등이 위의 학습조직의 특성에서 지적한 바와 같이 학습조직과 조직변화는 밀접한 연관이 있음을 알 수 있다. 즉, 학습조직은 조직변화를 원동력으로 작동하며 조직변화를 증대시킬 수 있는 능력을 강화하는데 기여한다.

제 4 절 조직변화이론

조직의 변화를 설명해 주는 이론으로 Lewin(1947)이 주장하였던 체계변화이론, Beer의 변화공식이론 그리고 Stacy 등이 주장하였던 혼돈이론과 Wheatley(1999)의 과학이론이 등이 있다. Wheatley(1999)은 과학이론을 가지고 변화를 설명해 주었으며 Lewin의 체계변화이론은 체계가 변화하는 과정을 설명해 주는 이론 중에 가장 고전적 변화이론이다. Lewin은 체계변화가 세 단계를 거쳐 변화한다고 주장하였다. 또한 Eisenhardt와 Brown(1999)는 땜방이론(patching theory)을 소개하였고, Romanelli와 Tushman(1994)은 중단된 균형이론(punctuated equilibrium theory)을 그리고 Miller와 Friesen(1984)은 점진적 이론(incremental theory)을 소개하였다. 이 이론들에 대해서 살펴보기로 한다.

1. Lewin의 변화이론

체계변화이론 중에 가장 고전적 변화이론은 Kurt Lewin이 발전시킨 체계변화 3단계이론이다. Lewin의 체계변화이론은 조직변화를 위한 실천모델로도 사용될 수 있다는 특징을 가지고 있기 때문에 조직발전모델이라고도 불린다(Dawson, 2003). Lewin(1947)은 변화는 다음과 같은 3단계를 거친다고 강조하였다. 그에 따르면 변화를 위한 3단계는 다음과 같다.

1단계: 녹이기(unfreezing): 변화를 위한 동기를 만들기
2단계: 변화하기(changing): 새로운 정보에 근거해서 새로운 대응을 개발하기
3단계: 다시 얼리기(refreezing): 변화를 통합하고 안정화하기 (Plovnick, Fry and Burke, 1982).

Lewin의 체계변화 3단계이론에 따르면 변화는 하나의 발전과정에서 전개되며 각각의 단계는 전 단계의 성공적인 완결에 의존한다고 한다. 즉, 전 단계가 성공적으로 완결되어야 다음 단계로 변화가 진행됨을 의미한다. 각 단계들에 대해서 살펴보면 다음과 같다.

■ 녹이는 단계

첫 번째 단계인 녹이기에서 변화를 위한 자극이나 필요성을 발

전시키는 것이 중요하다고 한다. 이 단계에서 조직구성원들은 현재 상태에 대해 불만족해야 하며 어떤 것이 나쁘든지 아니면 충분치 않다는 것을 느껴야 하는 것이 중요하다고 한다. 그리고 변화가 현재상태에 대한 유일한 수용할 수 있는 해결책이라는 점이 제시되어야 한다는 점이 지적된다. 이 단계에서 조직구성원들은 문제해결을 위한 또는 해결해야 하는 욕구를 위한 자료를 수집하는 것이 도움이 된다고 한다.

■ 변화하는 단계

변화를 위한 두 번째 단계인 변화시키는 단계에서 조직은 기능하기 위한 그리고 작동하기 위한 더 좋은 방식을 찾아야만 한다. 단순히 문제가 존재하고 있다는 것을 인식하는 것이 변화를 보장하는 것이 아니기 때문에 변화시키기 위한 방식을 찾는 것이 중요하다고 할 수 있다. 따라서 이 단계에서 새로운 목적과 행동의 우선순위, 목표를 성취할 수 있는 수단, 새로운 절차나 과정 그리고 새로운 조직문화나 가치를 취하는 것이 중요하다고 한다. Lewin(1947)에 따르면 체계를 변화시키기 위해서는 새로운 방식의 진로가 성공적으로 보여야 하며 아무것도 안 하는 것보다 새로운 방식이 훨씬 덜 위협인 것으로 보여야 한다고 한다. 이 단계 동안에 갈등, 스트레스, 비난, 혼란 등이 나타날 수 있지만 이러한 감정들은 현재 상태(status quo)를 포기해야 한다는 가치를 인식함과 동시에 사라진다고 한다.

■ 다시 얼리는 단계

변화를 위한 세 번째 단계인 다시 얼리는 단계에서 변화는 두 번째 단계가 체계 안에 내면화되면서 나타나게 된다. 변화는 체계가 무엇인가를 수행하는 표준방식 속으로 통합되고 적절한 조치들이 변화를 유지하기 위해 취해진다. 이 단계 동안에 조직성원들에게 변화된 체계를 관리하기 위해 필요한 새로운 기술을 개발할 수 있는 훈련을 제공하는 것이 필요하다고 한다. 여기서 다시 얼린다는 것은 체계가 움직이지 않는 체계로 또는 융통성 없는 체계로 된다는 것을 의미하는 것이 아니라 새로운 과정과 구조가 갈망하는 변화를 내면화하고 통합하는 것을 허락하기 위해 발전하는 것을 의미한다. 이 단계 동안에 일시적인 위험이 나타날 수 있으며 구성원들은 새로운 행동양식이 내면화될 때까지 지원받을 필요가 있다고 한다.

특히, 그는 변화를 관리하는 것은 변화를 추진하는 힘을 기르는 것보다 변화에 저항하는 힘을 감소시키는 것이 보다 중요하다고 강조하였으며 변화에 저항하는 힘을 감소시킬 수 있는 기법으로 역장분석기법을 개발하였다(Dawson, 2003). 그에 따르면 어떤 사회체계도 현 상태를 유지하려는 억제세력과 현 상태를 변화시키기를 원하는 추진세력이 있다고 한다. 역장분석은 이 추진세력과 저항세력에 대한 분석을 중심으로 변화를 성공적으로 추진하기 위한 하나의 도수로 사용될 수 있는데 이 기법에 대해 좀더 살펴보면 다음과 같다.

■ **역장분석**[9)]

Lewin은 변화를 반대방향에서 일하는 힘의 산출물이라고 개념화하였으며 그는 이 힘을 도표화하기 위해 **역장분석**(force-field

9) Force-Field analysis은 역장분석 또는 역장분석이라고 불리지만 본 연구에서는 역장분석으로 통일하여 사용하였다.

analysis)으로 알려진 기법을 발전시켰다(Lewin, 1951: Plovnick et al., 1982). 역장분석은 변화를 주도하는 실천가들이 변화와 관련이 있는 정보를 조직화하는데 도움을 준다. 이 분석기법으로 사람들은 변화를 방해하는 방해물뿐만 아니라 변화를 일어나도록 체계를 고취시키는 요인들을 확인할 수 있다고 한다. 일단 변화목적을 위한 가능한 모든 자료가 확보되면 역장분석은 불확실한 영역을 강조할 수 있도록 도와주고, 변화의 성공가능성을 결정하는데 도움을 주며 그리고 개입행동들을 평가하는 데에도 도움을 준다고 한다(Brager and Holloway, 1978).

체계(system)에서 작업을 진행시키는 힘은 여러 방향에서 나타나지만 그 힘들은 단순하게 상황을 개선 또는 변화시키는 **추진세력**(drivers)과 변화에 반대하는 **저항세력**(resisters)으로 구분될 수 있다고 한다. Lewin에 따르면 변화를 위한 힘이 변화에 저항하는 힘과 동등하다고 한다면 변화는 일어나지 않으며 체계는 균형상태를 유지한다고 한다(Lewin, 1951; Proehl, 2001). 이러한 원리에 입각하여 역장분석은 결국 변화를 위한 힘과 변화에 저항하는 힘을 목록으로 만들어서 주어진 체계에서 변화가 가능한지를 분석하는 기법이라고 할 수 있다. 변화주도세력은 역장분석을 통해서 **변화를 위한 전략**(change strategy)을 세우는데 도움을 받을 수 있게 된다. 변화를 촉진시키기 위한 **변화전략**은 크게 두 가지로 구분할 수 있다. 첫 번째 변화전략은 변화를 위한 추진세력의 힘 또는 장점이나 강점들을 증가시키는 전략이며 두 번째 전략은 변화에 저항하는 저항세력의 힘을 누그러트리는 전략이다.

역장분석을 구성하는 데에는 몇 단계의 과정을 거치게 되는데 첫 번째 단계는 변화목적이 사회복지사들이 해결하려고 하는 문제를 다루기 위해 반드시 구체화되어야 한다는 것이고, 두 번째 단계는 과업이 선택된 목적을 성취하는데 결정적인 사람들 또는 행동가들을 확인하는 것이며, 세 번째는 이 행동가들에게 부과되어 있는 변화를 추진하는 힘과 변화에 저항하는 힘을 명확히 하는 것이며, 네 번째로 이 추진력과 저항력을 변화의 속성에 맞추어 평가하는 것이다(Brager and Holloway, 1978). 다음은 역장분석의 예이다.

〈표 6-3〉 역장분석 조사표

Part 1: 문제 확인

당신의 직무상황에 있어서 중요한 문제하고 생각하는 것이 무엇인지 생각하고 다음의 각 질문들에 대해서 다른 사람들이 이해할 수 있도록 적어 주세요.

1. 나의 조직에서 제기되고 있는 중요한 문제는(또는 변화가 필요한 부분이나 문제는) 무엇인가?

2. 그 문제에 어떤 사람들이 개입되어 있는지 그리고 그들이 어떤 역할을 담당하고 있는지 적어주세요

3. 그 문제와 관련되어 있는 조직적 요인들은 무엇입니까?(예를 들어 누가 그 문제의 해결에 대해 power를 가지고 있는지, 어떤 직원이나 집단이 그 문제에 호의적일 것인지 아니면 비호의적일 것인지, 문제해결에 필요한 비용이나 인원은 적절한지 또는 충분한지 등에 대한 서술)

Part 2: 문제분석

1. 우선 이 문제와 관련해서 당신의 조직을 변화시킬 수 있는 당신 조직의 내적 그리고 외적 힘(forces)을 적어주세요(driving forces)

   ________ a. ______________________________

   ________ b. ______________________________

   ________ c. ______________________________

   ________ d. ______________________________

__________ e. ____

__________ f. ____

__________ g. ____

2. 다음으로 변화에 저항하는 힘을 적어주세요(restraining forces)

__________ a. ____

__________ b. ____

__________ c. ____

__________ d. ____

__________ e. ____

__________ f. ____

__________ g. ____

3. 위의 a, b, c, ...항목들의 왼쪽 선 위에 밑의 1에서 5까지의 측정척도 중 하나를 기입해 주세요.

1= 사소하다
2= 비교적 덜 중요하다
3= 적당히 중요하다
4= 중요한 요인이다
5= 굉장히 중요한 요인이다

Part 3: 분석 차트

아래의 분석차트 위에 다음과 같이 당신이 Part 2에서 기입한 힘을 그림으로 나타내세요.

첫째, Part 2 질문 1에서 당신이 기입한 변화를 추진하는 힘(또는 추진력)을 나타낼 수 있는 단어하나를 결정하세요.

둘째, 그리고 각각의 단어를 밑의 지정된 공간(추진력, driving forces)) a, b, ... 위에 위치시키세요. 그리고 Part 2 질문 2의 변화에 저항하는 힘도 마찬가지로 각각을 대표하는 단어하나로 나타내어 밑의 지정된 공간(저항력, restraining forces)에 위치시키세요.

셋째, Part 2 질문 1과 질문 2에서 기입된 1에서 5까지의 측정도구에 해당하는 단어들을 적어 주세요.

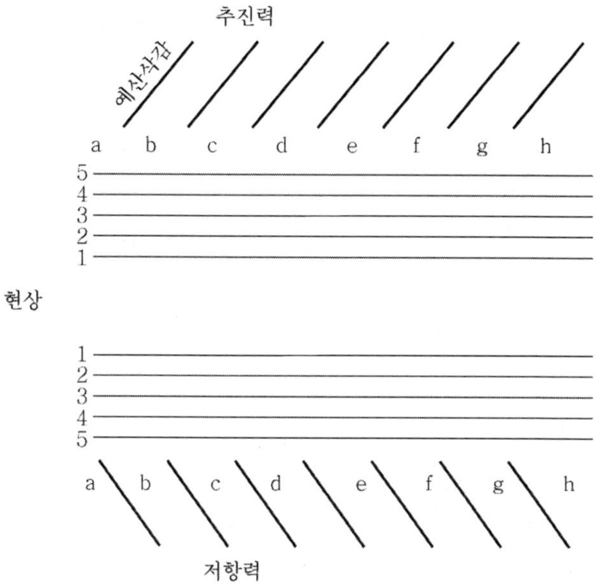

〈그림 6-4〉 역장분석의 예

Part 4: 분석완료

1. 위의 그림을 검토한 후에 변화가 일어날 수 있을 것 같은지에 대한 견해를 쓰고 왜 변화가 일어날 것 같은지에 대한 이유를 적는다.

2. 변화가 일어날 가능성을 증가시킬 수 있도록 하는 전략은 무엇인지를 적는다.

2. Beer의 변화공식이론

Beer(1992)는 변화가 성공하기 위해서는 현 상태에 대한 불만, 변화를 위한 비전 그리고 변화를 향한 분명한 과정이 변화비용을 능가하여야 한다고 강조하였다. 결국 그에 따르면 변화의 성공은 불만, 비전, 효과적인 과정에 의존한다고 하며 **불만과 비전 그리고 과정이 변화비용이나 저항보다 더 커야 변화가 성공한다고** 한다. Beer의 변화공식이론은 변화를 비용과 관련하여 처음 공식으로 제시한 David Gleicher의 영향을 받은 것이라고 할 수 있다. David Gleicher가 제안한 변화공식은 아래와 같다(Beckhard and Harris, 1987).

$$C=(ABD)>X$$

* C = 변화, A = 현상에 대한 불만족, B = 갈망하는 상태, D = 갈망하는 상태로 나아가기 위한 단계, X = 변화 비용

David Gleicher의 변화공식에 따르면 현상에 대한 불만족, 갈망하는 상태 그리고 갈망하는 상태로 나아가기 위한 단계들이 변화비용보다 더 커야 변화가 발생하게 된다. Beer가 강조하였던 성공적인 변화를 위한 세 요인인 불만, 비전, 과정 그리고 비용을 구체적으로 살펴보면 다음과 같다.

■ **불만**

변화를 위한 과정을 시작하기 위해서 주요조직구성원들은 반드

시 현재의 상태에 불만이 있어야 한다. 불만은 변화를 위한 동기 또는 에너지라고 할 수 있으며 또는 변화를 위한 동기나 에너지를 제공한다고 할 수 있다. 불만은 조직구성원들이 부적당, 불평, 불쾌함 등을 경험할 때 발생하며 그리고 종종 위기에 처할 때 불만이 나타난다고 한다. 결국 변화의 동력인 불만을 일으키는 것 또는 불만을 발생시키는 것이 변화를 위한 가장 기초적인 행동 과정이라고 할 수 있다. 불만을 이끌어내기 위해 다음과 같은 전략을 사용할 수 있다.

① 지도자들은 불만을 이끌어내기 위해 외부환경에 관한 정보를 사용할 수 있다. 다른 조직이나 기관의 정보를 이용해서 그들 기관을 비교해 줌으로써 직원들은 그들 조직이 가지고 있는 불만을 이끌어낼 수 있게 된다.

② 지도자들은 직원들의 의견을 조사함으로써 그들이 어떤 불만을 가지고 있는지 인식할 수 있게 된다.

■ 비전

변화를 위한 과정에서 두 번째 요소는 비전이다. 비전은 변화가 성공되었을 경우 나타나게 되는 행동, 태도, 체계, 그리고 구조를 포함하는 조직의 미래 상태에 대한 서술을 의미한다. 비전은 조직구성원들이 변화에 대한 그림이나 청사진을 생각하는 데 도움을 주고 직원들의 창조적인 에너지를 동원할 수 있는 영감과 변화노력으로 집중하는데도 도움을 준다고 한다. 비전은 또한 변화를 위한 목적과 목표의 기능을 한다.

■ 과정

변화를 위한 욕구가 있다고 해서 조직이 스스로 변하는 것은 아니다. 변화를 위한 과정(process)이 반드시 존재하여야 조직은 이 과정을 거치면서 변화하게 된다. 변화과정은 일련의 사건, 회의, 모임, 교육, 개인적 결정, 최상위 경영층을 포함해서 직원들이 새로운 기술이나 태도 행동 등을 배우도록 돕기 위한 행동들의 연속이라고 한다(Beer, 1992).

■ 비용

변화과정에서 고려해야 하는 마지막 요인은 비용이다. 비용은 직원들이나 이해관련 당사자들이 변화의 결과로써 기대하는 모든 손실을 의미하는데 다음과 같이 구분할 수 있다.

- **힘**: 변화 때문에 나타나는 영향력의 상실이나 지위의 상실을 의미한다.
- **경쟁력**: 변화는 일반적으로 새로운 경쟁력을 필요로 하고 오래된 경쟁력은 쓸모없게 만든다.
- **관계**: 일상작인 업무환경의 안락함과 안정은 의존적인 관계의 연계망에서 오는데 변화는 종종 이러한 관계를 위협한다.
- **보상**: 지위의 변화, 급여수준의 변화, 보상의 변화 등을 동반한다.
- **동질감**(identity): 변화는 동질감의 위기를 촉진시키는 개개인이나 집단의 역할에 있어서의 변경을 만들어낼 수 있다.

변화를 위한 과정을 설명하기 위해서 Beer는 현재 상태에 대한 불만이 있고 변화를 위한 비전과 과정이 변화비용보다 더 클 때 변화는 발생한다고 다음과 같은 공식을 강조하였다.

변화공식: 변화의 양 = (불만 × 비전 × 과정) 〉 변화비용

실제적으로 위의 공식이 객관적으로 인정받는지 아닌지를 떠나서 대부분의 변화는 변화가 점진적이든 급진적이든 상당한 불만이 있고 미래에 대한 분명한 비전이 있으며 그리고 잘 계획된 과정이 필요하다는 점과 변화를 통해서 잃어버리는 손실보다는 얻는 게 많아야 한다는 것은 주지의 사실이라고 할 수 있다. 일단 위의 공식이 완수되면 변화주도세력은 변화계획의 성공가능성을 사정하고 그리고 다음의 질문들에 대답을 함으로써 변화전략을 발전시킬 수 있다고 한다.

- 높은 수준의 불만이 있는가?
- 분명하고 공유될 수 있는 비전이 있는가?
- 효과적인 과정이 있는가?
- 비용이 상대적으로 낮은가?

다음은 변화공식에 대한 예이다.

〈표 6-4〉 변화공식의 예

Directions:

1. 당신의 조직에 변화가 막 생기는 순간에 생각한다.
2. 변화를 확인한 후에 다음의 질문에 대답한다.

---

1. 현재 **불만족**의 수준은?

2. 변화노력을 위한 **임무**는 얼마나 분명한가?

3. 변화를 수행하기 위해 사용되는 **과정** 또는 **절차**는 무엇인가?

4. 변화에 저항하는 것은 무엇들이 있는가?

5. 변화공식을 사용한 후에 변화가 성공적일지에 대해서 얼마나 낙관하는가?

3. 혼돈이론

Lewin과 Beer의 이론이 변화를 위한 이성적 또는 합리적 모형이고 직선(linear)의 접근방법 즉, 하나씩 차근차근 변화과정이 취해지는 모형을 취하고 있다고 한다면 혼돈(Chaos) 또는 복잡성이론을 주장하는 이론가들은 변화를 관리하는 것은 결코 계획적인 과정이 아니라는 관점을 유지한다. 예를 들어 Stacy(1992)는 조직은 특정행동을 결과와 연계시킬 수 없는 복잡한 체계라고 주장한다. 그에 따르면 오히려 원인과 효과의 관계는 복잡하고 시간과 장소에 따라 구분되며 또한 (원인과 효과의)관계는 판독하기가 어렵고 그리고 복잡한 체계는 의도하지 않은 그리고 직관에 반하는 결과를 산출한다고 한다. Pascale(1990)은 긴장(tension)을 강조하였는데 그에 따르면 긴장은 안정과 일관성을 위한 욕구와 무질서와 갈등을 위한 욕구사이에 존재하며 또 한편으로 긴장은 창조적인 요구와 질문을 이끈다고 한다. 따라서 조직 안에서의 긴장과 갈등의 긍정적 사용은 새로운 방식을 창출해내는 동력으로 작동할 수 있고 그리고 기대하지 않은 계획되지 않은 그리고 의도하지 않은 새로운 입장을 창출하는데 도움을 준다고 한다. 결국 Pascale의 입장에 동의한 Stacy는 긴장, 창조, 불확실성이 없으면 안정(stability)은 조직을 궁극적으로 실패하게 만든다고 주장하였다.

Stacy(1992)는 또한 조직 안에서 안정에 대한 대안으로써 **피드백**(feedback)을 강조하였다. 그에 따르면 모든 조직은 피드백의 고리를 가지고 있는 복잡한 체계라고 한다. 피드백은 긍정적 피드백과 부정적 피드백으로 나누어진다. **부정적 피드백**은 안정적인 경로 위에 서 있을 수 있도록 조직의 균형을 유지하기 위한 규정을 위해 사용되는 것이다. 집안의 난방장치를 예로 들 수 있는데 일정정도의 온도로 맞추어 놓으면 기온이 내려가서 집안이 추워지면 자동적으로 난방이 작동하고 또한 너무 집안이 덥게 되면 자동적으로 난방장치가 작동을 멈추게 되어 일정정도의 온도를 유지시켜준다. 보온장치의 통제메커니즘이 이상적인 온도가 유지될 수 있도록 열을 규정한다. 결국 통제메커니즘이 열을 규정하기 때문에 단지 원하는 온도에서 약간의 편차만이 존재하게 된다. **긍정적 피드백**은 부정적 피드백과는 반대의 방향으로 움직인다. 난방장치를 예로 든다면 긍정적인 피드백은 부정적인 피드백과는 달리 내재되어 있는 통제메커니즘이 없기 때문에 원하는 수준 이상의 온도를 취할 수 있다.

혼돈이론에 의하면 체계가 혼돈에 있게 되면 체계 안에서의 행동은 예측할 수 없게 되고 새로운 질서의 예측할 수 없는 상태로 움직이게 된다고 한다. 그리고 혼돈을 탈출하기 위해서 의사전달과 협동이 구성부분들 사이에서 발생하게 되고 조직이 혼돈을 벗어나기 위해 조직의 자발적인 과정이 나타나게 되고 새로운 창조적인 상태가 조성된다고 한다. Pascale(1990)에 따르면 불안정(instability)은 자발적이고 통제되지 않은 과정에 의해서 나타나는 혁신과 창조를 부양시키는 역동적인 역할을 한다고 한다. 결국 혼동이론은 혼동과 갈등이 조직변화를 이끄는 동력으로 역할을 할 수 있다는 것을 의미한다.

4. 새로운 과학이론

Wheatley(1999)는 조직체계를 이해하는데 있어 자연과학을 사용하였다. 그녀는 조직은 과학에 의해서 강력하게 영향을 받는 세계에서 작동하고 있다고 주장하였다. 그녀에 따르면 물리학이나 생물학 그리고 화학으로부터의 새로운 교훈들은 어떻게 체계가 기능하고 작동하는지에 대한 우리의 기본적 가정들을 다시 검토하게 만들었다고 한다. 그리고 새로운 과학자들은 부분보다는 전체 체계를, 분리보다는 체계 안에서의 관계를, 예측보다는 가능성을, 그리고 죽음보다는 소생을 더 많이 강조한다고 한다. 양자물리학(quantum physics)의 세계에서 변화는 인식하는 것이 어렵고 그리고 정교한 예측과 계획을 허용하지 않는다고 한다. 따라서 그녀에 따르면 자연과학은 확실성의 세계라는 개념을 버리고 무질서, 불명료함 그리고 모순의 세계로 들어갔다고 한다. 결국 Wheatley의 견해는 혼돈이론가들과 같은 맥락에 서 있음을 알 수 있는데 이는 그녀가 혼돈의 어두움으로부터 창조가 나타난다고 강조하였던 것에서도 확인된다.

과거에 과학자들은 혼돈 뒤에는 오로지 하나의 길만 존재하며 그 길은 바로 죽음이라고 믿었지만 현대의 과학자들은 죽음 이외에 능력과 잠재성으로 향하는 또 다른 길이 존재한다고 인식하고 있다는 것이다. Wheatley(1999)에 따르면 노벨상을 받은 화학자 Prigogine은 어떤 살아있는 체계가 높은 수준의 스트레스와 혼란에 직면했을 때 그 체계들은 그들의 현 구조를 자발적으로 바꾼다고 한다. 따라서 스트레스와 혼란에 직면했을 때 그들 체계들은 죽든지 또는 새로운 그들의 환경에 잘 기능하기 위해 그들의 능력을 개선시키기는 방향으로 자체적으로 움직이게 되는 두 가지의 길이 존재한다고 한다. 즉, 그들은 죽지 않고 그들의 형태를 바꿈으로써 스트레스와 혼란을 다룰 수 있게 되는 것이다. 따라서 무질서와 혼돈 또는 혼란이 새로운 형태를 만들어 내는 체계를 위한 동력이 된다.

결국 Wheatley(1999)는 Prigogine의 이론을 조직이 기능하는 방식에 적용하여 어떻게 과학이론이 조직의 기능에 영향을 미치는지를 설명한 것이라고 볼 수 있다. 결국 조직이 열린 체계라고 한다면 관리자나 경영자들은 무질서, 불일치, 그리고 갈등이 외부환경의 요구에 맞는 새로운 더욱 활력 있는 조직 형태로 이끌 수 있다는 것을 인식하여야 한다. 나아가 관리자들은 체계(조직)가 조직 구성원들이 조직을 유지하기 위해서 재창조하고 재 조직화하는 것과 같이 변화하는 것을 허락하여야 한다고 한다.

새로운 과학이론은 조직을 변화할 수 있는 체계로 생각할 수 있는 기회를 제공하였다. Wheatley(1999)가 제시하였던 것과 같이 변화주도세력은 조직 차트에 나타나 있는 공식적 조직구조를 무시하고 실제적으로 조직 안에 존재하고 있는 직원들 간의 상호관계의 연계망을 인지하여야 하며 체계를 강하게 만들기 위해서 조직 구성원들은 과거의 전통적인 경계에 접근하고 체계 안에 다양한 방면에 있는 사람들과의 관계를 설정하여야 만 한다. 주도세력은 또한 조직의 기초적인 동질감에 굳건하게 연계되어 있어야 하고 새로운 정보에도 연계되어 있어야 한다. 결국 변하기 위해서 체계는 그 자신으로부터 자신에 대해서 더욱 많이 공부하여야 한다

(Wheatley, 1999). 그리고 살아있는 체계는 궁극적으로 그 체계가 유지하기 위해서 변한다는 것을 Wheatley는 강조하였다고 볼 수 있다.

지금까지 다양한 학자들의 견해를 통해서 조직의 변화를 이끄는 그리고 조직의 변화에 참여하기 위한 방법들에 대한 살펴보았다. Lewin은 변화는 변화를 위한 힘이 변화에 저항하는 힘보다 커야 발생할 수 있다고 강조하였으며 힘을 분석할 수 있는 역장분석방법을 제시하였다. Beer는 변화를 위한 힘을 구성하는 요인들을 불만, 비전, 과정 그리고 변화에 대한 저항 또는 비용으로 구분하여 살펴보았으며 변화공식을 제안하였다. Stacy는 혼돈이론의 개념을 사용하여 변화는 무질서에서 발생하고 창조성과 혁신은 체계가 안정으로부터 벗어날 수 있을 정도로 충분한 혼돈이 있을 때 발생한다고 주장하였다. Wheatley는 조직체계를 변화시키는 방법을 새로운 과학에서 찾았다. 그녀는 조직체계의 역동성을 강조하며 변화할 수 있는 조직의 능력을 강조하였다.

5. 점진적 이론

조직의 변화를 설명해 주는 점진적 이론은 조직의 변형이 단계적으로 서서히 그리고 조금씩 이루어진다는 것을 강조한다. Miller와 Friesen(1984)은 점진적 이론을 단기간의 반응이나 피드백을 강조하면서 한 번에 하나의 목적과 하나의 문제를 점차적으로 그리고 따로 떨어트려서 다루는 변화이론이라고 서술하였다. 따라서 조직변화에 대한 점진적 이론은 조직하부체계나 단위들의 상대적인 독립성을 강조한다고 할 수 있다. 결국 하부체계나 단위가 반복적으로 그들의 목적이나 환경에 대한 관계를 변경하면서 전체 조직이 변화 또는 변형된다는 것을 강조한다. 점진적 이론의 중심개념을 계승한 대표적 이론으로 최근에 제기된 이론이 땜방이론이라고 할 수 있다.

6. 땜방이론

조직의 변화를 설명해 주는 땜방이론(patching theory)은 일반적으로 규모가 작고 자주 일어나는 변화를 의미한다. 따라서 혁명적 급진적 변화라기보다 진화적인 변화(evolutionary change)라고 할 수 있다. 이런 점에서 땜방이론은 조직변화에 대한 점진적 이론에 기초해서 발전한 이론이라고 할 수 있다. 땜방이론은 다음과 같은 원칙 하에 있다고 하는데 첫 번째로 땜방은 빠르게 이루어져야 하고 두 번째로 땜방을 먼저 하고 그리고 문제가 후에 해결되는 것을 강조한다는 점이다. 그리고 세 번째로 다양한 선택대안들을 개발하고 정확하게 선택하는 것을 강조한다. 따라서 땜방이론에 따르면 땜방은 계속적인 과정이 된다.

다음의 표는 땜방이론의 특징 또는 속성을 변화와 관련지어 나타낸 것이다.

〈표 6-5〉 땜방이론의 속성

변화의 역할	변화는 사전 행동하는 무기이다
변화의 규모	변화는 대체적으로 소규모이며 적당한 크기이다
변화의 빈도	변화는 계속적인 과정이다
변화의 형식	변화과정은 일상적이고 표준적인 움직임을 동반한다.

일반기업조직측면에서 땜방은 변화하는 시장기회에 적합하게 조직을 재배치하는 전략적 과정이며 땜방은 덧붙이고 쪼개고 이전하고 퇴진시키고 합치는 일련의 행동들을 취한다고 한다(Eisenhardt and Brown, 1999). 결국 땜방은 작은 규모의 변화들이 조직구조 안에서 덧붙이고 쪼개고 이전하고 퇴진시키고 합치는 유형을 취하게 된다고 할 수 있다. 이러한 유형의 움직임들은 자주 반복해서 일어나게 되고 결국 변화를 실행하는 실천가들은 이러한 움직임들이 땜방과정을 지원하는 일상적인 것으로 간주된다.

땜방은 새로운 기술의 계속적인 발전, client들의 기호의 변화, 서비스와 상품의 발전 등의 급변하는 환경에 가장 적합한 조직변화이론이라고 Eisenhardt와 Brown(1999)은 강조하였다.

7. 중단된 균형이론

중단된 균형이론(punctuated equilibrium theory)은 변화를 설명하는 기초이론 중 혁명적 변화이론에 영향을 받은 조직변화이론으로 일정기간의 안정 상태 이후에 갑작스러운 변화(또는 중단된 변화)가 오고 이어서 다시 균형이 온다는 것을 강조한다(Burke, 2002). 중단된 균형이론은 조직이 상대적으로 짧은 폭발적 변화(즉, 혁명적 기간)에 의해서 유발되고 강조되는 행동들에 기반하여 상대적으로 긴 기간의 안정(즉, 균형기간)을 통해서 발전하는 것으로 바라본다(Romanelli and Tushman, 1994). 다시 말해 급격한 변화들이 일어나고 이러한 급격한 변화들이 조직을 상대적으로 긴 안정으로 가지고 가는 기초적 행동유형을 제공한다는 것을 의미한다. 즉, 혁명적 기간은 근본적으로 확립되어 있는 행동유형들을 파괴시키고 새로운 균형기간을 위한 기초를 주입하게 되고 이러한 기초들이 조직을 안정으로 이끈다는 것을 의미한다. 중단된 균형이론의 지지자들은 조직의 행동이라는 것은 결국 안정이나 또는 균형을 이끌게 된다는 것을 강조한다. 따라서 아무리 폭발적인 변화 또는 혁명적 변화들이 일어난다고 해도 그러한 변화행동들을 결국 조직을 안정 또는 균형으로 이끌게 된다는 것을 의미한다.

중단된 균형이론은 조직 안에 있는 하부체계 또는 단위들의 상호의존을 강조한다. 이 이론에 따르면 조직은 조직이 계속적으로 운영될 수 있도록 조직을 법적으로 규범적으로 한정하는 조직문화, 규범, 이념 자금제공자, 소비자 등의 상호의존관계망을 발전시킨다. 결국, 상호의존의 결과는 관련 있는 조직의 하부체계나 단위에 대해 적응하도록 하는 것이 아니라 하위체계에 있는 직원들이 소명감과 관계의 복잡한 망을 유지하도록 해서 변화에 저항하도록 하는 것이라고 할 수 있다. 변화에 대한 저항은 강조된 변형이론에서 결정적인데 이는 조직이 변형을 성취할 수 있는 중요한 수단으로서 변화에 대한 저항이 혁명적 변형을 지지하는 주요조건을 만들기 때문이다. 변화에 대한 저항은 결국 조직에서 일어나는 작은 변화들도 일어나지 못하도록 하여 조직을 무기력으로 빠트리게 하는데 결정적으로 중요한 요인으로 작동하고 결국 조직을 급진적이고 불연속적인 변화가 일어나도록 한다.

중단된 균형이론에 따르면 조직행동의 급진적이고 불연속적인 변화는 조직에 만연한 강력한 무력증을 격파하기에 필요하다고 한다. 따라서 중단된 균형이론의 일차적인 가정은 근본적인 조직적 변형의 유형은 급진적 변화, 간결한 변화 그리고 광범한 변화 중에 하나라는 것이다(Romanelli and Tushman, 1994). 이는 점진적이고 평화로운 변형을 강조하는 점진주의적 변형모델과는 상반된 견해를 나타내는 것이라고 할 수 있다(Gummer, 1995). 결국 중단된 균형이론은 조직이 항상 무기력증에 빠질 수 있고 이 무기력증을 깨트릴 수 있는 조직적 변화행동은 급격한, 급진적, 불연속적 변화행동일 수밖에 없음을 강조한다고 할 수 있다. 이러한 조직의 무기력을 깨트릴 수 있는 힘 또는 행동들은 조직의 전략이나 체계 그리고 구조를 변경하는 행동들을 포함한다.

따라서 Gummer(1995)는 Romanelli와 Tushman(1994)가 강조했던 중단된 균형이론(punctuated equilibrium theory)을 조직의 재창안(reinventing), 재구조화(restructuring) 그리고 폭발이론(big bang theory)이라고 생각했던 것이다.

제 5 절 변화의 유형

앞에서 살펴본 계획된 변화와 계획되지 않은 변화 이외에도 조직변화의 유형은 매우 다양하다고 할 수 있다. 변형적 또는 점진적으로 일어나는 변화에서부터 혁명적 또는 급격하게 일어나는 변화에 이르기까지 다양한 유형의 변화가 있다. Proehl(2001)은 변화의 유형으로 점진적인 변화, 불연속적인 변화, 발전적 변화, 과도적 변화, 변형적 변화를 그리고 Salipante와 Golden-Biddle(1995)는 근본적인 변화, 중요한 변화, 적절한 변화 그리고 작은 변화로 유형화하여 설명해 주고 있다. 또한 Weick과 Quinn(1999)는 조직변화유형을 일시적인 변화와 지속적인 변화로 유형화하여 설명하였다. 이들 변화유형들을 살펴보기로 한다.

1. 점진적인 변화

점진적인 변화(incremental change)는 작은 변화들이 계속해서 나타나는 변화유형을 의미한다. 점진적인 변화는 상대적으로 작은 증진이나 개선으로 조직 운영을 개선하고 그리고 상대적으로 개선이나 증진이 한 곳으로 집중되는 것을 포함한다고 한다. 사회복지조직에 있어 점진적인 변화는 검사나 사정 또는 평가과정을 수정하고 대상자 자격유형을 단순히 하고 직원훈련프로그램을 수정하는 등의 일들을 포함한다고 한다. 특히 점진적인 변화는 조직이기 균형상태에 있는 동안에 주로 일어난다고 한다. 균형상태에서 효과적인 조직은 어떻게 기능을 개선할 것인지에 대한 방식을 확인할 수 있다고 한다(Nadler and Tushman, 1995). 다음은 점진적인 변화를 나타내주는 그림이다.

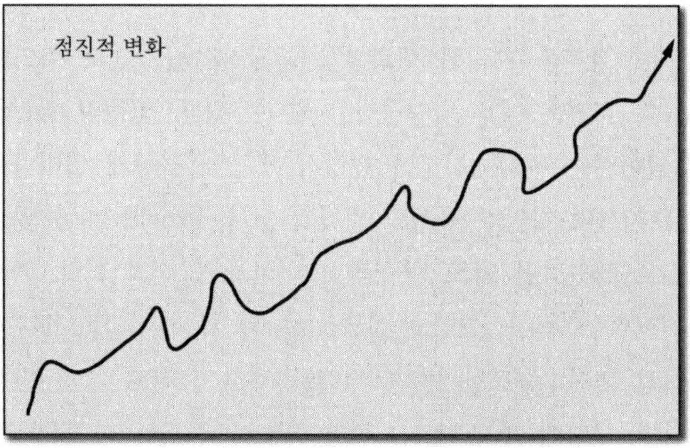

자료: Nadler와 Tushman(1995). p. 23에서 재인용

〈그림 6-5〉 점진적인 변화

2. 불연속적인 변화

조직이 불균형 상태에 있는 동안에 전략이나 조직구조, 과정 그리고 사람 등의 큰 조직적 변화가 일어나는 변화를 불연속적인 변화(discontinuous change)라고 한다. 불균형 상태는 급격하게 변화하는 환경으로부터의 요구가 근본적인 조직 변화를 요구하는 상태를 의미한다. 이러한 요구들은 조직이 새로운 전략과 구조를 가지고 전반적인 새로운 작업패턴을 건설하는 것을 필요로 한다. 사회복지조직에서 불연속적인 변화는 기존의 서비스전달과정을 완전하게 혁신하는 것 그리고 개선된 소비자서비스를 보장하기 위해 기관의 노동력을 다시 조직화하는 것 등을 포함한다. 불연속적인 변화는 또한 과거로부터의 단절을 의미하며 그리고 직원 고용과 훈련, 다른 조직과의 계약, 팀-중심구조로의 재 조직화, 성공을 측정하는 측정도구의 새로운 조정, 자동화된 자료저장시스템의 개발 등을 포함하는 조직의 여러 면에서의 중대한 재건축을 나타낸다고 한다. 따라서 불연속적 변화는 점진적 변화보다 훨씬 고통스럽고, 상처가 많이 생길 수 있다고 한다(Nadler and Tushman, 1995). 다음은 불연속적인 변화를 나타내주는 그림이다.

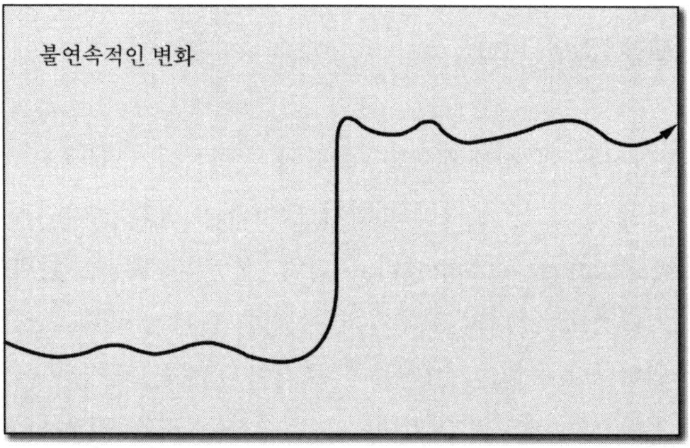

자료: Nadler와 Tushman(1995). p. 23에서 재인용

〈그림 6-6〉 불연속적인 변화

조직이 변화에 반응하는 방식도 크게 두 가지 유형으로 나눌 수 있다고 하는데 첫 번째 방식은 조직이 환경 안에서 변화에 빠르게 응답하게끔 강요받는 경우이며 이러한 경우를 **반응이 빠른 변화**(reactive change)라고 하며 두 번째 방식은 분명하고 제시된 환경의 요구 없이 조직이 후에 일어날 것 같은 변화에 대한 기대를 가지고 반응하는 경우로서 **기대변화**(anticipatory change)라고 불린다(Proehl, 2001). 따라서 변화의 크기 또는 대소와 관련져서 변화에 대한 반응을 적용하여 변화유형을 표로 나타내면 다음과 같다.

〈표 6-6〉 변화의 유형

	점진적 변화	불연속적 변화
기대변화	변화의 목적은 환경이 요구하지 전에 효율성 또는 효과성을 개선시키는 것이다.	변화의 목적은 기본적으로 환경이 요구하기 전에 조직을 명백하게 규정짓는 것이다.
반응이 빠른 변화	조직은 효율성과 효과성의 영역 안에서 변화의 필요성에 직면하게 된다.	조직은 급진적 변화를 필요로 하는 위기에 직면한다.

자료: Nadler and Tushman, 1995에서 재인용

3. 발전적 변화

Costello(1994)는 변화에는 세 개의 수준이 있다고 하면서 변화를 유형화하였다. 그녀는 변화의 유형을 발전적 변화(developmental change), 과도적 변화(transitional change) 그리고 변형적 변화(transformative change)로 구분하였다.

발전적 변화는 점진적 변화와 비슷하다고 볼 수 있다. 발전적 변화는 조직의 기준에 미달하는 기술, 방법, 과정을 개선시키는 것을 포함한다고 한다. 이러한 개선은 질을 개선하고 양을 증진시키는 것을 포함하며 현재의 운영상태에 대한 논리적인 수정이라고 할 수 있다. 발전적 변화는 직원들에게는 최소한의 위협을 가져다주며 관리하기가 가장 손쉬운 특징을 지닌다. 직원들은 변화를 현재의 운영에 대한 향상으로 바라보기 때문에 종종 발전적 변화에 호의적인 반응을 나타낸다. 발전적 변화에서 수행하는 행동들로는 문제해결, 기술교육이나 훈련, 의사전달의 향상 또는 개선 그리고 체계나 과정의 개선 등을 포함한다.

4. 과도적 변화

과도적 변화(transitional change)는 결정이 현재 존재하는 것을 변화시키기 위해 이루어질 때 그리고 무언가 새로운 것을 수행하고자 할 때 발생한다고 한다. 새로운 상태를 성취하기 위해서 조직 구성원들은 그들의 낡은 운영방식을 버려야만 하며 낡은 것을 완전히 버리고 새로운 것이 완전히 자리 잡기까지는 과도적 기간으로 움직일 수밖에 없기 때문에 과도적 변화가 나타난다. Costello(1994)에 따르면 새로운 상태로써의 미래의 상태는 특별한 목적이나 마음의 한 구석에 의해서 의도적으로 선택된 것이라고 한다. 과도적 변화는 일반적으로 일정한 기간이상 발생하고 모든 조직구성원들에게 인내와 시간을 필요로 한다고 한다. 과도적 변화는 재 조직화, 조직간의 제휴, 새로운 기술체계의 도입, 새로운 프로그램의 시행 등을 포함한다. 때때로 과도적 변화는 두 개의 구조에 의해서 인도되는 경우가 있다고 하는데 그러한 경우 하나의 구조는 현재의 조직운영을 두루 살피는 구조이고 다른 하나의 구조는 새로운 상태로의 발전을 추진하는 구조로 이루어진다고 한다. 과도적 변화는 조직구성원들이 새로운 기술, 태도를 발전시켜야 하고 새로운 작업관계와 구조에 적응하여야 하기 때문에 발전적 변화보다는 충격적일 수 있다.

5. 변형적 변화

변형적 변화(transformative change)는 불연속 변화와 비슷하다고 볼 수 있으며 변화의 가장 극적인 유형이다. 변형적 변화는 조직의 비전이나 전략 그리고 구조에서의 중대한 변화나 이동을 필요로 하는 진화적 상태(evolutionary state)의 수행을 포함한다. 일반적으로 조직을 위해 무엇이 가능한지 또는 무엇이 필요한지에 관한 인식과 신념에 기초한 변화에 의해서 자극된 완전히 새로운 상태가 부상한다. 과도적 변화와는 달리 변형적 변화에서는 새로운 상태를 위해 계획하고 분석하는 것은 가능하지 않으며 오히려 새로운 상태가 완전히 모양을 갖추기 전까지는 어떤 상태가 나타날지 알려지지 않는다. 따라서 조직성원들에게 있어 변형적 변화가 일어나는 경우 극도의 근심이 일어나게 된다.

변형적 변화는 필요성에 의해 나타난다고 한다. 인생 주기적 관점에서 조직을 바라본다면 조직은 새로운 사고나 또는 외부환경에 서비스를 제공하기 위한 필요성에 의해서 태어나고 성장하며 성숙해지는 단계를 거쳐 생산성이 떨어지고, 문제점들이 나타나며, 성장이 지체되고 새로운 변화나 나타나야 하는 것을 깨닫는 단계에 도달하게 되며 결국 이러한 단계에 도달하게 되면 필요성에 의해서 변형적 변화가 나타나게 된다고 한다(Ackerman, 1985). 다음의 표는 발전적 변화, 과도적 변화 그리고 변형적 변화의 정의와 특성 그리고 예들을 정리한 것이다.

〈표 6-7〉 변화의 유형과 특성

	발전적 변화	과도적 변화	변형적 변화
정의	현재 존재하는 것에 대한 점진적인 개선을 추구	현재의 운영방식을 깨트리는 그리고 새로운 방식을 도입하는 새로운 상태의 수행	조직 전략과 비전 같은 중대한 변화를 필요로 하는 진화적인 새로운 상태가 수행된다.
변화의 예	·팀을 건설 ·질 개선 ·훈련	·새로운 서비스 ·재 조직화 ·새로운 절차의 도입	·중대한 재구조화 노력 ·복지체제개혁 ·연합투자 ·민영화
특성	·최소한의 위협 ·관리하기 용이	·다소간 위협적임 ·일정기간 이상 지속 ·일반적으로 구체적인 목적이 설정된다.	·대체적으로 위협적임 ·심오하고 충격적임 ·통제하기 어려움 ·미래가 불확실함

자료: Costello, 1994에서 재인용

6. 근본적인 변화

근본적인 변화(fundamental change)는 조직의 임무(mission)와 정체성의 변화를 유도한다. 근본적인 변화는 조직의 존재이유에 대한 질문에서 다루어지는 변화이기 때문에 이 유형의 변화는 조직의 신념, 실천 그리고 제도적 배열에서의 중대한 변형을 야기한다. 일반적으로 근본적인 변화는 조직의 존재이유에 대한 도전을 의미하기 때문에 매우 드물게 나타난다고 한다.

7. 중요한 변화

중요한 변화(significant change)는 조직의 정체성을 흔드는 정도의 변화는 아니지만 조직환경의 높은 변화를 주도하는 변화를 의미한다. 즉, 조직의 핵심기술의 변화나 성취할 목적이나 임무의 변화를 의미한다. Salipante와 Golden-Biddle(1995)에 따르면 이 변화는 조직의 깊은 구조에 대한 변형을 필요로 하는 변화가 아니기 때문에 조직을 둘러싼 외부적 환경의 변화에 대한 대응으로 많은 사회복지조직들이 현재 이러한 중요한 변화에 직면해 있다고 한다.

8. 적절한 변화

적절한 변화(moderate change)는 조직환경의 변화보다는 조직정체성에 대한 변화를 강조한다. 즉, 조직의 가치나 조직에 대한 일반 대중들의 관점에 영향을 미치는 조직의 상(image)을 변화시킨다. 적절한 변화는 사회적 가치를 변화시키는 그리고 상이한 관점을 가지고 있는 잠재적 client를 포섭하기 위한 행동이나 계획 등을 포함한다. 일반적으로 적절한 변화는 종교적 색채를 담고 있는 조직들의 변화에서 많이 관찰되어진다.

9. 작은 변화

작은 변화는 조직환경의 수정도 낮고 조직정체성을 흔드는 수정도 낮은 변화를 의미한다. 즉, 작은 변화는 조직운영에 영향을 미치는 변화나 직원들이 현재의 조직 상황에 대한 문제를 지적하는 변화 등을 포함한다. 근본적인 변화, 적별한 변화, 중요한 변화 그리고 작은 변화의 유형을 조직정체성의 변경과 환경적 변화와 연관하여 나타내면 아래와 같다.

		환경적 변화	
		높음	낮음
조직정체성의 변경	높음	근본적인 변화	적절한 변화
	낮음	주요한 변화	작은 변화

자료: Salipante와 Golden-Biddle(1995). p. 12 〈그림-1〉 재인용

〈그림 6-7〉 조직정체성의 변경과 환경적 변화에 따른 조직변화의 유형

10. 일시적 조직변화와 지속적 조직변화

Weick과 Quinn(1999)는 조직변화유형을 일시적인 변화와 지속적인 변화로 유형화하였는데 그들의 조직변화구분은 아래와 같다.

• **일시적인 변화**(episodic change): 일시적인 변화는 불연속적인, 변형적인 그리고 혁명적인 변화를 의미한다. 일시적인 변화는 조직이 균형상태로부터 움직이는 일탈기간 동안에 발생하며 일탈은 환경의 요구와 관성화되어 있는 조직구조 사이에서 증가하는 조정실패의 결과이다. 특히 일시적인 변화는 기술변화와 같은 조직외적 변화나 주요 인물의 재배치와 같은 조직내적 변화에 의해서 촉진되어 발생한다.

• **지속적인 변화**(continuous change): 지속적인 변화는 연속적인 개선, 거래적, 누적적(cumulative) 그리고 진화적 변화를 의미한다. 지속적인 변화의 전제는 조그만 지속적인 조정이 누적되어 조직의 기본적 변화를 이끌 수 있다는 가정이다.

Weick과 Quinn(1999)의 이론을 종합해 보면 일시적 변화는 개방체계이론에서 주로 언급되는 혼동과 같은 무력증(또는 관성이나 타성)과 외부환경변화에 적절히 대응하지 못하는 조직의 무능력의 결과로서 발생하며, 지속적인 변화는 안정을 유지하지 못하는 조직의 무능력과 조심성에 의해서 발생한다(Burke, 2002).

결국, 조직변화는 크게 보면 계획된 조직변화와 계획되지 않은 조직변화로 나누어질 수 있으며 계획된 조직변화에는 연속적, 거래적(또는 발전적) 조직변화와 진화적 조직변화가 포함되고 계획되지 않은 조직변화는 불연속적, 변형적 조직변화와 혁명적 조직변화로 나누어질 수 있다. 특히 불연속적인 변형적 조직변화는 조직의 미션, 목적 전략 그리고 조직문화 등의 변화를 의미하여 규모가 큰 변화를 나타내고 계획된 거래적 조직변화는 조직구조의 변화를 의미하는데 보상체계, 기술, 작업환경, 관리방법 등의 작은 규모의 변화를 나타낸다. 따라서 조직 내에서 이루어지는 매일 매일의 활동이나 거래 그리고 서비스나 상품에 집중되어 있는 변화는 대부분 지속적인 변화에 포함된다. 조직변화의 유형을 종합하여 표로 나타내면 아래와 같다.

하지만 위와 같은 조직변화유형에 대한 분류는 조직변화가 계획되지 않고 변형적으로 발생한다고 반드시 조직변화의 내용이 조직비전이나 목적 등의 변경을 수반하지 않을 수 있음을 고려하지 않는 유연성이 결여된 분류라고 할 수 있다. 조직변화가 계획되어 일어난다고 해도 조직목적에 일치하지 않는 조직활동에 대한 전반적인 수정을 필요로 하는 조직변화가 가능하다는 점에서 조직변화의 내용은 변화유형과 연관이 있을 수도 있고 그렇지 않을 수도 있다. 위와 같은 조직발전을 이끄는 조직변화유형과 내용 등에 대한 연구는 조직변화이론의 접목과 이론에 근거한 조직변화모델의 등장으로 더욱 발전하게 된다.

〈표 6-8〉 조직변화의 유형과 조직변화의 내용 종합

변화유형	계획된 변화 거래적 변화 진화적 변화 연속적인 변화 지속적인 변화 발전적 변화	계획되지 않은 변화 변형적 변화 혁명적 변화 불연속적인 변화 일시적인 변화
변화내용	보상체계, 기술, 작업환경, 관리방법 등의 변화	조직의 목적, 비전, 전략, 조직문화 등의 변경
변화의 크기	규모가 작은 변화	규모가 큰 근본적인 변화

11. 변화노력의 강도와 복잡성

변화노력의 강도(intensity)와 복잡성(complexity)은 어떻게 직원들이 변화에 응답하는가? 뿐만 아니라 어떻게 지도자들이 변화를 관리하는가?에도 영향을 미친다고 한다(Proehl, 2001). 즉, 변화의 각각의 유형이 상이한 종류의 변화에 대한 관리를 필요로 한다는 것을 의미한다고 볼 수 있다. 변화의 복잡성과 강도가 낮다고 한다면 변화는 기존 체계의 정상적인 관리과정이나 책임성의 과정을 통해서도 관리가 될 수 있음을 의미한다고 볼 수 있으며 변화가 더욱 복잡하다고 한다면 위임을 통한 관리와 변화를 촉진시키기 위해서 특별한 구조나 역할이 필요하다는 것을 나타낸다. 복잡성과 강도가 둘 다 증가하면 변화에 대한 관리는 최상위 관리층의 일차적인 과업이 된다. 따라서 복잡성과 강도가 변화에 있어서 조직의 대응에 영향을 미친다고 할 수 있다. 다음의 그림은 변화의 복잡성과 변화가 관리되는 방법과의 사이의 관계를 나타내준다.

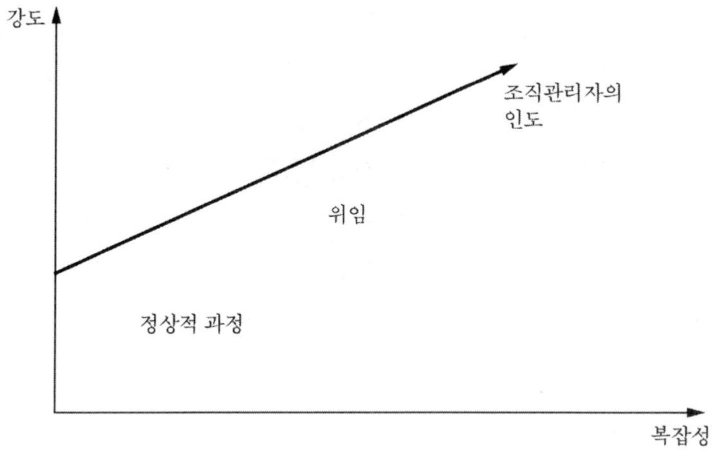

자료: Nadler and Tushman, 1995에서 재인용

〈그림 6-8〉 복잡성과 변화관리의 관계

제 6 절 변화의 본질과 조직의 저항

조직변화를 시작하고 실행하는 것은 단순한 과정이 아니며 또한 무엇을 어떻게 하여야 하는지를 명확히 알 수 있는 분명한 과정이 아니기 때문에 조직변화를 행동으로 옮기기 위해서 조직변화에 대항하는 또는 저항하는 가능한 딜레마나 상황에 내재해 있는 제한들을 이해하는 것이 중요하다. Perlmutter와 Grummer(1995)에 따르면 조직변화에 저항하는 가능한 딜레마 중에서 가장 중요한

딜레마는 현실을 있는 그대로 유지하려는 현상유지이며 이것이 조직의 무기력증을 만들어 낸다고 강조하였다. 따라서 조직의 무기력증이 조직변화를 방해하는 가장 주요한 딜레마라는 것을 알 수 있다. 결국 이러한 딜레마를 이해하는 것이 성공적인 변화를 위한 전제조건이 된다. Proehl(2001)은 조직변화가 저항에 직면하는지를 이해하기 위해서 조직무기력증, Sigmoid커브 그리고 패러다임 무기력증을 이해하여야 한다고 강조하였다. 따라서 조직무기력증, Sigmoid커브 그리고 패러다임 무기력증을 이해하는 것이 변화의 본질을 이해할 수 있도록 돕는 역할을 담당한다고 할 수 있다. 이번 절에서는 조직변화에 왜 사람들이 저항하는가를 이해할 수 있는 저항요소들과 조직무기력증, Sigmoid커브 그리고 패러다임 무기력증에 대해서 살펴보기로 한다.

1. 조직변화에 저항하는 이유

조직에서 일하고 있는 조직구성원들이 조직의 변화에 반대하는 이유 중 가장 확실하며 중요한 이유는 변화주도세력에 의해서 제안된 변화가 불확실하고 애매모호한 기후를 만들며 이로 인해 작업환경의 계속성이 깨지기 때문이라고 할 수 있다(Dawson, 2003). 이러한 이유로 직원들은 현상을 유지하는 것을 추구하고 변화에 저항하게 된다. 일반적으로 변화에 대한 저항은 아래의 이유들 중에서 한 가지의 이유에 의해서 일어나기도 하고 다양한 이유들이 복합적으로 작용하여 나타나기도 하는데 그 이유들은 다음과 같이 정리될 수 있다(Dawson, 2003).

첫째, 직무에 있어서의 실재적인 변화(예를 들어 기술요건의 변화로 인해)

둘째, 경제적 안정의 감소 또는 직업이동(예를 들어 고용에 대한 위협으로 인해)

셋째, 심리적 위협

넷째, 사회적 배열의 파괴(예를 들어 새로운 직무배열로 인해)

다섯째, 낮아지는 지위(예를 들어 변화된 권위관계에 의해)

특정 기능을 수행하기 위해 필요한 기술이나 직무성격에 있어서의 실재적인 변화는 특히 고용인들이 실행되는 변화에 대해 사전에 아무런 정보나 통보를 받지 아니한 경우에 불신과 저항을 일으킨다. 신뢰의 부족이나 오해 그리고 편협한 자기이익 등은 Bedeian(1984)이 지적한 바와 같이 조직적 변화에 저항하는 공통적인 요소들이라고 할 수 있다. Eccles(1994)는 좀더 구체적으로 변화에 저항하는 이유들을 제시하였는데 그것들은 다음과 같다.

- 발생된 문제를 이해하는데 실패하였기 때문에 변화에 저항한다.
- 다른 대안이 더 좋다고 생각해서 제시된 해결책을 거부하는 경우
- 제시된 해결책이 작동하지 않을 것이라는 막연한 감정
- 변화가 수용할 수 없는 인력비용을 내포하는 경우
- 보상이 충분치 않은 경우
- 새로운 상황에 적절히 대처할 수 없다는 두려움
- 변화가 기존의 사회적 배열을 모두 파괴할 것이라는 위협적 사고

- 변화의 과정에서 영향력과 통제를 위한 자원이 소멸될 것이라는 생각
- 새로운 가치와 행동에 대한 반발
- 변화를 위한 의지가 낮음
- 변화의 동기가 의심스럽다고 생각되는 경우
- 변화를 위한 제안보다 다른 관심이 더욱 가치 있는 것으로 생각되는 경우
- 변화가 힘이나 경력을 위한 기회를 감소시키는 경우

이러한 변화에 대항하게 되는 저항요인들을 극복하고 성공적인 변화를 실현하기 위해서 변화주도세력들은 다양한 전략들을 사용하게 되는데 가장 일반적으로 많이 지적되는 저항을 극복할 수 있는 전략은 참여, 의사소통, 그리고 지지를 한 축으로 하며 또 다른 축으로 협상, 조정, 강제 등을 적절하게 사용하는 것이라고 할 수 있다(Dawson, 2003).

2. 조직의 무기력증

Tushman과 O'Reilly(1996)은 변화의 본질을 살펴보는데 있어 조직의 인생 주기적 관점을 사용하였다. 인생 주기적 관점에서 본다면 조직의 성공과 실패에는 일정한 하나의 유형이 존재한다고 한다. 즉, 성공이 실패를 이끈다고 한다. 인생과 마찬가지로 조직은 태어나서 성장하며 반드시 죽게(실패) 된다는 것을 의미한다.

조직에 있어 성공은 일반적으로 조직이 더 커지고 연륜이 깊어간다는 것을 의미하며 조직이 성장하면 증가된 업무의 복잡성을

다루기 위한 구조와 체계가 동시에 발전한다는 것을 의미한다. 구조와 체계가 발전하면 구조와 체계는 상호관련이 있기 때문에 제안된 조직의 변화는 더욱 어려워지고 더욱 많은 비용을 필요로 하며 실행하는데 있어 더욱 많은 시간을 필요로 하게 된다. 이렇게 되면 피할 수 없는 결과로서 조직의 무력증이 나타나게 된다. **조직의 무기력증**은 조직의 구조, 체계, 절차, 그리고 과정에서의 상호의존, 복잡성, 그리고 크기에 기초한 변화에 대한 저항이라고 할 수 있다(Proehl, 2001). 따라서 성장과 확대를 이끌었던 조직의 성공이 변화에 대한 저항의 기초가 된다.

Proehl(2001)에 따르면 더욱 파괴적이고 널리 퍼져나갈 수 있는 현상이 **문화적 무기력증**이라고 한다. 문화적 무기력증은 변화에 저항하는 조직문화라고 할 수 있다. 다시 말해 변화를 지지하지 않는 조직성원들의 가치나 규범을 의미한다. 조직은 독특한 그 나름대로의 조직문화(규범이나 가치 그리고 사회적 관계 등과 같은)를 발전시키며 그 문화는 새로운 직원들의 세대에서 세대로 전이된다. 조직이 더욱 성공적이 되기 위해서는 이러한 규범이나 가치 등의 문화가 더욱 제도화되어야 한다고 한다. 그러나 조직 문화가 더욱 제도화되면 될수록 문화적 무기력증도 함께 증대된다고 한다. 문화적 무기력증은 조직의 보수화, 조직적 저항, 그리고 조직 스스로의 자기만족을 유발시킨다고 한다. 안정된 환경에서 조직의 문화는 조직적 성공에 있어 결정적으로 중요한 요소가 되지만 조직이 거대한 변화에 직면했을 때 성공을 길러냈던 문화는 빠르게 변화에 저항하는 방해물이 된다. 즉, 조직이 성공적이었을 때 조직은 자기만족, 보수화, 그리고 복잡화하게 되는 것을 의미하는 성공신드롬이 나타나기 때문이다.

3. Sigmoid 커브

Handy(1995)는 개인이나 조직이 변화에 어떻게 반응하는가를 설명하기 위해 **Sigmoid 커브**를 사용하였다. Handy(1995)에 따르면 조직이나 개인이 계속적으로 성장하는 이유는 하나의 Sigmoid 커브가 사라지기 전에 새로운 Sigmoid 커브가 시작하기 때문이라고 한다. 새로운 커브가 시작하는 시간과 장소는 여전히 새로운 커브를 지지할 자원과 시간 그리고 에너지가 있는 정점(그림에서 A점)이며 이 정점은 커브가 B점을 향해서 밑으로 떨어지기 바로 전 단계이다.

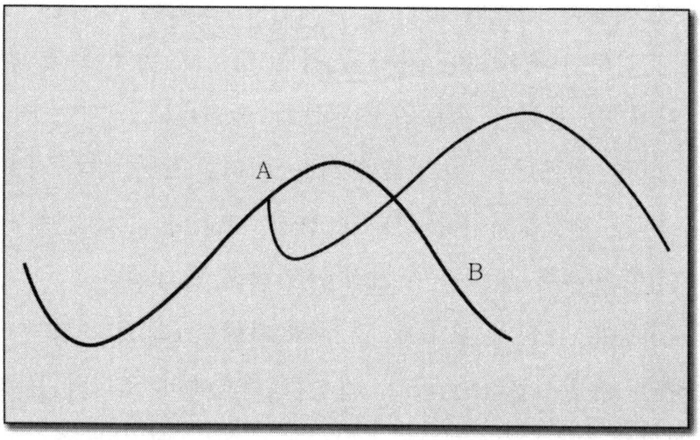

자료: Dawson(2002). p. 46 〈그림 4-3〉에서 재인용

〈그림 6-9〉 Sigmoid 커브

하지만 Handy의 Sigmoid 커브를 사용한 관점이 이론적으로 가능할지 몰라도 현실적으로 조직이 A점에 있을 때 조직구성원들은

모든 것이 잘되고 있고 이 성공적인 시기 동안에 변화를 해야 할 욕구를 느끼지 못할 가능성이 많기 때문에 현재의 균형상태를 깨트리는 변화를 두려워해서 위기가 올 때까지(즉, B점으로 떨어질 때까지) 기다리는 경우가 발생하게 된다. 하지만 이미 B점은 자원이 부족하고 에너지가 고갈되며 첫 번째 Sigmoid 커브의 지도자들이 신임을 받지 못하는 상태이기 때문에 A점에서 다시 성공적으로 변화를 수행할 기회를 잡지 못한다면 조직은 쇠퇴하게 된다. 결국 Handy는 두 번째 커브 도입의 중요성을 강조하였지만 그는 또한 두 번째 커브가 나타나기 위한 행동의 어려움을 인식하였던 것이다. Handy(1995)에 따르면 조직은 그들의 현 상태의 전략과 방법이 2년 또는 3년 동안 작동할 것이라고 생각해야 하며 이렇게 생각하기 위해서 오르막길이 있으면 내리막길이 있고 어떤 것도 영원하지 않을 것이라는 신념이 필요하다고 한다.

4. 패러다임의 마비(또는 무기력)

변화의 본질을 이해하기 위해서 Kuhn이 처음으로 소개하였던 패러다임이라는 단어를 이해해야 한다(Proehl, 2001). 패러다임이란 사람들이 세계를 바라보는 방식의 유형(pattern)이라고 한다. 또한 패러다임을 설명하기 위해 사용할 수 있는 단어들로는 이론, 모델, 신념체계, 또는 세계에 대한 관점 등이 있다고 한다. 패러다임은 우리의 업무, 관계, 그리고 우리 자신들을 포함하는 우리가 세계를 바라보는 방식에 영향을 끼치는 숨겨진 전제들을 나타내주기 때문에 중요하지만 또 다른 한편으로는 사람들의 시각이나 관점을 제한하는 역할을 하기도 한다. 이는 우리가 우리의 패러다임에 맞지 않는 정보를 받았을 경우 그 정보를 무시한다든지 또는 고의적으로 그 정보를 우리의 패러다임에 맞게끔 왜곡하게 되는 경우가 존재하기 때문이다.

패러다임의 마비는 패러다임을 조직에 적용하여 패러다임이 조직의 변화를 방해하는 역할을 담당한다는 것을 의미한다. 다시 말해 기존의 패러다임을 고수하려는 경향 때문에 새로운 패러다임의 변화를 인식하지 못하고 변화에 저항함으로써 또는 의부의 환경으로부터 오는 정보를 무시한다든지 또는 고의적으로 그 정보를 조직의 기존 패러다임에 맞게끔 왜곡하게 되는 경우가 존재하기 때문에 조직이 변화하지 못하게 되는 경우를 의미한다. Barker(1989)는 조직구성원들이 새로운 관점에 열려 있기 위해서는 먼저 그들의 패러다임을 인식하는 것이 중요하다고 강조한다. 또한 그에 따르면 대부분의 개인들이나 조직의 변화는 그들이 지배적인 패러다임에 의해 지배되지 않았기 때문에 가능했다고 한다.

결론적으로 왜 조직변화가 저항에 직면하는지를 이해하기 위해서 조직무기력증, Sigmoid커브 그리고 패러다임 무기력증을 이해하여야 한다는 것이 조직지도자들에게 있어 중요한 역할이라고 얘기할 수 있다.

제 7 장

조직변화에 대한 반응과 성공적 변화를 위한 전략과 전술

조직이라는 구조 안에서 변화를 성공적으로 수행하기 위해서 사람들이(또는 조직성원들이) 어떻게 변하는지 그리고 조직 안에 있는 체계(systems)들이 어떻게 변하는지에 대해서 반드시 이해를 하여야 한다(Proehl, 2001). 다시 말해 직면한 조직의 변화에 대해서 성원들이 어떻게 반응하는지 그리고 어떻게 체계변화가 이루어지는지에 대한 이해를 하여야 한다는 것을 의미한다. 성원들이나 또는 조직은 변화에 직면했을 때 다양한 방식으로 대응을 할 수 있으므로 조직의 변화에 개개 성원들의 반응과 조직의 반응이 어떻게 이루어지는지에 대해서 살펴보기로 한다.

제1절 조직변화에 있어 조직 성원들의 개인적 반응

1. 변화에 있어 개인들의 역할과 상실

조직 안에서의 사람들의 지위가 어떻게 그 사람들이 조직의 변화에 대응하는가를 결정짓는 중요한 요인이 될 수 있다고 한다(Scott and Jaffe, 1989). 예를 들어 **최상위관리자**들은 고용인들과 거리감이 있기 때문에 주어진 변화의 직접적 의미를 이해하는데 있어 어려움을 가질 수 있어 조직 안에서 이루어진 변화가 고용인들에 미친 영향력을 평가 절하하는 경우가 있으며 그들은 때때로 변화에 관한 소식을 주고받는 것을 스스로 회피하는 경향이 있다고 한다. 또한 최상위관리자들은 만약 고용인들이 변화에 저항하거나 불만을 나타내는 경우에 중간관리자를 비난하며 고용인들이 변화에 긍정적으로 반응하지 않을 경우 배신당했다고 생각할 수도 있다고 한다(Scott and Jaffe, 1989).

Huber와 Glick(1993)은 **최고관리자(top manager)**가 조직변화에 다음과 같은 네 가지 방식에서 중요한 영향력을 행사한다고 강조하였다. 여기서 최고관리자란 조직실무를 책임지는 사무총장이나 사무국장 또는 이사장 그리고 기관의 책임자 등을 의미한다.

첫째, 최고관리자의 신념시스템(belief system)이 조직변화에 영향을 미치는 중요한 요인이다. 신념시스템은 최고관리자들의 가치, 이데올로기, 그리고 원인과 결과의 관계에 대한 정신사고 등을 포함한다. 결국 최고관리자의 신념체계가 조직을 설립할 때 선호하는 조직전략, 구조 그리고 문화를 결정하기 때문에 이러한 신념체계가 결국 조직변화를 위한 근원이 된다고 할 수 있다. 예를 들어 새로 부임한 신임 최고관리자가 이전의 최고관리자와 신념체계가 다른 경우 새로 온 최고관리자는 조직을 자신의 신념체계에 따라 변화시킬 수 있게 된다. 따라서 최고관리자의 가치와 이데올로기 그리고 인과관계에 대한 사고에 따라서 조직변화는 일어날 수 있게 된다.

둘째, 최고관리자는 변화의 억제자(inhibitor)로 역할을 할 수 있다는 점이다. 예를 들어 최고관리자가 변화가 필요한 때를 인지하지 못한다든지 또는 필요한 변화를 실행할 만큼 경쟁력이 있지 않다고 한다면 이러한 경우에 최고경영자는 변화에 대항하는 역할을 하게 된다.

셋째, 최고관리자는 조직환경의 해석가(interpreter)로서 조직에 영향력을 행사할 수 있다는 점이다. 최고관리자들은 환경으로부터의 자극이 조직에게 문제인지 기회인지를 구별할 수 있고 이러한 구별이 조직행동에 영향을 미치기 때문에 결국 최고관리자는 환경의 영향을 해석하는 해석가로서 조직을 둘러싸고 있는 환경의 영향력을 중개하는 역할을 수행하게 된다.

넷째, 최고관리자들은 조직환경의 조정자로서 조직에 영향력을 행사한다는 점이다. 최고관라자들은 조직환경을 그들 조직에 유리하게 만들기 위해서 로비하고 교육하고 광고한다. 따라서 조직환경에 영향력을 행사함으로써 최고관리자들은 환경자원의 흐름이나 환경의 요구에 영향을 미치게 된다.

결국 조직을 둘러싼 환경의 요구만큼이나 최고관리자들도 조직변화에 있어 중요한 역할을 수행한다고 할 수 있다. 다음의 그림은 최고관리자와 환경 그리고 조직의 관계를 나타내준다.

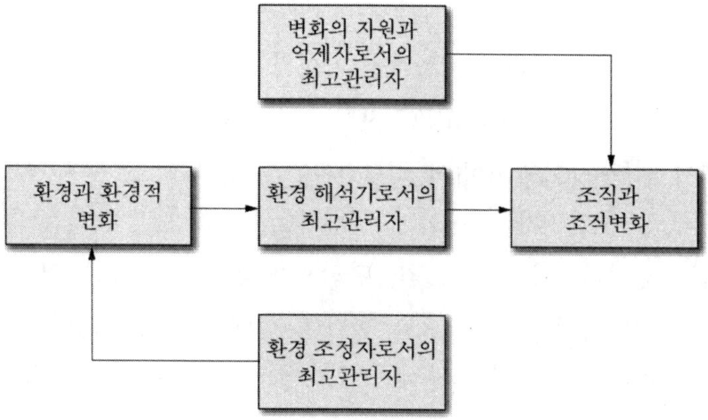

자료: Huber와 Glick(1993). p. 10 〈그림 1-2〉에서 재인용

〈그림 7-1〉 최고관리자와 환경 그리고 조직의 관계

중간관리자의 경우는 변화를 일으켜야 한다는 중압감을 느낄 수가 있으며 최상위관리자가 가지고 있는 정보를 완전히 공유하지 못하기 때문에 정보의 부족을 경험하고 뿐만 아니라 여러 일을 동시에 추진하는 데 있어 지도력의 기술도 부족할 수 있다고 한다. 그들은 또한 변화에 저항하거나 화가 난 직원들에게 괴롭힘을 당할 수도 있다고 한다(Scott and Jaffe, 1989). 반면에 일선 **하층 직원**들은 변화가 왜 필요한지를 이해하지 않고 배신이나 공격당했다고 느끼고 또한 많은 하층직원들은 변화에 대해 혼란, 분노, 실망, 저항을 나타낸다고 한다. 그리고 그들은 위험을 취하는 것과 새로운 방법을 시도하는 것을 두려워할 수 있으며 그리고 변화를 위한 이유를 알지 못할 수도 있다고 한다. Caemron과 Vanderwood(1997)에 따

르면 인간봉사조직에 있어서 감독자나 관리자들은 일선 직원들보다 변화를 수용하는데 있어 더 열정적이기 때문에 일선직원들의 관심과 지지를 이끌어내는 것은 이 조직들에 있는 변화주도세력들에게 있어 커다란 하나의 도전이 될 수 있다고 한다.

조직의 변화를 수행할 때 가장 일반적으로 극복해야 하는 과제로서 변화에 대한 저항을 파악하고 이해하는 것이라고 볼 수 있다. 변화에 대한 저항은 어떤 조직이라도 다 존재하는 현실이라고 볼 수 있는데 변화에 대한 저항을 개인적 차원에서 살펴본다면 지위의 상실에 대한 두려움 때문에 나타나는 저항, 소득의 상실에 대한 두려움이나 안락함이나 안정성에 대한 손실에 따른 두려움에 의해서 나타나는 저항으로 특징지을 수 있다(Dent and Goldberg, 1999). Dent와 Goldberg(1999)에 따르면 고용인들은 그들의 관점에서 가능하지 않을 것 같아 보이는 경영방침이나 생각들에 저항하는 경향이 있다고 한다. 또한 Scott와 Jaffe(1989)에 따르면 일반적으로 개개인들은 오래된 것의 상실을 슬퍼하고 새로운 것을 수용하는 것에 갈등이 있을 수 있다고 한다. 따라서 지도자들은 변화가 조직성원들에게 미치는 효과를 과소평가해서는 안될 것이며 조직변화의 효과를 이끄는 입장에서 결정적으로 중요한 문제가 될 수 있음을 인식해야 할 것이라고 생각된다. 만약 지도자들이 상실의 본질과 어떻게 그 문제를 다룰 것인지를 이해하지 못한다고 한다면 조직성원들을 새로운 방향으로 이끄는데 있어 어려움으로 작용하게 될 것이다.

변화가 진행될 때 갖게 되는 저항을 나타내는데 중심역할을 하게 되는 상실감은 다음의 몇 가지 경우로 분류할 수 있다.

- **안정의 상실**: 조직성원들은 조직에서 자신들이 어디에 서 있는지 또는 어떤 미래가 펼쳐질지 알 수 없음으로 인해 나타나는 안정에 대한 상실
- **경쟁력의 상실**: 조직성원들은 더 이상 그들이 무엇을 해야 할지를 알 수 없으며 새로운 과업과 책임에 직면했을 때 당황하게 됨으로 인해 나타나는 경쟁력의 상실
- **관계의 상실**: 오랜 동료들, 소비자, 그리고 관리자와의 가까운 관계가 사라지게 된다. 조직성원들은 또한 팀, 집단, 그리고 조직에 속해 있다는 소속감을 상실하게 된다.
- **방향의 상실**: 새로운 변화와 함께 성원들은 어디로 그들이 가고 있는지 그리고 왜 그곳에 가야 하는지에 대한 이해를 상실한다. 조직의 임무와 그들의 작업에 부과된 의미가 불명확하게 된다.
- **영역의 상실**: 성원들은 그들이 속해 있었던 영역의 상실을 종종 경험하게 된다. 이 상실은 작업공간이나 업무를 의미하기도 하고 심리적인 영역뿐만 아니라 물리적 영역을 포함하기도 한다(Scott and Jaffe, 1989).

2. 부정적 변화에 대한 감정적 반응

조직의 변화가 일어날 때 조직 성원들의 감정적 반응으로써 슬픔이 나타나는 경우가 있다고 한다. 특히 변화가 부정적으로 인식될 때 슬픔의 감정이 나타난다고 한다. 이 슬픔은 Proehl(2001)에 따르면 크게 네 단계를 거치면서 극복된다고 하는데 각각의 단계들을 살펴보면 다음과 같다.

① 충격과 부인

지도자가 바뀐다든지, 조직구조의 변화가 있다든지 또는 해고(layoff) 등의 변화가 공지되면 가장 첫 번째 나타나는 반응은 망연자실이고 그리고 발생된 변화를 믿지 않으려고 할 것이다. 이러한 현상은 변화를 수용할 준비가 될 때까지 개인적 방어기제가 작동하기 때문이다. 이 충격과 부인 단계동안에 조직구성원들은 다음과 같은 다양한 방식으로 행동하게 된다.

- 아무런 일도 일어나지 않은 듯 그리고 변화가 일어나지 않은 듯이 행동한다.
- 일어난 일에 관해 얘기하는 것을 거부한다.
- 최소의 열정과 관심을 가지고 평상적인 일을 수행한다.
- 변화가 다른 사람에게만 영향을 미칠 것이라고 얘기한다.
- 실수를 저지른다.
- 당황하게 되고 압도된다.

만약 지도자들이 조직구성원들의 감정적 반응을 어떻게 다룰 것인지를 알지 못한다면 또는 조직구성원들이 그들의 반응을 바로잡지 못한다면 충격과 부인 단계는 오랫동안 지속될 수 있다고 한다. 이 단계에서 대부분의 직원들은 문제를 해결할 그리고 창조적으로 생각하고 변화를 받아들일 준비가 되어 있지 않으며 최상의 대응은 주의를 기울이고 이해하는 것이라고 한다. 지도자들은 구성원들에게 변화에 관한 적절한 정보를 제공해주고 그들이 생각할 수 있는 시간을 갖도록 해야 한다. 또한 구성원들이 미래에 일어날 일을 예상하는 것이 가능하도록 하는 것이 중요하다고 한다. 이 단계가 계속 지속된다고 한다면 조직성원들은 과거만 생각하고 변화를 모색하지 않을 것이기 때문에 개개인들에 나쁜 영향을 주게 된다고 한다.

② 저항

저항단계에서는 조직 구성원들이 망연자실로부터 벗어나기 시작하고 발생된 변화를 인식하기 시작하든지 또는 부인하게 된다고 한다. 구성원들은 자기 자신을 의심하는 것을 경험하게 되고 분노, 실망, 우울, 공포, 변화에 관한 불확실성을 또한 경험하게 된다고 한다. 이 단계에서 조직구성원들은 다음과 같은 방식들을 행동하게 된다.

- 보통보다 더 자주 자리를 비운다.
- 분노를 나타낸다.
- 왜 일들이 작동하지 않는가에 대해서 얘기한다.
- 단지 부정적인 면만을 표현하고 바라본다.
- 적게 대화하고 다른 사람들과 적게 접촉한다.
- 얘기하는 것에 과도한 시간을 보낸다.
- 수행능력이 떨어지게 된다.

저항단계동안에 생산성을 크게 떨어지게 되며 그리고 직원들은 화가 나게 되고 부정적이 된다고 한다. 광범위한 변화인 경우 사고, 병 그리고 결석 등이 빈번하게 일어난다. 이 저항단계는 지도자들이나 직원들에게 있어서 어려운 단계이며 지지하고 들어주는 행동들이 중요하다고 한다. 만약 위와 같은 저항의 감정들이 표현되는 경우 조직구성원들은 일들이 더욱 개선될 것이라고 생각하면서 변화에 적응하려고 노력한다고 한다. 만약 구성원들이 일에 관심을 나타내게 되면 이것은 두 번째 단계가 지나가고 있음을 나타내 주는 신호라고 한다.

③ 탐색

탐색단계 동안에 조직구성원들은 그들의 주의력을 조직의 외부 환경이나 미래에 초점을 맞추기 시작한다. 조직의 분위기는 변화로 인해 혼란스럽지만 구성원들은 새로운 책임감을 익히고 그들의 미래에 대해 좀더 알기 위해 노력하며 변화극복을 위한 새로운 방법들을 모색하게 된다고 한다. 이 기간 동안에 다음과 같은 행동들이 나타난다고 한다.

- 에너지가 상승한다.
- 할 수 있다는 태도가 생겨난다.
- 개개구성원들은 왜(변화이유)보다는 어떻게(변화방법)에 대한 질문을 하게 된다.
- 개개인들은 다른 사람과의 접촉을 늘린다.
- 목적 없는 토론은 사라진다.
- 변화를 위한 과업에 초점을 맞춘다.

④ 사명감

탐험단계가 지나고 나면 사명감(commitment)이 나타나는 새로운 단계가 등장한다. 사명감단계 동안에 조직구성원들은 함께 일하기 위한 새로운 방법들을 배우고 새로운 가치와 행동을 밝히고 수행하며 변화에 호흡을 맞추기 위해 노력하게 된다고 한다.

지금까지 설명한 단계는 변화에 부딪혔을 때 조직구성원들의 반응과 그들이 경험하는 것을 이해하는데 도움을 줄 수 있지만 조직안에서 변화가 일어났을 때 반드시 동반되는 공식 같은 단계라고는 할 수 없다. Gabel과 Oster(1998)의 경우는 조직성원들이 변화에 직면했을 때 나타내는 부정적 반응을 다음과 같이 다섯 단계로 나누어서 설명하고 있다.

■ 첫 번째 단계: 부정의 단계

성원들은 변화가 그들의 업무를 방해하지 않을 것을 바라며 성원들은 변화가 그들에게 영향을 미치지 않을 것이라고 생각한다고 한다.

■ 두 번째 단계: 저항과 분노

구성원들은 변화가 직접적으로 그들에게 영향을 미칠 것이라는 것을 인식하게 되고 변화에 비협조적이고 변화에 대해 얘기하는 것에 대해 극도의 저항감을 갖게 되며 변화의 이슈가 표면화되면 분노를 나타나게 된다고 한다.

■ 세 번째 단계: 희망 없음

구성원들이 그들의 독립성, 수입, 전문적 영역 등이 변화에 의해서 위험에 처해 있다고 믿을 때 희망 없음에 대한 느낌을 나타낸다고 한다. 이 단계에서 구성원들에게 직업적 긍지와 만족은 사라지게 되며 또한 그들의 능력과 기술이 저평가 받는다는 느낌을 갖게 된다고 한다.

■ 세 번째 단계: 탈출하려는 시도

구성원들은 주어진 상황을 피하려고 하는 단계가 나타난다고 한다. 대안들이 생각되어지고 구성원들은 새로운 상황에 대처하기 위해 새로운 기술들을 공부하게 된다고 한다.

■ **네 번째 단계: 동일화**

구성원들이 변화가 중요하다는 것을 인식하게 되는 단계로써 변화의 필요성을 인정하고 조직의 틀 안에서 변화를 위한 역할을 수행해야 한다는 인식을 갖게 된다.

■ **다섯 번째 단계: 수용과 순응**

수용과 순응단계에서 조직구성원들은 마침내 변화의 현실을 받아들이고 변화의 혜택과 단점을 인지한다고 한다. 이 단계에서 조직구성원들은 이전 단계에서 가졌던 저항과 분노가 개개인들에게 해를 끼친다는 것을 인식한다고 한다.

결론적으로 부정적인 변화가 일어나게 되면 조직구성원들은 처음에 그 변화를 부인하고 부정하며 변화에 저항하는 단계를 거쳐 점차 변화를 인정하고 변화에 순응하는 단계를 거치게 된다고 정리할 수 있다.

3. 긍정적 변화에 대한 감정적 반응

조직에서 일어나는 모든 변화가 조직구성원들에게 부정적인 영향을 가져다주는 것만은 아니다. 많은 변화들은 실제적으로 조직구성원들에게 환영받기도 하고 희망을 가져다주기도 하며 구성원들은 변화가 가져다주는 혜택을 기대하는 경우도 있다. 따라서 변화가 조직구성원들이 기대했던 결과나 혜택을 가져다주지 않지 않는다고 생각되는 경우에는 변화과정에 개입되어 있는 구성원들이 스스로 빠지기를 원하는 경우도 발생하게 된다. 결국 변화추진세력은 대부분의 변화과정에서 후퇴는 있을 수 있다는 것을 알아야 하며 후퇴사 변화의 피할 수 없는 부분이라는 것을 명심하여야 한다.

변화가 조직구성원들에게 긍정적인 반응을 불러일으키는 경우 고지되지 않은 낙관주의, 고지된 비관주의, 확인, 희망적 현실주의, 고지된 낙관주의, 완결과 같은 유형을 일반적으로 나타내게 된다고 한다. 이들의 유형을 좀더 자세히 살펴보면 다음과 같다.

■ **고지되지 않은 낙관주의(uninformed optimism)**

이 단계는 어떤 결과가 동반될 것인지에 대해서 구체적으로 알 수 없지만 변화가 긍정적인 결과를 수반할 것이라는 막연한 감정을 갖게 되는 단계를 의미한다. 새로운 변화가 시작되는 경우 조직구성원들은 비록 변화가 비현실적이라도 그것이 가져올 긍정적 결과를 기대한다. 새로운 변화에 대한 시도는 흥분을 불러일으키고 그리고 만약 구성원들이 변화에 개입되어 있다고 한다면 그 구성원들은 특별함을 느끼게 되고 그리고 그들의 변화를 위한 작업이 전체 조직을 위한 어떤 결과를 갖게 될 것이라는 것을 인식하게 된다. 이 단계에서는 구성원들이 갖고 있는 긍정적인 감정을 유지하도록 하는 것이 중요하다고 한다.

■ **고지된 비관주의**

변화를 향한 모든 시도는 초기 단계에 실패나 문제점들을 나타내는 경우가 있기 때문에 이러한 경우에 조직구성원들은 변화가 가져오는 어려움을 경험할 수 있게 된다. 예를 들어 예기치 못하게 필요한 자원, 책임이나 할당을 실행하지 못하는 동료들이나 다른 조직성원들로부터의 저항에 직면할 수도 있다. 이러한 경우 변화의 초기에 가졌던 변화에 대한 열정이 사라지고 구성원들은 변화과정이 기대한 것보다 더 어렵다는 것을 깨닫게 된다.

비관주의가 나타나는 단계에서 조직구성원들이 갖게 되는 부정적인 감정을 표현할 수 있는 기회를 구성원들에게 제공하는 것이 매우 중요하다고 하며 또한 제기된 어려움을 해결할 수 있는 문제해결전략이 나타나는 것이 중요하다고 한다. 따라서 구성원들이 함께 어려움을 극복할 수 있는 방안들을 토의하고 직면한 문제를 해결할 수 있는 전략을 구상할 수 있는 모임을 갖는 것이 중요하게 된다.

■ **확인**

확인단계는 조직구성원들이 육체적으로 또는 정신적으로 변화과정에서 물러날 수 있음을 나타낼 수 있는 단계이기 때문에 중요하다고 한다. 조직구성원들은 변화를 추구하는 집단구성원들의 모임에 시간 제약으로 참석하지 못할 수도 있고 변화과정이 즐겁지 못하기 때문에 참석하지 않을 수도 있다. 따라서 변화를 위한 조직성원들의 의지가 다시 한번 확인되는 것이 중요하게 된다.

이 단계가 진행 동안에 조직구성원들은 문제해결에 개입하고 그리고 변화과정에 관한 부정적 감정을 표현하기도 하지만 중요한 것은 긍정적인 변화가 일어난다는 것과 어려움이 해결된다는 것을 입증하는 것이 중요하다고 한다. 따라서 이 단계 동안에 다른 성공적인 변화사례들에 대한 정보가 공유되는 것 그리고 비슷한 변화가 성공적으로 수행된 다른 조직을 방문하는 것 등이 중요하다고 한다.

■ **희망적 현실주의**

이 단계는 변화과정에서 작은 성공들이 하나 둘씩 나타나는 단계로써 조직구성원들이 변화가 성취될 수 있다는 것을 보기 시작하는 단계이다. 이 단계에서 조직구성원들의 자기확신이 증가하고 변화를 위한 추진력이 발정하기 시작한다. 이 단계가 진행되는 동안 조직구성원들은 완전한 성취를 획득하는 것이 여전히 힘든 것이지만 성취할 수 있다고 인식하는 것이 중요하다고 한다.

■ 고지된 낙관주의

이 단계에서는 변화과정에 대한 매우 높은 긍정적 에너지와 흥분감이 나타난다고 한다. 그리고 고지되지 않은 낙관주의의 초기 단계와는 달리 조직구성원들은 현실적인 입장에서 변화에 대해 낙관적인 입장을 견지하게 되며 조직구성원들의 과거의 경험과 성공과 때문에 그들은 변화를 성공적으로 끝마칠 수 있다는 믿음을 가지게 된다고 한다.

■ 완결

완결의 단계는 변화를 향한 강력한 지지가 나타나게 되고 조직구성원들은 다른 사람들을 도울 수 있게 되며 변화의 성공에 대한 공유된 감정이 일반화되어 나타나는 단계라고 할 수 있다. 따라서 성공에 대한 보상이 있게 되고 변화과정에 나타났던 일들을 배우게 되며 나아가 그들의 작업을 평가하는 이들이 진행된다고 한다.

4. 변화로의 적응을 어렵게 만드는 개인적 특징

개개인들을 어떻게 변화과정에 개입하도록 영향을 미칠 수 있는가는 변화를 성공적으로 수행하는데 있어서 가장 중요한 인적 요인이라고 할 수 있다. 어떤 조직성원들은 새로운 변화나 혁신계획들을 받아들이는데 있어 상대적으로 어려운 경우가 있을 수 있는데 이러한 변화에 적응하기가 어려운 이유들은 다음과 같은 특징 때문에 나타날 수 있다고 한다.

■ 개인적 성격

변화의 방향이나 초점에 상관없이 어떤 구성원들은 새로움에 적응하는데 어려움을 가지고 있는 경우가 있다. 이런 경우 그들의 이전 작업기록이나 가족생활들을 살펴봄으로써 그들이 왜 변화에 저항하는지를 알아낼 수 있다고 한다. 하지만 아무런 이유 없이 그들이 변화에 순응하는 의지가 결여되어 있다고 한다면 그들은 일반적으로 순응에 늦게 적응하는 사람들로 구분할 수 있다.

■ 성인발달단계

인생의 진행과정이 또한 개인들이 변화를 결정하는데 있어 하나의 어려움으로 작동할 수 있다고 한다. 인생의 초기단계에 조직의 삶에 개입한 조직성원들은 조직 안에서의 기득권도 없고 변화에서 잃을 것도 별로 없을 수 있지만 은퇴를 눈앞에 둔 조직성원들의 경우는 변화를 통해서 많은 것을 잃을 수도 있고 기득권도 포기해야 하는 경우가 있을 수 있기 때문에 변화에 적극적으로 반응하지 않고 움츠리는 경우가 있다고 한다. 또한 결혼을 한다든지, 집을 구입한다든지, 노부모를 모신다든지, 이혼에 직면해 있는 경우 변화에 대해 적극적이지 않을 수도 있다. 따라서 이러한 인간사에 있어 경험할 수 있는 과정이 조직구성원들이 변화에 어떻게 반응하는지에 영향을 미치게 된다.

■ 인식 발달

개개인들의 인식발달 수준은 사람들이 어떻게 세상에서 의미를 부여하고 평가하고 이해하고 인식하는데 영향을 미친다고 한다. Kegan(1994)에 따르면 발달단계나 또는 자각의 순서는 우리가 생활하고 살아가는 세상과의 관계를 결정한다고 한다. 예를 들어 우리가 어린아이에서 성인으로 발전하는 것과 같이 거기에 맞추어서 세계를 바라보는 방식도 변화한다. 따라서 변화에 대한 시각도 이러한 인식의 발달에 맞추어서 변화를 단순하게 바라보다가 점점 변화를 복잡한 방식으로 이해하게 되는 것이다. 이러한 변화에 대한 복잡한 인식의 발달은 변화에 대한 개입을 어렵게 만드는 요인으로 작동하게 된다.

■ 상이한 훈련(discipline)이나 기능

조직의 어떤 부분에서 일하고 있는가(기능)나 어떤 훈련을 받았는가도 또한 변화에 적응하는데 있어 영향을 미치는 요인으로 지적될 수 있다. 예를 들어 조직 안에서 재무를 담당하고 있는 직원은 재원이나 자원을 보존하여야 하는 그들 업무의 기능 상 변화에 저항할 수 있다.

왜 개개인들이 변화에 적극적이지 않은지에 대한 이유를 결정하는 것은 어려운 일이라고 할 수 있다. 개인적 성격 때문일 수도 있고, 주어진 교육이나 기능 때문일 수도 있으며 인식의 복잡성 때문일 수도 있고 발달단계가 다르기 때문일 수도 있으며 이 모든 요인들이 복합적으로 작용하기 때문일 수도 있다. 하지만 어떤 경우이든 간에 변화에 대한 개인적 반응에 대해 더욱 자세히 안다고 한다면 조직구성원들이 제안된 변화를 더욱 더 잘 이해할 수 있도록 도움을 줄 수 있다는 것은 명확하다고 할 수 있다.

5. 무관심다루기

조직변화과정에서 조직변화에 아무런 관심이 없는 사람에 대한 처리는 어떻게 하여야 할 것인가에 대한 질문이 나타날 수 있다. 조직에서 무엇이 일어나든지에 상관없이 조직의 일에 관심이 없는 사람들은 극도의 개인주의적 성향을 가지고 있는 사람들이고 조직적 성향에 맞지 않는 사람들이라고 할 수 있다. 변화에 긍정적이든 또는 부정적이든 어떠한 자신의 감정을 나타낸다는 것은 무관심(indifference)을 나타내는 사람들보다는 훨씬 조직에 대한 애정 또는 조직적 가치를 가지고 있는 사람들이라고 할 수 있다. 조직은 어떤 의미에서 협력(cooperation)을 의미한다고 할 수 있다. 따라서 조직적 삶을 살아가기 위해서는 어느 정도 자신을 희생하여야 한다는 것 또는 개인주의적 가치관을 버려야 한다는 것이 중요하다. 따라서 조직 안에서 이루어지는 변화에 조직의 일원으로서(반대하든 찬성하든) 참여하도록 하는 조직적 가치나 문화를 조성하고 나아가 적극적인 지도력을 발휘하여 조직서 일어나는 일에 관심이 없는 직원들이 임무와 목적 그리고 소명감을 가질 수 있는 동기를 부여하도록 하는 직원교육과 훈련 등이 반드시 필요하다고 할 수 있다.

6. 갈등해결

조직을 구성하는 구성원들은 다양한 사고를 가지고 있는 사람들로 구성되어 있다. 따라서 조직 안에서 구성원들 사이에 사람간 갈등이나 또는 집단 간 갈등이 존재하게 된다. 사고나 생각의 차이를 인정하고 만장일치나 동의로 나아가는 것은 생각보다 쉬운 것이 아니기 때문에 증가하는 갈등을 해결하는 협동을 위한 관리의 과업은 고도의 기술을 필요로 한다고 할 수 있다. 관리는 갈등과 긴장을 해결할 수 있는 기술력을 확보하고 있어야 한다. 변화를 계획하고 실행하는 과정에서도 당연히 사람간에 그리고 집단 간에 갈등이 일어나게 된다. 변화추진세력구성원들 사이에서도 갈등이 일어날 수 있고 추진세력과 반대세력사이에 갈등이 일어날 수도 있다. 일반적으로 조직 안에서 일어나는 갈등을 해결하기 위해서는 첫째, 물러남(withdrawal), 둘째, 매끄럽게 함(smoothing), 셋째, 타협(compromise), 넷째, 대항(confrontation) 그리고 다섯째, 강제(forcing) 등의 방법이 있다고 한다(Kast and Rosenzweig, 1979). 물러남과 강제는 갈등을 해결하는 가장 양극단의 방법이라고 할 수 있다.

물러남은 갈등을 해결하는 적절한 하나의 일시적 전략이고 가장 손쉬운 전략이라고 할 수 있다. 하지만 물러남은 궁극적으로 갈등을 해결하는 것이 아니고 언제든지 갈등이 다시 일어날 수 있는 조건을 간직하는 상태를 의미하기도 하기 때문에 엄밀한 의미에서 갈등을 해결한다기보다는 갈등을 피해 가는 전략이라고 할 수 있다. **매끄럽게 하는 전략**은 물러남보다는 문제해결을 위해서 더 노력하는 전략이라고 할 수 있다. 하지만 매끄럽게 하는 전략은 실제 해결해야 하는 문제는 다루지 않고 표면적인 사소한 문제에 대해 동의를 하여 갈등을 해결하는 미봉적인 전략이라고 한다. 즉, 표면적인 사소한 문제에 대한 동의를 강조하여 실제 해결해야 하는 문제를 건너뛰는 여전히 일시적인 전략적 의미를 내포한다. 타협과 대항은 문제를 해결하기 위한 활동적인 시도를 제안하는 전략이다. **타협**은 갈등이 있는 당사자간에 무엇인가를 서로 양보하는 것을 바탕으로 해서 이루어지는 것이기 때문에 엄밀한 의미에서 본다면 갈등 당사자들이 서로 완전한 만족을 갖지는 못함을 의미한다. 그러나 타협은 현실적으로 조직적 삶의 일부분으로서 대부분 갈등을 가지고 있는 갈등 당사자들 간의 힘의 관계나 서로간의 상이성 등을 극복하기 위한 정치적 전략으로서 갈등을 극복하는 방법이라고 할 수 있다.

창조적 갈등해결의 목적이 갈등 당사자들이 그들의 목적을 성취할 수 있도록 통합하는 것이라고 한다면 대항과 강제는 이러한 갈등해결의 목적인 통합에는 부합하지 않는 전략이라고 할 수 있다. **대항**은 갈등을 해결하기 위해서 갈등의 주체인 상대편에게 합법적인 압력을 가해서 갈등을 해결하는 전략이다. 그리고 **강제**는 힘을 이용해서 한쪽 상대방이 가지고 있는 갈등을 억압하여 갈등구조를 해결하는 방식이다.

조직적 변화를 추구하는 입장에서 물러남과 매끄러운 전략은 조직의 현 상태를 유지하는 경향이 있기 때문에 변화를 추구하는 바람직한 갈등해결전략이라고는 할 수 없으며 타협과 대항은 기본적인 변화를 이끄는 창조적 갈등해결을 위한 기회를 제공하는 전략이라고 할 수 있고 강제는 조직변화를 이끌기는 하지만 힘을 바탕으로 하는 지나친 편위주위적 전략이고 결과에 대해 충분한 고려를 하지 않는다는 약점을 가진다. 다시 말해 강제를 통한 변화는 일시적일 수는 있지만 장기적 변화를 보장하지 않는다.

제 2 절 변화에 대한 조직체계의 반응

조직의 지도자들이나 구성원들은 어떻게 개개인들이 변화에 반응하는지를 이해하는 것이 중요한 것과 마찬가지로 어떻게 조직체계가 변화하는가를 이해하는 것도 중요하다고 할 수 있다. 1950년대 이후 등장한 체계이론은 우리들에게 어떻게 일반적 체계가 변화하는지를 이해하는데 많은 도움을 주었다. **조직은 체계주의관점에서 하나의 체계**라고 할 수 있다. 따라서 체계이론에서 적용되었고 설명되어졌던 원칙들이 당연히 조직에도 적용되고 설명되어질 수 있다고 할 수 있다.

체계이론에 따르면 체계(또는 조직)는 상호 연결된 부분들로 구성된 실체로 정의되고 그리고 관계의 복잡한 망으로 성격 규정된다. 만약 체계의 한 부분이 변화하면 다른 부분들도 상호 의존적이기 때문에 마찬가지로 영향을 받는다. 즉, 파급효과가 전체체계를 통해서 전달된다. 예를 들어 새로운 컴퓨터 시스템이 조직에 도입된다면 그 시스템의 도입은 client의 접수가 어떻게 다루어지는지, 상담은 어떻게 기록되고 보관되는지 등 조직의 다른 부분에도 많은 영향을 끼친다는 것을 쉽게 이해할 수 있다.

외부환경과 상호행동을 하지 않는 **닫힌 체계**(closed system)는 변화를 위한 그들의 능력을 다 소진하게 되면 혼동에 이를 것이고 마치 인간이 산소를 호흡하지 않고 물을 마시지 않으면 죽는 것과 마찬가지로 결국 사라지게 될 것이다. 조직이 닫힌 체계라고 한다면 그 조직은 새로운 정보의 유입도 없이 소비자의 기대감도 없이, 새로운 직원의 충원도 없이 아무런 변화도 없이 궁극적으로는 사라지게 되는 운명에 처하게 될 것이다. 그러나 조직이 **열린 체계**(open system)라고 한다면 조직은 외부환경과 상호 행동하며 끊임없이 능력이 성장하고 개선될 것이다. 대부분의 조직(특히 민간조직)은 열린 체계로써 기능한다. 열린 체계로 기능한다는 것은 외부환경과 계속적으로 상호 행동하고 피드백을 추구한다는 것을 의미한다. 열린 체계는 항상 client나 소비자가 무엇을 원하는지, 어떻게 기술이 변화하고 있는가, 그리고 어떤 경쟁이 존재하는가 등을 조사한다. 그리고 각각의 열린 체계는 무엇이 내부에 있고 외부에 있는지를 구분하는 경계가 존재하는데 인간을 예로 든다면 피부가 의부와 내부를 구분 짓는 경계가 된다고 할 수 있다. 즉, 피부가 내부 장기를 보호하기 위해서 산소와 물을 봄 밖으로 그리고 안으로 흐르게 하는 것과 마찬가지로 조직도 조직체계의 보전을 위해 경계를 갖는다. 사회복지조직을 예로 든다면, 사회복지서비스를 제공하는 과정에 있어 직원들은 자격이 있어야 하며 그리고 비밀보장의 원칙이 조직 밖으로 어떤 정보가 흘러나갈 수 있는지를 규정한다. 결론적으로 열린 체계로 조직이 움직일 때 조직은 끊임없이 외부환경으로부터 정보를 얻기 위해 노력하며 획득한 정보를 조직에 흘려보내고 새로운 정보에 기초해서 계속해서 교정이 일어나도록 노력한다고 볼 수 있다.

제3절 성공적인 변화를 위한 전략과 전술: 저항을 제거하고 추진력을 증가시키기 위한 전략과 전술

성공적인 변화를 완수하기 위해서는 반드시 저항을 제거 또는 완화시키고 변화추진력을 증가시키는 것이 필수적이라고 할 수 있다. 저항을 제거하고 추진력을 증대시키기 위한 구체적인 행동계획으로 전략과 전술이 필요하게 된다. **전략**은 장기적 행동계획으로서 특정한 문제를 해결하는 것을 목적으로 하며 목적을 성취하기 위해 취해질 때 공격적이 되며 동맹이나 변화를 반대하는 진영의 인식에 의해서 영향을 받을 수 있기 때문에 동시에 수세적일 수 있다. 변화를 추진하는 사회복지사들이나 실천가들에게 있어 전략은 변화추진세력의 힘을 증대시키기 위해 시도할 수 있는 도구라고 인식될 수 있다. 따라서 전략은 문제를 해결하기 위해서 무엇을 할 것인가 그리고 그것을 어떻게 할 것인가와 관련한 심사숙고를 하는 것을 의미한다고 볼 수 있다. **전술**이란 변화를 추구하는 전략의 부분으로서 취해지는 단기적인 행동들을 의미한다.

Kahn(1991)에 따르면 전략은 행동을 위한 요구나 상황의 요구에 따라 변경할 수 있는 융통성이 있어야 하며 상대방이 사용할 전략과 전술을 예상해야 하기 위해서 실천가들은 어떻게 상대방이 행동체계의 전략과 전술에 대응할 것인지를 결정할 수 있는 기초조사를 수행하는 것이 필요하다고 한다(Bobo et al., 1991). 기초조사는 변화를 위해서 필요한 상대방의 힘 구조, 그들의 일차적 관심, 다른 힘있는 사람이나 조직과의 관계 등을 결정하기 위해서도 필요하다. 따라서 사회복지사들이나 실천가들은 제안된 변화를 수행하기 전에 이러한 기초조사를 행하는 것은 중요하다고 볼 수 있다. Mondros와 Wilson(1994)에 따르면 좋은 전술들은 간단하고 사람을 묶을 수 있고, 승리할 수 있으며 그리고 조직을 건설하는 것을 도울 수 있는 것들이라고 한다. 또한 Bobo et al.,(1991)에 따르면 좋은 전술은 사람들이 쉽게 사용하고, 다른 지지자들을 사회화할 수 있는 기회를 제공하고 즐거운 것이라고 한다.

Waren(1971)과 Brager와 Holloway(1978)은 변화를 위한 세 개의 양식으로 전략과 전술을 나누었는데 그들에 따르면 전략은 협조전략과 캠페인전략 그리고 대항전략으로 갈등의 정도와 압력의 정도에 따라 나눌 수 있다고 한다. 그리고 각각의 전략은 그에 맞는 전술을 갖게 된다. **제휴전략**은 집단들이 연합행동에 동의할 때 즉, 조직 안에 있는 집단이나 또는 이해관련 집단들이 변화추진집단과 연합행동을 하는 것에 동의할 때 사용되어지며, **캠페인전략**은 상대편을 협상테이블로 나오도록 설득하는데 사용되어진다. 그리고 **대항전략**은 변화를 수용하도록 상대방이나 또는 결정수립가에게 압력을 가할 때 사용한다. 각각의 전략들은 그 전략에 맞는 전술 즉, 제휴전술, 캠페인전술 그리고 대항전술을 갖는다. Brager와 Holloway(1978)은 각각의 전술들을 다음과 같이 설명해 주고 있다.

1. 제휴전술

제휴전술은 열린 의사소통에 기초한다. 일단 변화가 되어야 하는 문제가 토의되고 그 문제를 해결하기 위해 변화에 찬성하는 집단과 반대하는 집단들이 생각하는 정보들이 폭넓게 공유되며 문제해결을 위한 상호행동이 모색된다. **제휴전술**(collaboration tactics)은 공유한 자원, 연합계획의 창출, 당면한 문제를 해결하기 위한 협조노력들, 그리고 공통의 이익이나 관심의 확인을 통하여 개인간 집단 간의 차이를 줄여나가는데 사용된다. 따라서 제휴전술에는 문제해결, 연합행동, 교육, 온건한 설득(mild persuasion) 등이 포함된다. 변화를 추구하는 사회복지사나 실천가의 입장에서 보면 **문제해결**은 양 집단(변화추진세력과 반대세력)이 문제의 해결책에 동의할 수 있는 자료나 자원 또는 생각을 찾기 위해 함께 일하는 것을 포함한다. 따라서 문제해결을 위해 양 집단은 업무의 분업을 통해서 동등한 과업의 할당을 하여 그들의 목적을 성취할 수 있는 가장 최선의 해결책을 찾기 위해 노력하게 된다. **연합행동**은 팀을 구성하여 함께 일을 하는 일련의 행동들로 구성된다. 문제해결과는 달리 연합행동은 변화를 진행시키기 위해 필요한 협력을 강조한다. **교육**은 실천가들이 훈련이나 행동을 통해서 획득할 수 있는 지식이나 인식의 공유를 의미한다. 즉 변화를 추진하는 사회복지사나 실천가들이 변화를 성공적으로 수행하기 위해 상대집단이 모르는 또는 가지고 있지 않은 변화와 관련된 각종 정보나 자료를 제공하는 것이라고 할 수 있다. 마지막으로 **온건한 설득**은 변화를 추진하는 사회복지사나 실천가들이 생각이나 토론을 통해서 상대방을 설득시키기 위한 노력을 의미한다. 변화주도세력은 이와 같은 다양한 협조전략을 한 개 이상을 동시에 또는 각각 다른 시기에 사용할 수 있다.

2. 캠페인전술

캠페인전술은 변화주도집단과 반대집단 사이의 동의를 발전시키기 위해서 그리고 집단들 사이의 (견해의)차이를 최소화하기 위해서 사용된다(Rothman, 1995; Brager, Specht and Torczyner, 1987; Warren, 1971). 캠페인전술에서 각각의 집단들은 그들의 차이점에 대해서 상세한 설명을 하며 이를 통해 공통의 이익들이 확인되기도 한다. 캠페인전술의 일차적 목적은 다음과 같다.

① 상대방을 문제나 이슈에 대한 대화에 참여하도록 하기 위해
② 양 집단들이 동의에 다다르게 하는 상황을 만들기 위하여
③ 명백한 결과를 산출하기 위한 결정과정에 양 집단을 포함시키기 위하여

캠페인전술은 협조전술과 대항전술의 중간에 위치하기 때문에 양 전술이 조금씩 포함되어 있다. 캠페인전술은 강력한 설득, 정치적 행동, 협상과 교섭, 온건한 강제 등을 포함한다. 강력한 설득(hard persuasion)은 상대집단의 관심이나 감수성에 호소하기 위해서 설계된 발표를 통해서 하나의 입장을 지지하는 행동을 포함한다. 정치적 행동은 상대방을 교묘하게 다루는 것을 의미한다. 문제해결이 열린 의사소통에 기초한다면 정치적 행동은 은밀한 행동이 중심이 된다. 협상과 교섭은 상호 수용할 수 있는 입장에 도달하기 위해 설비, 자원 등을 교환하는 것을 포함한다. 온건한 강제는 상대편으로부터 동의를 받아내기 위해 압력이나 부정적인 제재를 동원하는 것을 의미한다.

3. 대항전술

대항전술은 대부분 사회행동과 연관이 있으며 강제(coercion)를 수행하기 때문에 압력과 갈등을 내포한다. 대항전술은 반대자와의 면전 인터뷰, 어떤 결정과정에서 반대편을 배제하기, 부정적인 측면으로 반대편을 묘사하기, 그리고 토론을 거절하든지 또는 제한하는 행동들이 포함된다(Hardina, 1997, 2000). 시위, 파업, 시민불복종, 보이코트, 그리고 피켓팅 또한 반대집단에 대항하기 위해 자주 사용되는 전술들이다(Bobo, Kendall and Max, 1991). Kahn(1991)에 따르면 대항전술은 사람들에게 그들의 분노를 터트릴 수 있는 기회를 제공하며 대항전술을 통해서 사람들은 싸울 수 있는 그리고 정정당당하게 서 있을 수 있는 그들 자신들의 능력을 인식할 수 있다고 한다.

대항전술은 어떤 조직들에게는 전술로 채택하는데 있어 문제가 될 수도 있다. 전술이 효과적이기 위해서는 전술을 사용하는 지역주민들이 취해진 행동들에 편안함을 느껴야 한다(Bobo, Kendall and Max, 1991). 사용되어지는 전술은 또한 참여자의 경험이나 가치의 범주 안에서 이루어져야 한다. 체계 안에서 일하는 것에 가치를 두는 참가자들은 대항전술을 사용하는 것을 꺼릴 수 있다(Kahn, 1991).

협조전략과 캠페인전략 그리고 대항전략과 전술의 내용을 간단히 표로 나타내면 다음과 같다.

〈표 7-1〉 전략과 전술

협조전략	전술
변화에 반대하는 집단이 변화의 필요성과 변화를 위해 필요한 자원할당 등에 대한 지지에 있어 변화주도세력에 쉽게 동의한다. 또는 설득된다.	문제해결, 연합행동, 교육, 온건한 설득 등
캠페인전략	**전술**
변화에 반대하는 집단이 변화주도세력과 대화를 할 의도를 가기고 있다. 그러나 변화의 필요성과 자원의 할당 등에 대해서는 완벽한 동의를 하지 않는다.	강력한 설득, 정치적 행동, 협상과 교섭, 온건한 강제 등
대항전략	**전술**
변화에 반대하는 집단이 변화의 필요성이나 자원의 할당에 반대한다. 그리고 의사소통의 문이 닫혀 있다.	시위, 파업, 시민불복종, 보이코트, 연좌농성 그리고 피켓팅 등

제 8 장

조직변화모델

제 1 절 조직변화모델의 배경

행정가나 관리자 또는 경영자는 조직구조를 결정하기 위해 조직의 효율성, 형평성, 효과성 등을 증대시킬 수 있는 다양한 시도들을 행할 수 있게 된다. Hackman과 Suttle(1977)에 따르면 업무구조를 다시 조정하는 것은 직원과 그들이 행하는 일 사이의 기초적 관계를 바꾸는 것이라고 한다. 따라서 그들에 따르면 조직의 문제는 직원들과 그들이 수행하는 일 사이의 조정으로 해결될 수 있다고 한다. 따라서 직원을 해고하고 신규직원을 뽑는 것에 부담을 갖고 있는 조직들은 조직구조의 변화를 통해 직원들이 새로운 업무와 직원들 서로 서로에 대한 새로운 관계에 놓이게 함으로써 조직 자체를 새롭게 탈바꿈시킬 수 있다고 한다(Kettner, 2002).

따라서 새로운 조직을 만드는 것도 중요하지만 기존의 조직을 새롭게 변화시키는 것도 조직을 새롭게 만드는 것만큼이나 중요하다고 볼 수 있다. Perrow(1970)는 조직의 구조를 변화시키는 것이 조직을 새롭게 창조하는 것보다 훨씬 빠르고 비용 절감적이며 보다 효과적인 방법이라고 강조한다. 하지만 조직을 새롭게 변화하는 것에 있어서 가장 큰 문제점은 조직의 변화가 기대하는 방향으로 변화되지 않았을 경우에 나타나게 된다.

특히 책임성의 시대에 있어서 조직의 변화는 비영리사회복지조직의 관리자나 행정가들에게 있어서 중요한 하나의 과업이 되었다. 일반기업조직들과 마찬가지로 대부분의 비영리 사회복지조직들은 기술적 제약, 노동력의 부족, 재정적 제한, 증가하는 경쟁, 질이 떨어지는 서비스, 팽팽한 노사관계 등과 같은 문제에 직면해 있다. 이러한 도전에 직면해서 문제를 다루기 위해 복지행정가들이나 관리자들은 조직적 체계의 변화에 직면해 있다고 볼 수 있다(Proehl, 2001).

조직변화는 변화의 결과도 중요하지만 결과보다 더욱 중요한 것은 어떠한 절차 또는 과정을 거쳐서 변화가 이루어지는가라고 할 수 있다. 변화는 갑자기 일어나고 갑자기 종결되는 것이 아니고 변화를 위한 내외적 상황과 조건에 영향을 받아 적당한 절차와 과정을 통해서 이루어진다고 할 수 있다. 변화모델은 바로 변화의 절차적 과정을 체계적으로 살펴보기 위한 도구로서 성공적인 변화를 위해 반드시 필요하다. 조직변화모델은 조직변화의 과정을 체계적으로 제시하는 것이 중요하다. 성공적인 조직의 변화를 위해서 거쳐야 하는 과정을 설명하는 데 있어 즉, 어떠한 과정을 거쳐서 변화가 수행되는가에 대한 다양한 모델들이 제시되고 있다.

계획된 변화로서 조직변화를 바라보았던 가장 오래된 Lewin모델을 비롯하여 많은 학자들이 나름대로의 조직변화의 과정을 소개하는 변화모델을 제시하였다. 그 모델들은 첫째, 계획된 변화모델, 둘째, Beckard와 Harris의 모델, 셋째, Brager와 Holloway의 모델, 넷째, Kettner, Daley, 그리고 Nicoles의 모델, 여섯째, Schaeffer의 모델, 일곱째, Patti와 Resnick의 모델, 여덟째, Kotter의 모델, 아홉째, Galpin의 모델 그리고 열 번째, Proehl의 모델 그리고 마지막으로 Burke의 변화모델 등이다. 이 모델들을 살펴보면 다음과 같다.

제 2 절 조직변화모델

1. 계획된 변화모델

조직변화모델 중 계획된 변화모델은 Lewin모델이 가장 잘 알려져 있으며 Lewin에 영향을 받은 Lippitt 모델도 계획된 변화모델로 소개되고 있다.

1) Lewin모델

Lewin(1947)은 조직 변화는 다음과 같은 3단계를 거친다고 강조하였다. 그에 따르면 조직변화를 위한 3단계는 다음과 같다.

1단계: 녹이기: 변화를 위한 동기를 만들기

2단계: 변화하기: 새로운 정보에 근거해서 새로운 대응을 개발

하기

3단계: 다시 얼리기: 변화를 통합하고 안정화하기(Plovnick, Fry and Burke, 1982)

Lewin에 따르면 변화는 발전과정이며 위의 각 단계들은 단계의 이전 단계의 완전한 완결에 전적으로 의존한다고 한다. 다시 말해 2단계는 1단계가 완전히 종결되었을 때 가능하며 3단계는 2단계가 완전히 종결되었을 때 가능하다는 것을 의미한다. 그는 변화를 고취시킬 수 있는 요인들과 변화를 방해하는 요인들을 확인할 수 있는 기법으로 역장분석(force-field analysis)기법을 제시하였다. 역장분석은 조직적 변화를 주도하는 세력들이 보다 효과적인 전략을 개발하여야 함을 강조한다. 하지만 Lewin의 모델은 변화단계를 너무 단순하였으며 그 내용이 부족하여 변화모델로는 거의 사용되지 않지만 이후 변화모델의 등장에 많은 영향을 주었다.

2) Lippitt모델

Lippitt, Watson 그리고 Westley(1958)은 Lewin의 계획된 조직변화 3단계모형을 수정하여 조직변화 5단계 모형을 제시하였다. 그들에 따르면 조직변화는 다음의 단계를 거치게 된다(Burke, 2002).

1단계: 녹이기: 변화의 필요성이 제기되고 발전한다.

2단계: 변화주체와 변화당자자인 조직 사이의 변화관계가 성립된다.

3단계: 이동기: 변화작업이 수행된다.

4단계: 다시 얼리기: 변화의 안정화와 일반화가 이루어진다.

5단계: 변화주체와 변화당자자인 조직 사이의 변화계약이 종결 된다.

Lippitt모델은 Lewin모델에서변화기를 이동기로 수정하고 변화주체와 변화당자자인 조직사이의 관계설정에 대한 단계를 추가하였음을 알 수 있다. Lewin모델과 마찬가지로 변화단계에 대한 구체적인 내용이 결여되어 있어 실제적으로 조직변화에 적용하기에는 한계가 있음을 알 수 있다.

2. Beckard와 Harris의 모델

Beckard와 Harris(1987)는 중요한 변화는 미래상태, 현재 상태 그리고 전환기 상태(the transition state)의 세 단계를 포함한다고 한다. 여기서 미래 상태는 지도자가 조직이 어디로 갈 것인지를 원하는 상태이며 현재 상태는 조직이 현재 있는 상태이고 전환기 상태는 조직이 현재 상태로부터 미래 상태로 움직이기 위한 행동들의 집합체라고 한다. 그들은 조직발전을 위한 단계를 설정하는데 있어 이들 3단계를 포함하여 총 5단계를 강조하였다. 조직변화를 위한 5단계는 다음과 같다.

1단계: 변화를 위한 욕구를 결정한다.
2단계: 갈망하는 미래 상태를 규정한다.
3단계: 현재의 상태를 서술한다.
4단계: 수행해야 하는 일을 결정하기 위해 미래의 측면에서 현재를 평가한다.
5단계: 전환기 상태를 조정한다.

Beckard와 Harris(1987)는 그들의 모델에서 조직을 변화시킬 것인지 아니면 변화시키지 않을 것인지에 관한 조직의 선택의 정도를 사정하는 것뿐만 아니라 변화를 추진할 수 있는 추진력(또는 힘)을 확인하는 것이 중요하다는 것을 강조하였다. 그들에 따르면 미래상태를 서술하는 것을 돕기 위해 중간목적을 설정하는 것과 비전을 설정하는 것이 중요하다고 한다. 또한 현재 상태에서 미래 상태로 조직을 움직일 수 있는 행동계획을 확인하기 위한 조직의 현재의 상태에 대한 자세한 그림을 발전시키는 것도 중요하다는 점을 강조하였다.

3. Dawson의 경과모델

Dawson(2003)의 경과모델(processual model)은 Beckard와 Harris의 모델에 기초한다. 조직변화를 현재 상태에서 미래 상태로의 전환기과정으로 보는 조직변화의 주요 세 단계를 기초로 하여 Dawson은 조직변화가 시작, 과정 그리고 새로운 작업 절차의 운영이라는 세 단계로 구성되어 있음을 주장하였다. 각각 단계들은 다음과 같은 내용을 포함한다.

- 시작

시작은 변화의 욕구를 인식하는 단계이다. 변화의 욕구가 발생하는 것은 변화에 대한 조직 내 외적 압력에 대한 대응이기도 하며 또한 미래수요를 해결하기 위한 변화의 필요성에 대한 신념일 수도 있다.

• 과정

일단 변화의 욕구가 확인되면, 조직변화를 위한 다양한 행동들이 일어나는데 이 행동들은 매우 복잡하고 다양한 행동들을 포함하고 예측할 수 없는 행동들임으로 Dawson은 이 과정을 복잡하고 비선형적인 블랙박스(black box) 과정(process)이 시작된다고 표현하였다. 즉, 복잡하고 비선형적인 블랙박스과정이라는 것은 변화를 위한 조직 내, 외부에서 개인적 그리고 집단적 차원에서 수행하여야 하는 다양한 결정, 다양한 과업들이나, 다양한 행동들을 의미한다. 즉, 시작단계에서 관리자가 변화를 위한 압력을 해결하기 위해 변화가 필요함을 확인하고 변화를 결정하고 나면 어떤 변화가 필요한지를 결정하여야 한다. 예를 들어 관리자가 변화가 필요하다고 결정하는 영역이 새로운 서비스나 상품과 같은 결과물의 변화, 새로운 직원을 선발하는 등의 인력의 변화, 새로운 기술의 도입을 위한 기술변화, 그리고 관리기법이나 행정기법의 변화 등이 포함될 수 있다(Daft, 1986).

• 새로운 작업 절차의 운영

변화의 필요성을 인식하고 변화의 과정단계를 거치고 나면 마지막으로 변화를 실천현장에서 운영하는 단계로 나아간다. 즉, 새로운 작업 절차의 운영단계는 변화 행동에 따른 새로운 조직구조나 조직배열 개편 체계 등을 실행하는 단계를 의미한다.

Dawson은 매우 복잡하고 다양한 조직변화과정인 블랙박스과정을 면밀히 조사하는 것이 성공적인 조직변화를 위해 매우 중요함을 강조하였다. 특히, 복잡한 변화자료를 분석하기 위한 틀을 강조하였다. 그에 따르면 변화를 위한 과업을 수행하는데 있어 변화과업자료는 체계적으로 정리되지 않으면 너무 광범위할 수도 있고 복잡함으로 자료를 분류하고 적당한 위치에 있게 하는 것이 중요하다고 한다. 그는 특히 조직의 경과변화를 수행하는 경우 반드시 고려하여야 하는 요소로서 변화의 정치, 변화의 정황 그리고 변화의 본질을 제시하였다. 각각의 내용은 아래와 같다.

- **변화의 정치**(politics of change)

변화의 정치는 조직변화를 관리하는 과정에서 나타날 수 있는 조직 내외에서 발생하는 저항, 갈등, 협상, 조언과 같은 정치적인 행동을 나타낸다. 변화를 성공적으로 수행하기 위해서는 변화에 대한 저항이나 갈등을 극복하여야 하며 수많은 조직단위의 부서, 집단 그리고 직원 개개인과 변화과정에서의 협상이나 조언을 필요로 한다.

- **변화의 정황**(context of change)

변화과정에서 고려하여야 하는 두 번째 중요요소인 변화의 정황이란 변화가 일어나는 정황(또는 상황)을 의미한다. 변화의 정황은 특히 역사적 관점과 밀접한 연관이 있다. 즉, 변화가 일어나는 조직의 내 외적 정황을 조직의 과거, 현재 미래를 중심으로 인식하고 이해하는 것은 조직변화과정에 있어 매우 중요한 요소임에 틀림없다. 즉, 조직의 과거와 현재의 정황이나 환경은 미래 조직변화를 위한 행동에 영향을 준다.

조직변화에 영향을 주는 외적 정황은 다른 조직들의 전략변화, 정부정책이나 예산의 변화, 법안의 변화, 사회적 기대의 변화, 사회문제의 변화, 기술혁신의 변화 등을 모두 포함한다. 조직변화에 영향을 주는 내적 정황은 인력, 행정지침이나 행정구조, 서비스나 생산물, 조직문화의 변화 등을 포함한다.

• **변화의 본질**(substance of change)

변화과정에서 고려하여야 하는 마지막 요소로서 변화의 본질은 다음과 같은 네 개의 요소로 구성된다.

첫째, 범위: 범위는 변화의 규모를 의미한다. 즉, 조직변화가 큰 규모의 변화인지 또는 작은 규모의 변화인지를 확인하는 것이다. 변화의 범위는 변화가 어떤 규모의 변화인지 즉, 조직변화가 큰 조직 부서에서 작은 조직의 부서 등을 모두 포함하고 있는지 또는 변화가 점진적인지 급진적인지 등을 통해 확인할 수 있다.

둘째, 성격정의: 성격정의는 변화의 내용을 의미한다.

셋째, 시간 틀: 시간 틀은 변화의 필요성이 제기되는 시작단계에서부터 변화가 이루어져 변화된 것이 실행되는 단계까지의 시간기간을 의미한다. 즉, 변화시작과 변화종결까지의 시간기간을 나타낸다.

넷째, 인지된 중요성: 인지된 중요성은 조직변화가 조직생존에 중요한 것인지 아닌지를 나타낸다.

Dawson은 조직변화에 있어 변화의 본질을 구성하는 인지된 중요성은 변화의 정치와 변화의 정황에 영향을 받는다고 주장하였으며 또한 정치, 정황 그리고 본질을 상호간에 영향을 죽도 받으며 조직변화는 수행됨을 강조하였다. 아래의 그림은 Dawson이 강조하는 조직변화의 과정을 그림으로 나타낸 것이다.

자료: Dawson(2003). p. 49 〈그림 3-1〉에서 재인용

〈그림 8-1〉 조직변화의 과정

4. Brager와 Holloway의 모델

Brager와 Holloway(1978)는 지위에 상관없이 조직의 성원들은 제한된 힘을 가지고 있다고 전제하고 어떻게 제한된 힘을 가지고 있는 사람들이 더 많은 힘을 가지고 있는 사람들에게 조직변화를 위한 영향력을 행사하는가를 분석하였다. 따라서 그들은 조직의 이해관련당사자들을 다루는 것을 그들 모델의 중심에 놓았으며 조직변화과정의 첫 번째 단계로써 변화에 저항하는 그리고 변화를 추진하는 힘을 확인하기 위하여 수행되는 포괄적인 사정을 제시하였다. 그들은 또한 변화에 대한 기회와 제한, 조직성원들의 기득권 등 조직을 둘러싸고 있는 환경을 다루기 위한 정치적 힘이 조직변화를 위한 **역장분석**에서 반드시 분석되어져야 한다고 주장하였다.

그들에 따르면 이러한 분석을 기초로 하는 초기 단계가 변화가 일어날 수 있는 가능성을 변화주도세력이 결정하는데 도움을 준다고 한다. 그들은 이러한 초기단계가 진행되면 변화의 단계들은 결국 변화에 대한 순응을 향해서 나아갈 수 있는 필요한 지지를 얻기 위한 노력을 강조하는 것이 중요하다고 강조하였으며 변화가 성공하기 위해서 연합(coalition)을 조직화하고 반대세력을 중립화시키는 것이 또한 중요함을 강조하였다. Brager와 Holloway의 모델에 따르면 변화는 다음의 단계들을 거친다고 한다.

1단계: 초기 사정단계
2단계: 변화를 위한 장소(stage)를 설정하는 시작이전단계
3단계: 변화를 이끄는 시작단계
4단계: 변화를 위한 계획을 현실화시키는 실행단계
5단계: 조직체계에서 변화를 고착화시키는 단계

5. Kettner, Daley, 그리고 Nichols의 모델

Kettner, Daley, 그리고 Nichols(1985)는 조직변화를 수행하는 과정은 아홉 단계를 거치게 된다고 강조하였다. 그들에 따르면 이 아홉 단계는 첫째, 변화기회를 확인하는 단계, 둘째, 변화기회를 분석하는 단계, 셋째, 목적과 목표설정, 넷째, 변화노력의 설계 및 구조화, 다섯째, 자원계획, 여섯째, 변화노력의 실행, 일곱째, 변화노력의 검토, 여덟째, 변화노력의 평가 그리고 마지막으로 상황의 안정화와 재평가(reassessing)이다. 그들에 따르면 이 아홉 단계는 서로 연관되어 있으며 역동적이고 정지되어 있는 과정이 아니라고

한다. 그리고 이 단계들은 일직선상에 있다기보다는 원형을 의미한다고 한다. 다시 말해 단계들의 연속성이 강조된다고 할 수 있다. 이 단계들에 대해서 살펴보면 다음과 같다.

- **변화기회를 확인하는 단계**

변화노력은 욕구, 조건, 문제, 이슈에 대한 대응으로 시작된다고 할 수 있다. 변화과정의 첫 단계로서 변화기회를 확인하는 단계의 목적은 변화의 욕구를 명확히 하고 변화를 위한 개입의 방향성을 제시하는 것을 시작하는 것이라고 한다. 이 단계에서는 변화의 기회, 변화주도자, 변화로부터 혜택을 받는 사람들, 변화시켜야 하는 목표물(또는 표적), 변화의 계획과 실행에 참여하는 사람들을 확인하는 행동들을 포함한다. 변화기회에 대한 관심과 인식을 유도하는 자료는 일반적으로 다양한 욕구사정분석기법이나 통계분석을 통한 자료들로부터 온다.

- **변화기회를 분석하는 단계**

변화기회를 분석하는 단계는 변화기회의 확인 단계에서 확보한 자료와 변화의 욕구, 이슈, 문제, 또는 조건의 정의 등이 좀더 분명하게 조사되고 연구된다. 분석 단계의 목적은 변화기회의 역동성과 원인을 설명하고 이해하며 확인하는 것이며 분석을 통해서 얻게 되는 최종 산출물은 결국 적절한 변화전략을 개발시킬 수 있는 기초토대를 형성하는 것이라고 할 수 있다.

- **목적과 목표를 설정하는 단계**

변화를 향한 목적과 목표는 계획된 변화노력에 대한 방향성을 지시해 주며 이전 단계에서 조사된 연구가 행동으로 이동할 수 있도록 촉진시키는데 도움을 준다. 목적은 개입의 광범위한 의도를 진술하는 것이며 각각의 목적은 일반적으로 그것과 연관된 일련의 목표들을 가지고 있다. 목표는 목적으로부터 유도되는 것이며 기대하는 결과를 명시하는 것이라고 할 수 있다. 목표는 측정가능하고 분명하여야 하며 제한된 시간에 성취되어야 하는 산출물을 표시한다. 결국 목표는 무엇이 일어날 것이고 언제 일어날 것이며 결과는 어떻게 측정될 것인가를 나타내는 것이라고 할 수 있다.

- **변화노력을 설계하고 구조를 만드는 단계**

변화노력을 설계하고 구조화하는 행동들은 변화가 추구하는 목표를 성취하도록 촉진시키는 조직이나 또는 구조의 배열을 결정하는 것이다. 이 단계에서 변화전략을 선택하고 변화를 위한 업무를 서술하며 그리고 변화작업계획을 만들게 된다.

- **자원계획단계**

자원계획을 수립하는 것은 변화를 위해 필요한 자원을 분석하고 그 자원들의 할당을 결정하는 행동들을 포함하며 모든 종류의 기대된 비용들이 확인된다. 자원계획수립단계의 마지막은 변화계획을 위한 예산을 작성하는 것이다. 자원계획을 완수함으로써 계획된 변화의 준비단계는 모두 끝나게 되고 다음 단계인 변화계획의 실행단계로 진행된다.

- **변화노력의 실행 단계**

변화가 실행되는 단계에서 변화를 위한 일련의 행동들이 일어나게 된다. 즉, 계획이 작동하는 단계 또는 실행하는 단계로 이동함을 의미한다. 실행은 변화계획에 개입되어 있는 다양한 사람들(예를 들어 변화주도세력)에 의해서 시작되며 변화의 목적, 목표, 책임성, 역할, 그리고 자원을 명확히 하는 것이 이 단계에서 중요한 과업이라고 할 수 있다. 이 단계에서 이루어지는 기술적 과업은 행동계획을 주도하고, 실행을 수행하는 사람들을 교육하고, 변화노력들의 흐름을 유지하며, 변화에 참여한 사람들 간의 의사전달과 상호행동을 보증하고 스케줄에 따라 행동이 유지되도록 하는 행동들을 포함한다. 그리고 대인관계를 위한 과업은 변화에 대한 저항을 해결하고 갈등을 개선하며 계획에 순응하도록 하는 행동들을 포함한다.

• 변화노력의 검토 단계

변화노력을 검토하는 단계에서 변화주도세력 또는 변화주도집단이나 개인들은 변화의 성공적인 성취를 위한 기준과 변화완수의 분명한 날짜 등을 구체화하게 된다. 검토하는 과정은 변화를 위한 행동들이 정확한 날에 완수되는지 그리고 기대한 결과가 나타났는지 등이 점검된다. 만약 검토단계에서 기대된 결과를 얻기 위한 변화과업들의 진행에 있어서의 연기나 방해물들이 나타나게 되면 실행계획의 수정이 이루어진다.

• 변화노력의 평가 단계

평가의 목적은 변화가 효과가 효과적으로 그리고 효율적으로 이루어졌는지에 대한 정보를 제공하는 것이라고 한다. 검토가 행동의 완수와 성과를 변화의 행동들이 올바른 길 위에 놓여져 있도록 하는 것이 목적이라고 한다면 평가는 결과나 성과가 얼마나 유용한 또는 유익한 것이었는지를 확인하는 것이 목적이라고 할 수 있다. 따라서 평가는 변화과정이 효과적이었는가? 또는 변화노력이 해결하려고 설계했던 상황에 어떤 차이를 만들었는가? 등에 대한 대답이라고 할 수 있다.

• 상황의 안정화와 재평가 단계

상황의 안정화와 재평가는 변화노력의 마지막 수정과 변화과정에 대한 전반적인 검토를 하는 단계이다. 따라서 이 단계에서 변화실무자들은 노력에 대한 확인된 강점을 안정화시키고 약점을 교정하기 위해서 노력하게 된다. 또한 이 단계에서 획득하는 변화과정이 어떻게 성공하였고 실패하였는지에 대한 정보나 판단들은 미래의 계획된 변화를 위한 기초를 제공할 수 있게 된다. 다음은 조직변화의 아홉 단계를 그림으로 나타낸 것이다.

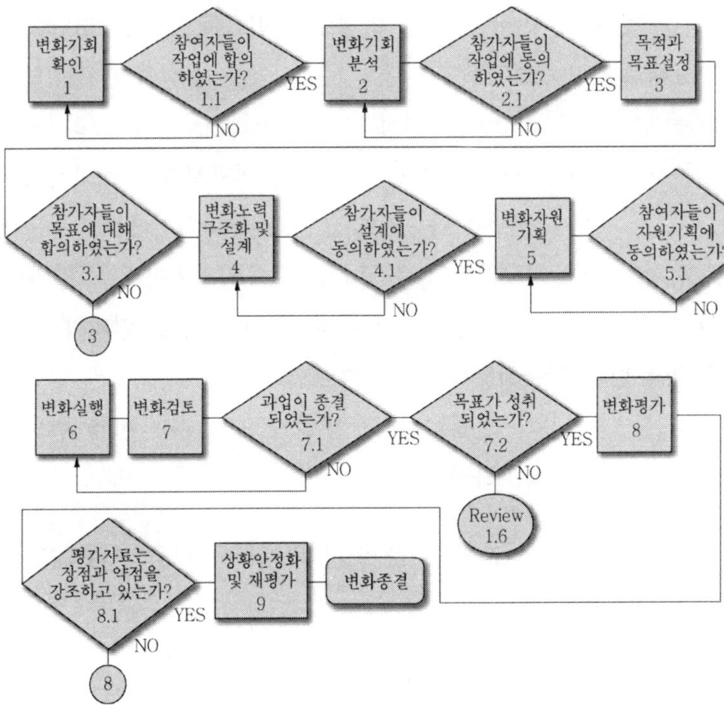

〈그림 8-2〉 조직변화의 9단계 과정

6. Schaeffer의 모델

Schaeffer(1987)의 조직변화모델은 변화과정 속으로 관리(management)의 도구, 기술, 그리고 개념들과 변화계획을 수립하는 과정을 통합하는 것을 강조한다. 그는 각각의 하나의 단계들이 다음 단계를 위한 기초를 제공하는 점차적인 단계과정을 사용하는 관리기법들을 사용할 것을 제안하였으며 이러한 과정을 통해서 변화를 주도하는 지도자들은 성공적인 변화에 영향을 미치는 그들의 능력을 개선시킬 수 있을 것이라고 강조하였다. 따라서 그의 모델의 특징은 첫 번째 변화를 위한 단계로써 변화가 필요한 집단이나 변화필요체계를 명확화 또는 구체화하는 단계를 설정하였다는 점이다. 그는 변화수행의 성공은 결정수립가(decision maker)의 의지뿐만 아니라 변화과정에 수반되는 강제력이 명백하게 이해되어져야 함을 필요로 한다고 주장한다. 또한 그는 해결되어져야 하는 문제의 본질, 변화계획을 위한 목표, 마감시간, 완결되어지는 결과물, 필요한 자원, 노력의 정당성, 자원에 대한 제약 등을 명확히 하고 구체화해야 함을 강조하였다. 그에 따르면 이러한 행동들은 변화를 위한 계획을 수립하기 전에 그리고 변화가 수행되기 전에 반드시 완결되어야 한다고 강조하였다.

Schaeffer(1987)의 조직변화를 위한 단계들은 다음의 과정을 거친다고 한다.

1단계: 변화가 필요한 집단 또는 변화필요체계(the change imperative)를 명확화하는 단계

2단계: 새로운 조직체계나 변화된 체계를 상술하는 단계
3단계: 변화를 위한 필요한 자원을 확인하는 단계
4단계: 필요한 자원을 획득하기 위한 자원개발활동을 구체화하는 단계
5단계: 행동을 위한 시간표를 작성하는 단계
6단계: 변화를 실행하는 데 필요한 자원의 예산을 수립하는 단계
7단계: 계획된 변화의 실행을 관리하는 단계

7. Patti와 Resnick의 모델

Patti와 Resnick(1985)은 변화과정에 있어서 두 영역으로서 변화단계와 필요한 지도력의 유형을 강조하였다. 그들에 따르면 변화의 과정은 첫째 기획단계(planning phase), 둘째, 실행단계 그리고 마지막 세 번째 단계인 평가단계로 이루어진다고 한다. 이들 단계에 대해서 살펴보면 다음과 같다.

■ 기획단계

기획단계는 변화를 계획하는 단계로서 다음과 같은 네 개의 과정으로 이루어진다고 한다. 첫 번째 과정은 해결되어야 하는 문제를 확인하는 과정이다. 즉, 문제가 조심스럽게 정의되고 명확화되는 과정이다

두 번째 과정은 문제가 어디서 오는지를 분석하는 과정이다.

세 번째 과정은 변화의 목적을 명확히 하는 과정이다.

네 번째 과정은 어떤 행동을 할 것인지를 선정하는 과정이다.

그들에 따르면 이러한 네 개의 과정을 거치면서 계획이 수립되고 다음 단계인 실행단계로 나아가게 된다고 한다.

■ 실행단계

실행단계는 변화를 위한 계획을 실행에 옮기는 단계를 말한다. Patti와 Resnick(1985)에 다르면 실행단계에는 의사전달, 역할의 할당, 자원의 준비 등의 요소들이 포함된다고 한다.

■ 평가단계

평가단계는 변화의 마지막 단계로서 변화전략이 유지되어야 하는지, 수정되어야 하는지 또는 포기되어야 하는지를 결정하기 위한 피드백을 허용하는 단계를 의미한다고 한다.

8. Prochaska, Norcross 그리고 Diclemente(1995)의 변화모델

Prochaska, Norcross 그리고 Diclemente(1995)는 인간의 변화를 위한 6단계론을 제시하였다. 그들에 따르면 인간은 사전 숙고, 숙고, 준비, 행동, 유지 그리고 종결의 단계를 거치면서 변화한다고 한다. 이 단계들이 상호 연관되어 있으며 하나의 단계가 다음단계로 나아가는데 지렛대의 역할을 한다. 이 인간변화단계를 조직변화의 단계로 해석한다면 결국 인간과 마찬가지로 조직도 사전 숙고, 숙고, 준비, 행동, 유지 그리고 종결의 단계를 거쳐 변화한다고 생각할 수 있다.

■ 첫 번째 단계: 사전숙고(precontemplation)

이 단계에서는 조직은 일반적으로 변화를 생각하지는 않고 있다고 한다. 따라서 조직 구성원들은 그들이 가지고 있는 문제를 보지 못하지만 다른 조직 구성원들이나 client들이 조직이 가지고 있는 문제를 명확히 인식하고 있다고 한다.

■ 두 번째 단계: 숙고(contemplation)

숙고의 단계는 조직의 외부구성원들에 의해 지적된 문제에 대해서 조직성원들이 그 문제를 인식하고 나아가 그것을 해결하는 방법에 대해서 심각하게 생각하는 단계이다. 따라서 조직성원들은 그들이 해결하여야 하는 문제를 이해하고, 문제가 일어난 원인이 무엇인가를 알려고 노력하며 그리고 가능한 해결책을 찾기 위해 노력하게 된다.

■ 세 번째 단계: 준비(preparation)

준비는 변화를 실행하는 행동을 취하기 위한 계획을 수립하는 단계라고 할 수 있다. 따라서 이 단계에서 변화를 실행하기에 앞서 마지막 수정을 할 수 있는 과정이라고 말할 수 있다.

■ 네 번째 단계: 행동(action)

행동은 조직이 가지고 있는 문제를 해결 또는 수정하는 단계라고 할 수 있다.

■ 다섯 번째 단계: 유지(maintenance)

유지는 행동단계에서 획득한 성과를 견고하게 하고 실수나 퇴보를 예방하기 위해 노력하는 단계이다. 변화는 행동만 가지고 끝나지 않기 때문에 유지가 행동에 따른 성과를 확보하고 변화를 영속적으로 만드는 역할을 한다고 할 수 있다.

■ 여섯 번째 단계: 종결(termination)

모든 변화의 궁극적인 목적은 변화의 종결이라고 할 수 있다. 따라서 종결은 변화의 궁극적인 목적이 성취되어 문제가 더 이상 존재하지 않고 그 문제가 조직에 어떠한 위협도 되지 않는 상태를 의미한다고 할 수 있다.

다음은 변화의 여섯 단계의 관계를 그림으로 나타낸 것이다.

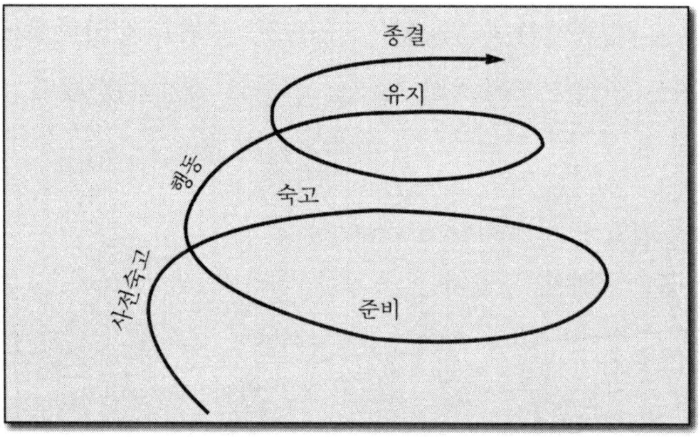

자료: Prochaska, Norcross 그리고 Diclemente(1995). p. 49, 〈그림 1〉에서 재인용

〈그림 8-3〉 변화의 과정

9. Kotter의 모델

Kotter(1996)는 조직변화에 있어 전문가(expert)를 강조하였는데 이는 전문가들이 조직변화를 실행하는 과정에서 실수를 피할 수 있을 가능성이 더 크기 때문이라고 한다. Kotter의 모델의 특징은 다른 모델들에 비해 보다 광범위한 규모의 변화모델을 제시

하였다는 점이다. 그에 따르면 조직변화를 위한 모델은 그 조직의 문화에 있어 새로운 행동, 체계, 그리고 실천을 고착화하는 것이 중요하다고 한다. Beckard와 Harris(1987)의 모델과 비슷하게 Kotter는 그의 모델에서 처음 네 단계까지는 변화를 위한 기초로써 조직성원들 사이의 불일치를 극복하는 것을 강조하였다.

그는 절박함(sense of urgency)이 변화노력을 유지시키는 원동력이자 힘이라고 생각했으며 절박함이 없으면 변화를 추구하는 집단이 변화를 추진할 수 있는 힘이나 신뢰를 모으기가 어려울 것이라고 강조하였다. Kotter는 또한 변화를 위한 비전을 서로 얘기하고 분명하게 표현하는 것이 중요하다고 가정하였으며 비전을 가지고 있는 성원들에 의해서 조직의 변화가 주도되는 것이 권위나 지위, 또는 힘을 사용하는 것보다 훨씬 효과적인 방법이라고 강조하였다. Kotter(1996)의 모델에 따르면 변화는 다음의 8단계들을 거친다고 한다.

■ 1단계: 변화의 절박함(sense of urgency)을 설정하는 단계

시장과 경쟁적 현실을 조사한다. 잠재적 위기나 위기를 확인하고 토론하며 또한 중요한 기회를 확인하고 토론한다.

■ 2단계: 협동(coalition)체계를 만드는 단계

변화노력을 인도할 수 있는 충분한 힘을 가진 하나의 집단을 구성하고 하나의 팀으로서 그 집단이 함께 일하도록 고취시킨다.

■ 3단계: 비전과 전략을 개발하는 단계

직접적 변화노력을 도울 수 있는 비전을 만들고 그 비전을 성취할 수 있는 전략을 개발한다.

■ 4단계: 비전에 대해서 의사소통하는 단계

새로운 비전과 전략을 의사전달하기 위해서 모든 사용 가능한 수단을 활용한다.

■ 5단계: 광범위한 행동의 역량을 강화하는 단계

변화에 대항하는 방해물들을 제거한다. 비전을 심각하게 손상시키는 구조나 체계를 변화시킨다.

■ 6단계: 단기적인 승리를 만드는 단계

수행능력개선을 위한 계획을 수립하고 그 개선계획에 참여하여 개선을 이룬 직원들을 보상하며 표창한다.

■ 7단계: 개선들을 통합정리하고 더 많은 변화를 생산하는 단계

비전에 맞지 않는 정책, 구조, 그리고 체계를 변화시키기 위해 증가된 신뢰를 이용하고 비전을 실행할 수 있는 직원을 개발하고 승진시키며 그리고 고용한다.

■ 8단계: 새로운 문화를 고착화하는 단계

Kotter에게 있어서 성공적인 변화는 가차없이 모든 사람에게 의사 전달할 수 있는 분명한 비전이 있어야 한다는 점, 사람들이 변화과정을 통해서 보상받아야 한다는 점, 변화에 대한 저항은 극복된다는 점, 그리고 변화에 따른 성과는 협조적 문화에 근거한다는 점 등이 강조된다고 한다(Dawson, 2003).

10. Galpin의 모델

Galpin(1996)은 조직변화를 위한 실천단계로서 아홉 단계의 과

정을 거치는 모델을 제시하였다. 그의 모델의 특징으로 변화가 성공적이기 위해서는 반드시 전략적 수준의 변화와 풀뿌리 수준의 변화가 있어야 한다는 것이다. 그에 따르면 변화를 위한 시작 단계에서 변화를 위한 방향과 추진력(momentum)을 건설하는 것을 돕는 것이 전략적 수준이며 추진세력들에게 있어 전략적 수준이 필요하다고 한다. 그리고 풀뿌리 수준의 변화는 변화를 위해 조직 속으로 좀더 깊이 나아가는 것을 돕는 전략수준이라고 한다. Galpin은 또한 변화에 있어 의사소통을 강조하였는데 그에 따르면 의사소통은 적어도 변화계획의 네 단계에서 중요하다고 한다. 첫 번째 단계에서 지도자들은 변화에 관한 인식(또는 자각)을 반드시 설정하여야 하며 그리고 이것이 왜 우리가 변화가 필요한지에 대한 이유라는 것을 나타내야 한다고 한다. 그리고 두 번째 단계에서 변화를 위한 비전이 반드시 의논되어져서 조직 구성원들이 이것이 우리가 가려고 하는 것이라는 것을 이해할 수 있어야 한다고 한다. 세 번째 단계에서 지도자들은 반드시 변화를 위한 정보를 제공해야 하며 어떻게 변화가 직원들에게 영향을 미치고 그리고 직원들이 변화가 직원들에게 의미하는 바가 무엇인가를 이해할 수 있도록 해야 한다고 한다. 그리고 마지막 단계에서 후속조치가 의사소통을 위해서 필요하다고 한다. 따라서 마지막 단계에서 진행된 변화에 대해서 의사소통하는 것이 중요하다고 한다.

한편 조직변화를 위한 단계로써 Galpin(1996)은 다음과 같은 단계들을 제시하였다.

1단계: 변화를 위한 욕구를 건설하는 단계

2단계: 비전을 개발하고 확산시키는 단계

3단계: 현재의 상황을 진단하는 단계
4단계: 제안들을 만드는 단계
5단계: 제안들을 상술하는 단계
6단계: 제안들을 실험하는 단계
7단계: 제안의 실행을 준비하는 단계
8단계: 변화를 실행하는 단계
9단계: 변화를 측정하고 강화하고 세련되게 하는 단계

11. Proehl의 모델

Proehl의 모델은 앞서 소개한 조직변화단계들 중에서 특히 Kotter와 Galpin의 모델에 기초해서 자신의 모델을 제시하였다고 할 수 있다. 특히 Proehl은 조직변화란 얼마나 많은 시간이 주어져 있는가, 얼마나 많은 사람들이 변화에 개입되어 있는가 그리고 어떤 자원이 필요한가라는 입장이 반영되는 것이 중요하다고 하였다. 또한 그녀는 변화가 크든 작든 그리고 변화의 과정이 점진적이든 급진적이든지에 상관없이 변화의 단계들은 변화가 성공적으로 수행될 가능성을 증가시킬 수 있어야 한다고 강조하였다. 그녀에 따르면 작은 변화는 비공식적이고 직관적인 과정을 포함하며 큰 변화는 더욱 심사숙고가 필요하고 문서화되는 것이 필요하다고 한다.

Proehl(2001)은 다음과 같은 변화를 위한 8단계모델을 제시하였다. 그에 따르면 변화를 위한 단계들은 다음과 같은 과정을 거친다고 한다.

1단계: 변화의 절박함(sense of urgency)을 설정하는 단계

2단계: 변화를 위한 협조체계를 구축하는 단계
3단계: 변화필요성을 분명하게 하는 단계
4단계: 현재의 상태를 사정하는 단계
5단계: 변화를 위한 계획을 수립하는 단계
6단계: 사람들을 다루는 단계
7단계: 빠르게 행동하고 자주 수정하는 단계
8단계: 변화를 평가하고 축하하는 단계

Proehl의 8단계 조직변화모델에 관해 좀더 구체적으로 살펴보면 각각의 단계들은 다음과 같은 내용들을 포함하고 있다.

▶ 변화의 절박함을 설정하기

조직변화가 이루어지기 위해서 조직성원들의 협조와 희생정신이 반드시 필요하다고 할 수 있다. 성원들의 협조를 이끌어내기 위해서 지도자들은 반드시 변화를 위한 하나의 욕구인 절박성이 있는가를 확인해야 한다. 성원들이 조직의 변화가 필요하다고 절실하게 느꼈을 때 성원들로부터의 지지나 협조를 이끌어내는 것은 큰 문제가 될 수 없기 때문에 성원들이 변화에 대한 절박감이 있는가는 변화를 위한 성원들의 협조에 있어 중요한 기초를 제공한다고 볼 수 있다. 조직변화를 추진하는 추진세력들 그들 자신들은 조직변화를 위한 강력한 갈망이 있을 수 있고 그리고 그들의 결정을 지지할 수 있는 지지정보를 가지고 있을 수 있지만 지지정보가 조직안에 있는 다른 성원들과 공유될 수 없다면 변화를 위한 노력은 실패할 가능성이 높다고 볼 수 있다. 따라서 조직 안에 있는 성원들에게 있어 조직변화를 위한 욕구인 절박성을 불러일으키는 것이 조직변화를 위한 첫 번째 단계에서 가장 중요시되는 점이라고 할 수 있다.

따라서 변화의 절박함(sense of urgency)을 설정하는 조직변화의 첫 번째 단계 동안에 변화주도세력은 조직성원들이 조직에 존재하는 **문제를 인식**할 수 있도록 하는 것이 가장 중요한 과정이라고 할 수 있다. 그리고 현 상황에서 불만족을 만들어 내는 **외적 그리고 내적 요인(또는 촉진제)들을 확인**하는 것도 중요하다고 한다. 외적 변화요인들은 일반적으로 경제적, 정치적, 사회 문화적, 또는 기술적 요인들 중에 포함되며 내적 변화요인들로는 제한된 재원, 부적절한 장비나 도구, 고용인들의 제한된 기술수준, 불만족하는 고용인, 리더십에서의 변화 등과 같은 범주로써 변화를 향하도록 조직을 강제하는 추진력들을 포함한다.

일단 변화추진세력이 변화를 위한 요인들을 확인하고 나면 변화추진세력들은 조직성원들에게 변화요인들에 관한 정보를 전달하고 나아가 성원들은 그 요인들을 어떻게 생각하는지에 관한 토론에 개입해야 한다고 한다. Galpin(1996)이 강조하였던 것과 같이 정보는 반드시 전달되어져야 하며 이것이 우리가 변화를 필요로 하는 이유라는 것이 강조되어야 한다.

▶ **변화를 위한 협조체계를 구축하기**

조직변화를 위한 두 번째 단계는 변화를 위한 협조체계를 구축하는 단계이다. 개개인은 아무리 뛰어나고 카리스마가 있다고 하더라도 그들 자신만이 변화를 실행할 수는 없다. Kotter(1996)에 따르면 100명의 성원들이 있는 조직은 변화를 수행하기 위해 최소한 24명이 필요하며 100,000명이 성원인 조직은 변화를 수행하기 위해 최소한 15,000명의 성원이 필요하다고 한다. 이러한 지지세력을 발전시키기 위해서는 변화의 원인을 옹호할 수 있는 팀이 필요하게 된다. 점진적이고 작은 변화에서도 팀은 변화가 수행되어야 한다는 확신을 제공한다고 한다.

일반적으로 조직에서 추진위원회나 위원회 등이 조직이 가지고 있는 문제를 연구해서 최상위 계층의 관리자들에게 문제의 해결을 위한 제안을 하기도 하지만 현재와 같이 조직을 둘러싼 환경이 복잡하고 비연속성의 변화가 나타나는 조건에서 위원회는 적당한 변화를 위한 대응이 될 수 없다고 한다(Proehl, 2001). Kottler(1996)에 따르면 현재와 같은 조직을 둘러싼 상황 하에서는 성원들이 신뢰할 수 있는 팀이 변화를 수행하는데 매우 효과적이라고 한다. 따라서 조직적 변화의 성공을 위해서 지도자들은 추진력을 구축하는 것을 희망하기보다는 변화를 위한 협조나 연합을 구축하는 것이 중요하며 그리고 연합을 통해 힘을 공유하는 것이 변화가 한사람이나 두 사람의 개개인들로부터 이루어지는 것보다 훨씬 효과적이고 보다 협조적인 작업이 된다고 한다. 따라서 지도자들은 의도적으로 협조팀을 구성하며 이 팀들은 변화를 위한 지지영역을 확장하는 것에 의해서 광범위한 지지를 구축할 수 있게 된다고 한다. 또한 팀원들은 누가 변화를 위한 결정적인 행동인가를 확인하고 변화를 지지하기 위한 전략을 개발해야만 한다는 점이 강조된다.

▶ 변화필요성을 분명히 하기

변화를 위한 협력팀이 구성되면 팀은 변화의 필요성에 대한 본질을 분명히 구분해야 한다. 종종 팀은 그들이 해결하려고 하는 문제나 기회 그리고 그들이 직면한 제한들에 관해 명확화하는 것 없이 변화계획을 추진하는 경향이 있다고 한다. 더 나아가 종종 팀은 그들의 비전이나 변화노력에 위해서 기대되는 결과 그리고 비전을 성취하기 위해 필요한 자원을 확인하는 것 없이 변화를 진행하는 경우도 있다고 한다.

변화의 필요성을 분명하게 하는 변화의 세 번째 단계 동안에 변화를 추진하는 협력팀은 변화프로젝트의 전반적인 방향을 설정하여야만 하며 그리고 프로젝트의 중요한 내용은 비전이라고 할 수 있다. 비전이 없이는 협조팀과 구성원들은 무엇을 바꾸려고 하는지 왜 바꾸려고 하는지, 어떻게 바꾸려고 하는지 등을 결정하는데 있어 어려움을 겪을 수밖에 없게 된다. 결국 이 세번째 단계는 변화를 추진하는 과정에서 비록 시간이 많이 소요되고 많은 노력이 필요하다고 하더라도 절대적으로 빼서는 안 되는 중요한 단계라고 말할 수 있다.

변화의 필요성을 분명히 하기 위해서는 해결되어야 하는 문제가 제시되고, 비전이 서술되며, 기대되는 결과가 지적되고, 필요한 자원이 제시되는 문건이 작성되어 협력팀원들이 내용들을 공유하는 것이 중요하다고 한다.

▶ 현재의 상태를 사정하기

일단 변화를 위한 필요성이 분명하게 직시되면 변화를 추진하기 위해서 조직의 현재의 상태를 사정하는 것이 필요하게 된다. 조직의 현 상태를 사정하는 것은 변화에 대항하는 조직의 방해물뿐만 아니라 변화에 도움이 되는 장점 또는 힘이 구별되는데 도움이 된다고 한다. 따라서 변화를 위한 준비와 조직에 관한 균형 잡힌 관점을 가지고 조직을 진단하는 것이 필요하게 되는 데 진단을 위해서 다음과 같은 점이 조사되어질 수 있다고 한다.

① 조직의 문화와 가치
② 조직의 정책과 절차
③ 조직 관리의 측면
④ 기술
⑤ 조직구조
⑥ 조직체계(예를 들어 보상이나 승진체계, 통제 체계, 평가체계 등)
⑦ 구성원들의 기술수준

현재의 조직의 상태에 대한 위의 사항들에 대한 조사는 결국 변화과정에 필요한 정보를 제공하여 준다는 측면에서 중요하다고 볼 수 있다. 이러한 조직의 현 상태에 대한 사정을 수행함으로써 변화주도세력은 기관이나 부서가 변화하기 위해서 어떻게 준비되어야 하는지를 이해하는데 도움을 받을 수 있으며 그리고 변화가 성공적으로 이루어지기 위해서 변화 협조팀이 반드시 해결해야 하는 것들을 명확히 할 수 있다는 장점이 있으며 또한 변화를 계획하고 평가할 수 있는 기초자료를 획득하는데 도움을 줄 수 있다.

▶ 변화를 위한 계획 수립

변화를 위한 협동팀(coalition team)이 변화의 필요성을 확인하고 개선을 위한 영역과 현재의 장점들이 사정되고 나면 다음 단계는 비전과 결과를 성취하기 위해서 행동계획을 수립하는 단계로 들어가게 된다. 계획의 복잡성, 미래에 관한 불확실성의 수준, 조직의 기대 등이 상세한 변화를 위한 행동계획을 수립하는 것에 영향을 미칠 수 있다고 한다. 변화를 위한 계획을 수립하는 단계에서의 주요과업행동은 결과를 성취하기 위해 필요한 전략을 결정하고 일련의 작은 승리들을 전개하고 결과를 성취하기 위해 필요한 과정을 발전시키는 것 등이 포함된다.

변화를 위한 행동계획은 (변화를 위해)어떤 회의가 소집될 것이며, 어떤 정보가 전달될 것이고, 어떤 훈련이 필요할 것이며, 언제 새로운 규정이 상정될 것이고, (변화를 위해)어떤 절차가 작성될 것인지 등을 포함하여야 한다. 그리고 행동계획을 위한 시간표를 작성하는 것이 도움이 된다.

▶ 사람들을 다루기

변화에 반대하거나 저항하는 사람들을 어떻게 다루는지가 또한 변화의 성공을 위해 중요한 변수로 작동한다. 현실적으로 변화를 위해 조직 내의 사람들을 다루는 단계는 앞의 변화를 위한 계획을 수립하는 단계의 연장선상에 있다고 할 수 있다. 변화를 주도하는 협조팀은 조직성원들이 무엇이 바뀌어야 하는지를 조사해야 할 필요성이 있다고 한다. 이는 구성원들이 일반적으로 변화의 노력들을 실패할 수 있도록 이끌 수 있기 때문이다. 따라서 변화주도세력들이 이러한 구성원들을 어떻게 다루는지가 변화를 성공적으로 이끌어내는데 중요한 이슈로 지적되는 것이다.

따라서 사람들을 다루는 것이 변화를 주도하는 사람들에게 있어 변화를 성공적으로 이끌 수 있는지 없는지를 결정짓는 중요한 변수라고 얘기할 수 있다. 변화에 대항하는 사람들을 제거하고 사람들로부터 어떤 저항이 일어날 것인가를 진단하고, 그리고 변화에 저항하는 사람들로부터 변화를 이끌어 낼 수 있는 창조적인 생각을 건설적으로 고취시키는 것 등은 모두 변화를 주도하는 사람들의 중요한 역할이라고 볼 수 있다.

때때로 지도자들은 조직 성원들의 감정적인 욕구를 해결하는 것을 등한시하는 경향이 있다고 한다. 조직성원들의 복잡한 인간적 욕구를 해결하기 위해서 변화를 주도하는 지도자들은 다음의 질문들에 심사숙고해야 한다고 한다.

① 변화가 일어나기 전이나 동안이나 그리고 후에 조직 성원들과의 의사전달을 위해 어떤 행동이 취해질 것인가?
② 변화노력에 구성원들을 개입시키기 위해서 어떤 단계들을 취할 것인가?
③ 조직 성원들의 감정적인 대응을 해결하기 위해서 무슨 일이 행해져야 하는가?
④ 변화를 실현하기 위해서 어떤 지식, 기술 그리고 태도가 필요한가?
⑤ 변화를 수행하는 성원들에게 어떤 보상이 제공될 것인가?

위의 질문들이 논의되고 해결되면 조직성원들이 가지고 있었던 저항은 사라질 것이며 조직성원들은 그들의 주의력을 조직을 변화시키기 위해 집중할 수 있을 것이다.

▶ **빠르게 행동하고 자주 수정하기**

변화를 추구하는 조직에 있어 가장 큰 도전은 변화를 위한 처음의 의욕이나 긴장감 등이 사라지는 경우와 그리고 성원들이 일상적으로 매일 수행해야 하는 업무들이 크게 느껴지게 되는 경우라고 할 수 있다. 따라서 조직 변화를 위한 계획을 수행하기 전에 최소한의 분석을 통해서 빠르게 행동을 하는 것과 변화의 실행기간 동안이나 기간 후에 변화에 대한 포괄적인 검토를 하는 것이 변화를 성공적으로 이끌기 위해 필요하다고 한다. 변화를 위한 협조팀들이 변화를 위한 노력들의 실행을 검토하기 위해 사용할 수 있는 다음과 같은 다양한 도구들이 있는데 이러한 도구들로는 비전임무선언, 기관임무, 경과, 예산, Gantt 차트, 책임성차트, 운영지침과 표준, 비공식적인 규범들이 포함된다.

▶ 변화를 평가하고 축하하기

변화결과를 평가하고 승리를 축하하는 행동들은 변화를 종결짓는 행동들이라고 볼 수 있다. 변화를 평가함으로써 조직성원들은 그들의 비전이 성취되었는지 아닌지를 결정할 수 있고 그리고 그들의 행동에 대한 결과의 증거를 가질 수 있게 된다고 볼 수 있다. 변화의 행동에 이해가 걸려있는 모든 이해관련당사자들에게 변화의 결과를 평가하는 자료를 공유하는 것이 중요하며 또한 모든 조직성원들을 초청하여 그들이 이루어낸 성취를 축하하는 것도 중요하다고 볼 수 있다.

Prohl(2001)은 위의 조직변화의 8단계 과정에서 고려되어야 하는 질문들을 각 단계별로 구분하면 다음과 같이 정리할 수 있다고 한다.

① 변화의 절박함(sense of urgency)을 설정하는데 필요한 질문들: 변화를 위한 내적 외적 추진력은 무엇인가? 변화를 위한 결정과 관련해서 어떤 선택이 있는가? 변화계획에 영향을 미치는 정치적 제한들은 무엇인가? 절박성을 설정하기 위해 취해져야 하는 단계들은 무엇인가?

② 변화를 위한 협조체계를 구축하는데 필요한 질문들: 변화를 지지하는데 관심이 있고 힘과 신뢰를 가지고 있는 조직성원들은

누구인가? 변화노력을 이끄는 팀을 만들기 위해서 반드시 취해져야 하는 단계들은 무엇인가? 광범위한 지지를 획득하기 위해 취할 수 있는 전략은 무엇인가?

③ 변화필요성을 분명하게 하는데 필요한 질문들: 어떤 문제가 해결되어져야 하는가? 변화를 위한 비전은 무엇이고 기대하는 결과는 무엇인가? 어떤 자원들이 필요한가? 협조팀을 구성하기 위한 정당성을 어떻게 구축할 것인가? 어떻게 비전이 의사소통될 것인가?

④ 현재의 상태를 사정하는데 필요한 질문들: 변화를 위한 현재의 방해물은 무엇인가? 변화를 위한 장점들은 무엇인가? 변화와 관련하여 어떤 자료가 있는가? 변화를 위해 조직은 얼마나 준비가 되어 있는가?

⑤ 변화를 위한 계획을 수립하는데 필요한 질문들: 어떤 수준의 계획을 작성하는 것이 적절한가? 비전을 성취하기 위해서 조직을 돕기 위한 전략은 무엇인가? 전략을 성취하기 위해서 취해질 수 있는 행동들은 무엇인가? 어떤 단기간 성취물이 만들어질 수 있는가?

⑥ 사람들을 다루는데 필요한 질문들: 의사소통, 저항, 그리고 개입을 다루기 위해 어떤 행동들이 취해져야 하는가? 어떤 새로운 기술, 지식, 그리고 태도가 변화를 실행하기 위해 필요한가? 조직 성원들에게 어떤 보상이 이루어지는가?

⑦ 빠르게 행동하고 자주 수정하는데 필요한 질문들: 어떤 즉각적인 행동들이 취해질 수 있는가? 변화를 위한 시간표는 무엇인가? 변화행동에 누가 개입할 것인가? 어떻게 변화가 검토될 것인가? 변화가 어떻게 제도화할 것인가?

⑧ 변화를 평가하고 축하하는데 필요한 질문들: 목적이 성취되었는지를 조직성원들이 어떻게 알 수 있는가? 어떻게 성취를 축하하는가? 어떤 보상이 있는가?

12. Burke의 변화모델

Burke(2002)는 조직변화가 4단계를 거쳐서 수행된다고 보았다. 그가 강조한 조직변화단계는 첫 번째 단계로서 시작이전단계, 두 번째 단계인 시작단계 세 번째 단계로서 시작이후단계 또는 실행단계 그리고 마지막으로 변화유지단계이다. 각각의 단계들에 대해서 살펴보면 아래와 같다.

1) 시작이전단계

Burke는 조직변화에서 변화주체세력 또는 변화지도자의 역할을 매우 중요시 생각하였다. 특히 변화 시작이전단계(pre-launch phase)에서 지도자의 변화에 대한 자기인식이나 변화에 대한 동기 그리고 변화에 대한 자신만의 가치 등이 전체 변화과정에 영향을 미치는 매우 중요한 요소임을 강조하였다. 그에 따르면 시작이전단계에는 첫째, 지도자의 변화에 대한 자기인식이나 변화에 대한 동기 그리고 변화에 대한 자신만의 가치 등을 확인하는 변화에 대한 자기조사, 둘째 외부환경으로부터의 정보수합, 셋째, 변화필요성 설정 그리고 변화에 대한 명확한 비전과 방향성을 제시하는 것 등이 포함된다.

2) 시작단계

시작단계에서는 변화의 필요성과 비전 그리고 목적 등에 대해 조직구성원들과 의사소통하는 것과 시작행동을 취하는 것 그리고 저항을 다루는 것 등이 포함된다. 시작행동에는 변화추진세력을 규합하여 변화추진팀을 구성하는 행동들이 포함되며 저항을 다루는 것은 개인적 저항이나 집단적 저항 또는 조직적 차원에서의 저항에 대한 대응행동이 포함된다.

3) 시작이후단계

시작이후단계는 변화가 실행되는 단계를 의미한다. 이 단계에서는 변화에 대한 불만이나 불명확성 등을 제거하려는 행동과 변화지도자가 변화에 대한 가치나 비전 등에 대해 일괄성을 유지하는 것이 중요하고 변화과정에서 사람들을 격려하며 그들이 에너지를 발산시키도록 하는 노력 등이 필요하다.

4) 변화유지단계

변화유지단계에서는 변화를 통해 나타난 기대하지 않은 결과를 적절하게 해결하며, 변화의 동력을 유지하고, 변화결과가 지속되고 변화를 지원하도록 새로운 피를 수혈하기 위해 변화를 유지 지속할 수 있는 후계자를 선택하며, 변화를 유지하기 위한 새로운 조직구조나 새로운 서비스 또는 프로그램을 새롭게 제공하는 등의 행동들이 필요하다.

제 3 절 조직변화모델 종합

조직 변화를 위해 제시된 단계들을 학자별로 다시 비교하여 정리해 보면 다음과 같이 나타난다.

〈표 8-1〉 조직변화모델비교

Lewin의 모델	Lippitt 모델	Beckard와 Harries의 단계	Brager와 Holloway의 모델
1.녹이기: 변화를 위한 동기를 만드는 단계 2.변화하기: 새로운 정보에 근거해서 새로운 대응을 개발하는 단계 3.다시 얼리기: 변화를 통합하고 안정화하는 단계	1단계: 녹이기: 변화의 필요성이 제기되고 발전 2단계: 변화주체와 변화당자자인 조직사이의 변화관계가 성립 3단계: 이동기: 변화작업수행. 4단계: 다시 얼리기: 변화의 안정화와 일반화가 이루어짐. 5단계: 종결: 변화주체와 변화당사자인 조직사이의 변화계약이 종결된다.	1.변화를 위한 욕구를 결정 2.갈망하는 미래 상태를 규정 3.현재의 상태를 서술 4.수행해야 하는 일을 결정하기 위해 미래의 측면에서 현재를 평가 5.전환기 상태를 조정	1.초기 사정단계 2.변화를 위한 장소(stage)를 설정하는 시작이전단계 3.변화를 이끄는 시작단계 4.변화를 위한 계획을 현실화시키는 실행단계 5.조직체계에서 변화를 고착화시키는 단계

Galpin의 모델	Proehl의 모델	Burke 모델	Patti와 Resnick의 모델
1.변화를 위한 욕구를 건설하는 단계 2.비전을 개발하고 확산시키는 단계 3.현재의 상황을 진단하는 단계 4.제안들을 만드는 단계 5.제안들을 상술하는 단계 6.제안들을 실험하는 단계 7.제안의 실행을 준비하는 단계 8.변화를 실행하는 단계 9.변화를 측정하고 강화하고 세련되게 하는 단계	1.변화의 절박함(sense of urgency)을 설정하는 단계 2.변화를 위한 협조체계를 구축하는 단계 3.변화필요성을 분명하게 하는 단계 4.현재의 상태를 사정하는 단계 5.변화를 위한 계획을 수립하는 단계 6.사람들을 다루는 단계 7.빠르게 행동하고 자주 수정하는 단계 8.변화를 평가하고 축하하는 단계	1.시작이전단계 2. 시작단계 3. 시작이후단계 또는 실행단계 4. 변화유지단계	1 단계: 기획 단계 2 단계: 실행단계 3 단계: 평가단계

Shaeffer의 모델	Kettner, Daley, 그리고 Nichols의 모델	Prochaska, Norcross 그리고 Diclemente(1995)의 변화모델	Kotter의 모델
1.변화가 필요한 집단 또는 변화필요체계를 명확화하는 단계 2.새로운 조직체계나 변화된 체계를 상술하는 단계 3.변화를 위한 필요한 자원을 확인하는 단계 4.필요한 자원을 획득하기 위한 자원개발활동을 구체화하는 단계 5.행동을 위한 시간표를 작성하는 단계 6.변화를 실행하는데 필요한 자원의 예산을 수립하는 단계 7.계획된 변화의 실행을 관리하는 단계	첫째, 변화기회를 확인하는 단계 둘째, 변화기회를 분석하는 단계 셋째, 목적과 목표설정 넷째, 변화노력의 설계 및 구조화 다섯째, 자원계획 여섯째, 변화노력의 실행 일곱째, 변화노력의 검토 여덟째, 변화노력의 평가 아홉째, 상황의 안정화와 재평가(reassessing)	1. 사전숙고단계 2. 숙고단계 3. 준비단계 4. 행동단계 5. 유지단계 6. 종결단계	1.변화의 절박함(sense of urgency)을설정하는 단계 2.협동(coalition)체계를 만드는 단계 3.비전과 전략을 개발하는 단계 4.비전에 대해서 의사소통하는 단계 5.광범위한 행동의 역량을 강화하는 단계 6.단기적인 승리를 만드는 단계 7.성취물을 통합정리하고 더 많은 변화를 생산하는 단계 8.새로운 문화를 고착화하는 단계

비영리조직을 포함하여 모든 조직의 변화는 많은 학자들이 제시한 것과 같이 선형적 관계로 이루어진다. 즉, 변화가 단계적으로 발생한다고 할 수 있다. 하지만 조직변화는 하나의 단계가 완벽히 종결되어야 다음단계로 나아가는 것이 아니라 단계들은 모두 상호간에 연관을 가지고 있으며 여러 단계가 동시에 발생하기도 한다. 결국 조직변화모델에서 반드시 인식하여야 하는 점은 첫째, 하나

이상의 단계가 동시에 발생할 수 있다는 점, 즉, 각 단계들이 상호 배타적이지 않다는 점, 둘째, 변화는 급격하게 그리고 우연히 발생할 수도 있음으로 반드시 변화 상황에 능동적으로 대처할 수 있는 변화에 대한 상황계획이 반드시 필요하다는 점이다. 이는 모든 조직변화가 계획된 변화로서 변화모델에 따라 순차적으로 진행되지 않는다는 점을 변화주도세력이 반드시 인식하고 준비하고 있어야 한다는 것을 의미한다.

특히, 사회복지조직을 포함하여 모든 인간봉사영역의 비영리조직의 경우 조직변화는 외부환경에 의해서 급박하게 제기되는 경우가 많아 변화가 매우 가변적일 수 있는데 이는 비영리조직의 서비스를 제공받는 국민들이나 지역주민들의 욕구가 시시각각 변화함으로 이에 대한 대처가 필요하고 비영리조직의 재정은 공공조직이나 영리조직에 비해 취약함으로 재정적 측면의 환경이 조직변화를 추동할 수 있으며 비영리직의 경우 정부와 주인-대리인관계로 인하여 주인인 정부의 힘(또는 자원)에 의존하는 경우가 많아 변화를 계획적으로 진행할 수 없는 경우가 있음으로 예기치 않은 상황에서의 조직변화에 대한 대처능력을 가지고 있는 조직지도자의 역량이 비영리조직의 경우 성공적 변화에 있어 매우 중요한 요인이 될 수 있다.

결론적으로 인간의 변화에 초점을 맞추었던 Prochaska, Norcross 그리고 Diclemente(1995)의 변화모델을 제외하고 변화를 위해 반드시 거쳐야 하는 과정을 단계별로 제시한 학자들의 견해를 종합하여 조직변화의 단계를 제시해 보면 조직의 변화는 다음과 같은 단계를 거친다고 할 수 있다.

첫 번째 단계: 변화의 필요성을 확인하기
두 번째 단계: 변화의 주도세력을 구성하기
세 번째 단계: 변화의 조건을 조사하기
네 번째 단계: 변화계획을 작성하기
다섯 번째 단계: 변화에 저항하는 사람들을 다루기
여섯 번째 단계: 변화의 실행
일곱 번째 단계: 변화결과에 대한 평가

조직이 변화를 성공적으로 실행하기 위해 위의 단계들에서 구체적으로 다루어야 할 내용들은 다음 장인 조직변화의 단계에서 자세히 살펴보기로 한다.

제 9 장

조직변화의 단계

변화는 체계적으로 그리고 사전 준비적이며 계획적으로 이루어져야 함은 성공적인 변화에 있어서 전제조건이라고 볼 수 있다. 따라서 조직의 변화를 성공적으로 이끌기 위해서는 반드시 거쳐야만 하는 단계들이 있다. 다시 한 번 조직의 변화를 위해 반드시 거쳐야 하는 과정을 단계별로 제시하면 다음과 같다.

첫 번째 단계: 변화의 필요성을 확인하기
두 번째 단계: 변화의 주도세력을 구성하기
세 번째 단계: 변화의 조건을 조사하기
네 번째 단계: 변화계획을 작성하기
다섯 번째 단계: 변화에 저항하는 사람들에 대처하기
여섯 번째 단계: 변화의 실행
일곱 번째 단계: 변화결과에 대한 평가

위의 일곱 개의 변화단계에서 처음 세 단계는 동시에 일어날 수 있기 때문에 하나로 묶을 수 있고 그 다음 두 단계도 역시 동시에 일어날 수 있기 때문에 하나로 묶으면 결국 일곱 개의 단계는 크게 네 분류로 구분할 수 있게 된다. 다시 말해 변화가 필요한 이유들을 확인하고 변화를 인도할 주도세력을 규합하며 변화에 긍정적인 면과 부정적인 면을 변화 추진요인과 저항요인으로 구분하는 과정은 동시에 일어날 수 있다는 것을 의미한다. 조직구성원들은 현재 상태가 더 이상 수용되어질 수 없으며 변화가 필요하다는 절박성을 인식하고 동조세력을 규합하고 현재의 상황을 분석하게 된다. 그리고 변화를 성공적으로 성취하기 위해서 계획을 작성하는데 있어 방해가 되는 저항요인 또는 저항세력을 어떻게 다룰 것인지가 함께 고려되어 변화계획 안에 포함될 수 있고 이러한 단계들에 이어 변화가 수행되고 수행된 변화는 평가작업을 거치게 된다. 이 변화를 위한 단계들의 내용을 자세히 살펴보기로 한다.

제 1 절 변화의 첫 단계: 변화의 필요성을 확인하는 단계

1. 변화의 필요성의 확인

이 단계는 변화를 수행하기 위한 첫 번째 단계로서 조직의 지도자나 조직구성원들이 현재 상태가 더 이상 수용되어질 수 없으며 변화가 필요하다는 절박성을 인식하여 변화의 필요성을 인식하는 단계이다.

변화가 일어나기 위해서는 협조 또는 협동, 시간과 에너지의 투입, 희생을 감수할 수 있는 의지 등이 반드시 필요하다. 이러한 변화를 위한 조건들을 획득하기 위해서 변화를 주도하는 지도자들은 조직성원들이 변화를 필요로 하는지 또는 변화에 대한 절박한 심정을 가지고 있는지를 확인해야 한다. 변화는 조직성원들에게 고통을 불러일으킬 수 있고 조직을 파괴할 수도 있으며 지도자들을 동요시키기도 하기 때문에 변화를 성공적으로 이끌기 위해서는 반드시 변화를 인도할 수 있는 막강한 추진력이 필요하다. 이러한 추진력에 기초가 되는 것이 바로 변화가 반드시 필요하다는 생각이고 변화에 대한 절박한 심정이라고 할 수 있다.

만약 어떤 이유에서든 변화를 주도하는 사람들이 변화를 위한 첫 번째 단계인 변화의 필요성을 확인하지 않고 변화를 추진하는 계획을 세우고 변화를 수행하는 경우 변화노력은 기대한 것보다 덜 효과적이고 궁극적으로 변화는 실패할 가능성이 커진다고 할 수 있기 때문에 변화에 대한 필요성을 확인하는 단계는 절대적으로 그냥 지나칠 수 없는 변화의 중요한 단계가 된다. Kotter(1996)는 조직변화의 예들을 살핀 후 변화의 필요성 또는 절박성이 조성되지 않으면 변화노력은 잘 작동하지 않을 것이라고 주장하였다.

변화에 대한 필요성이 또는 절박함이 없다는 것은 조직의 현 상태에 만족하고 있다는 것을 나타내준다. 조직이 현 상태에 만족한다는 것은 조직의 변화가 어렵다는 것을 또한 의미한다. Kotter(1996)는 조직이 만족한 상태에 있다는 것은 조직이 다음과 상태들에 놓여 있기 때문이라고 한다.

- 조직 안에 눈에 보이는 위기가 없을 수 있다는 점이다. 이것은 다시 말해 어떤 재정상의 어려움도 없으며 직원감원도 없고 소송제기도 없으며 조직에 대한 중대한 부정적인 인식도 없다

는 것을 의미할 수 있다.

- 조직 안에 눈에 보이는 또는 인식할 수 있는 많은 자원이 있는 경우이다. 이러한 경우에 구성원들은 우리 조직은 좋은데 왜 변화가 필요한지에 대해 의문을 가질 수 있다.
- 조직이 성취하려는 성취기준을 낮게 잡는 경우를 생각할 수 있다. 즉, 조직이 비교적 쉽게 성취할 수 있는 목적을 설정하기 때문에 조직이 손쉽게 그런 목적을 성취하게 되어 조직이 성공적으로 보여질 수 있게 된다.
- 조직이 폭넓은 전략적 목적보다 부서별 목적이나 아주 범위가 좁은 기능적 목적을 추구하는 경우 조직은 또한 만족 상태에 있게 된다.
- 외부의 이해관련당사자들로부터 피드백이 부족한 경우 조직은 현 상태에 만족하게 된다. client나 또는 외부 이해관련 당사자들과의 접촉이 결여되어 있으므로 인해 조직은 그들의 내적 문제가 무엇인지를 파악하는데 문제를 갖게 된다. 결국 성공적인 변화의 열쇠는 client(또는 소비자)의 욕구가 무엇인지 그리고 무엇을 바라는지를 이해하고 확인하는 것에 있다는 점이 다시 한번 지적된다.
- 조직이 관료적 특성을 많이 가지고 있는 경우에 안정을 추구하고 공평무사를 추구하는 문화에 길들여져 있기 때문에 변화에 무감각하고 현 상태에 만족하는 경향이 두드러지게 나타날 수 있다.
- 대체적으로 지도자들이 조직에서 발생하는 또는 조직이 내포하고 있는 문제를 축소하고 오직 조직이 잘 운영된다는 점을 강조하는 경향이 있는 것도 조직이 만족스럽게 보이는 데 영

향을 준다고 한다. 특히 지도자들은 조직의 문제를 거론하는 것을 주저하는데 이는 조직의 문제에 대한 거론은 자신의 지도력에 대한 결함으로 보기 때문이라고 한다. 하지만 Wheatley(1999)가 지적했던 것과 같이 조직의 지도자들은 조직의 문제에 대한 정보를 사용해서 조직을 다시 재조정하고 외부환경에 응답적이 되도록 노력해야 한다. 또한 사회복지조직의 경우에는 client에 대한 대응이 만족스럽게 유지되면 조직의 문제들도 모두 잘 운영되는 것으로 인식하려는 경향이 있다고 한다(Barger and Holloway, 1978).

결국 위에서 설명한 조직을 만족스럽게 인식하는 환경 속에서 조직의 변화는 대담한 행동을 요구할 수밖에 없고 이것은 결국 관료적 조직에게는 커다란 도전이 될 수밖에 없게 된다. 따라서 성공적인 변화를 성취하기 위해서는 조직이 내포하고 있는 문제들을 확인하여 변화가 반드시 필요하다는 인식을 확산시키는 것이 무엇보다도 중요하다고 할 수 있다.

2. 변화 필요성을 증대시킬 수 있는 요인

Kotter(1996)는 지도자가 조직에서 변화의 필요성을 증가시키는 방법들을 제시하였다. 그가 제시했던 방법을 사회복지조직과 연관하여 살펴보면 다음과 같다.

(1) 위기를 덮으려 하지 말고 위기가 될 수 있는 문제에 관한 정보를 공유함으로써 위기를 창조할 것. 특히 조직성원들에게 조직이 가지고 있는 문제나 또는 갈등(예를 들어 예산 문제 등)에 대한 자

료를 공개한다. 비록 위기를 공개하는 것이 지도자들에게는 위협적인 일이 될 수 있지만 조직 성원들이 조직의 문제를 인식하고 조직이 만족한 상태에만 있지 않다는 인식을 하도록 도와주게 된다.

(2) 일상적인 조직의 운영수준으로는 성취할 수 없는 높은 수준의 목적성취를 위한 기준을 설정할 것. 쉽게 성취될 수 있는 기준을 가진 목적을 설정하는 것보다 성취가 어려운 기준을 설정하는 것이 변화에 대한 필요성을 인식하는데 도움이 된다고 할 수 있다.

(3) 직원들에게 좀더 많은 정보를 공개할 것. 특히 client의 만족수준에 관련된 정보와 조직의 재무상태에 대한 정보를 공개하는 것이 중요하다고 한다. 일반적으로 사회복지조직들은 서비스를 제공받는 client들의 욕구에 얼마만큼 응답을 하는가에 대한 정보를 많이 취합하여서 욕구에 훨씬 효과적이고 빠르게 응답할 수 있도록 서비스전달체계를 유지하는 것이 무엇보다도 중요하다. 따라서 복지서비스전달체계에 대한 불만족은 변화의 필요성에 대한 직접적인 요인으로 작동하기 때문에 이와 관련된 정보를 많이 모으고 공개하도록 하는 것이 중요하다고 볼 수 있다.

(4) 모든 조직의 직원들이 규칙적으로 불만족한 이해관련당사자들 예를 들어 client나 다른 부서의 직원이나 정치지도자들과 대화할 수 있도록 할 것. 규칙적으로 client들과 그들의 조직에 바라는 욕구 등에 대해서 규칙적으로 대화를 하게 되면 조직이 가지고 있는 불만족스러운 점들이 자연스럽게 파악될 수 있기 때문에 변화의 필요성을 증대시키는데 중요하다고 할 수 있다. 또한 직원들이 자신들의 업무를 다른 직원들과 바꾸어서 수행하는 경우 다른 직원이나 부서의 기능에 대한 인식이 증가하게 되고 그들의 서비스수혜자들의 문제나 욕구를 이해하는데 도움이 된다고 한다. 예를

들어 지도자가 하룻동안 일선사회복지사로서 일을 수행한다든지 사회복지사가 다른 부서로 가서 하루 동안 다른 업무를 수행하게 되는 경우 그들의 입장에서 새로운 문제들이 제기될 수 있게 된다.

(5) 더욱 정직한 문제제기를 위해서 외부 조언가(consultant) 등의 다른 수단들을 이용하는 것. 조직이 가지고 있는 문제점들을 내부직원들은 간혹 간과하는 경우가 많기 때문이 외부 조언가들이 객관적인 입장으로 조직의 문제에 대해 평가를 하게 되면 조직이 더욱 효과적으로 기능하는데 도움이 될 수 있다.

(6) 조직이 도전하는 것이나 조직의 문제점들에 관해서 더욱 정직한 정보를 소식지, 지도자의 연설, 알림판 등의 공식적 의사소통 채널을 통해서 공포해서 이 정보들이 의미하는 바에 관한 공론화된 대화를 할 수 있는 기회를 더욱 많이 제공하는 것도 조직의 문제나 변화의 필요성을 인식하는데 도움이 된다고 한다.

(7) 규칙적으로 직원들의 견해를 듣고 취합해서 그 정보를 변화를 위한 필요성을 만들어 내는데 사용할 것. 대부분의 조직들은 조직 변화를 추구하는데 있어 직원들의 견해에 상당부분 의존한다. 소비자만족조사와 마찬가지로 직원만족조사는 조직의 변화에 있어 적절한 자료가 된다.

(8) 계속적으로 조직의 직원들에게 미래의 기회 그리고 기회가 성취되었을 경우에 제공되는 보상에 관한 정보를 제공할 것. 변화는 곧 미래의 기회가 될 수 있기 때문에 변화가 성공적으로 수행되었을 경우의 미래의 기회에 대한 정보는 결국 직원들에게 변화의 필요성을 느끼게 하는데 도움을 줄 수 있다.

(9) 조직이 계속 만족하는 지체상태에 있는 경우에 처할 수 있는 조직의 위험에 관해서 직원, 슈퍼바이저, 관리자들에게 교육을

할 것. 급변하는 조직의 외적 내적 환경 하에서 현재의 상태를 그대로 유지하는 경우에 조직 그리고 조직문화는 관성에 빠질 수 있고 나아가 조직의 움직임이 마비되는 상태에 빠질 수 있다는 점이 지적되어야 한다.

변화의 필요성 또는 절박성이 제기되면 변화를 위한 두 번째 단계인 변화주도세력을 구성하는 단계로 들어가게 된다. 하지만 변화를 주도하는 지도자들은 변화의 두 번째 단계로 나아가기 전에 변화가 성공적으로 수행될 것인가에 대한 가능성을 평가해 보는 것이 중요하다고 한다. 이는 변화의 시도가 실패하였을 경우에 초래되는 비용이 지도력의 손상을 포함해서 시간, 자원, 돈 등의 낭비, 직원들의 사기저하, 해결하려고 했던 문제의 확대재생산 등 조직에 엄청난 손실을 가져다주기 때문이다. 따라서 변화과정의 다음 단계로 진행하기 전에 지도자들은 다음과 같은 질문에 대한 답을 스스로 찾아봄으로써 변화에 대한 성공가능성을 확인하는 것이 중요하다고 할 수 있다.

- 조직구성원들의 대다수가 변화를 위한 필요성이 있다고 믿고 있는가?
- 변화 이외의 다른 대안은 없는가?
- 조직이 이미 변화를 시도하고 있지는 않는가?
- 변화가 조직이 가장 먼저 해결해야 하는 우선권에 일치하는가?
- 시기적으로 변화를 위한 시간으로 지금이 적당한가?
- 변화노력을 이끌 수 있는 시간과 사명감을 가진 직원들이 있는가?

위의 질문에 대한 대답은 지도자들이 변화를 시도해야 할 것인지 아니면 미래의 또 다른 날을 위해 연기해야 할 것인지를 결정하는데 도움이 된다.

제 2 절 변화의 두 번째 단계: 변화주도세력을 구성하는 단계

1. 변화추진력의 사정

변화의 필요성 또는 절박성이 제기되고 변화의 필요성에 대한 공감대가 형성되면 현 조직의 상태에서 변화를 추진할 수 있는 능력이나 힘을 사정하는 것이 필요하게 된다. 다시 말해 현 조직의 운영에 불만을 가지고 있는 내적 그리고 외적 요인들로 구성되는 구체적인 변화의 추진력을 확인하는 것이 필요하게 된다.

외적 추진력은 조직 밖에서 기인하는 변화추진력을 의미하며 크게 네 분야로 나누어질 수 있는데 첫 번째는 정치적 추진력이고 두 번째는 사회-문화적 추진력이며 세 번째는 경제적 추진력이고 마지막 네 번째는 기술적 추진력이다. 사회복지조직에 있어 이러한 외부적 요인들은 조직의 변화에 직접적인 영향을 미치는 중요한 변수라고 할 수 있다. **내적 추진력**은 조직 안에서 기인하는 변화를 위한 이끄는 요인 또는 추진력이라고 할 수 있으며 긴축 재정, 직원들의 제한된 기술력, 부적절한 장비, 지도력의 변화, 높은 이직비율이나 결석률 등이 포함된다. 앞장에서 소개되었던 역장분석이 추진력과 저항세력을 확인하는데 이용될 수 있다.

다음은 가상으로 노인종합복지관의 변화를 위한 추진력의 사정 결과를 나타낸 것이다.

■ 외적 요인:

- 인구통계가 변화하였다. 특히 노인인구의 증가가 급속하게 진행되고 있다.
- 서비스가 통합되어야 하고 조정되어야 한다는 기대가 증가하고 있다.
- 노인학대에 대한 규정과 지침이 변화하였다.
- 현 부서의 책임자가 부서의 응집력을 강화하는 것을 원하고 있다.
- 시민들이 국민의 세금을 좀더 현명하게 사용하기를 원하고 있다.

■ 내적 요인:

- client들을 다루는 데에 있어 노인복지관 내의 부서별 조정과 의사소통이 원활히 이루어지지 않고 있다.
- 노인복지관 내의 부서들 사이에 서열이 존재하고 있다.
- 직원과 관리층 사이에 보이지 않는 벽이 존재하고 있다.
- client를 사정하는데 있어 팀작업이 존재하고 있지 않다.
- 최 일선에 있는 사회복지사들의 적극적인 참여가 더욱 필요하다.
- 노인복지관 관장이 변화를 갈망하고 있다.

위의 조건들에 대해 부서별 책임자들과 국장이 분석을 수행한 후 변화 이외에 대안이 없다고 판단하면 변화추진을 위한 추진세력이 등장하게 된다.

2. 추진세력의 결성

변화를 주도하는 추진세력은 많으면 많을수록 변화를 성공적으로 이끄는 데 도움이 된다. 따라서 변화에 긍정적인 사람들을 동맹세력으로 규합하는 것이 변화를 위해 결정적일 수 있다. 변화는 처음에는 극히 개인적인 수준으로 시작하여 한 사람(일선 사회복지사, 슈퍼바이저, 또는 상위 관리자의 수준)에서 또 다른 한사람으로 그리고 점점 퍼져나가 궁극적으로는 집단적으로 변화를 요구하는 수준으로 진행되는 것이 일반적이다. 여러 사람들로부터의 지원이나 지지는 사회복지조직을 포함해서 일반 조직들에서 성공적으로 변화를 이끌기 위해 반드시 필요한 하나의 중요한 요인임에 틀림없다. 그리고 여러 사람들로부터 지지를 이끌어내기 위해서 팀을 구성하는 것이 반드시 필요하다. Kotter(1996)는 현재의 조직을 둘러싸고 있는 불연속적인 변화의 욕구에 부응할 수 있는 가장 적합하고 효과적인 오로지 변화를 위해 팀을 구성하는 것이라고 주장한다. 예를 들어 변화를 위한 위원회 또는 특별위원회 같은 조직은 변화를 위한 시간이 충분히 주어져 있고 주변 환경이 느리게 변화하는 경우에는 변화를 위한 조직으로 가능하겠지만 오늘날 같은 기관을 둘러싸고 있는 환경이 급변하는 상황에서 위원회 같은 변화조직은 적합하지 않다고 한다(Proehl, 2001).

Katzenbach와 Smith(1993)에 따르면 팀은 집단과는 다르다고 한다. 그들에 따르면 팀은 서로 보완적인 기술을 가진 사람들이 공동의 목적을 위해 그리고 상호책임감으로 모인 작은 집합이라고 한다. 팀과 집단의 차이점은 특히 팀이 상호책임감으로 모여 있다는 점이 강조된다는 점이라고 한다. 서로 다른 수준 또는 지위와 서로 다른 부서에서 조직 성원들이 변화를 위해 **범 기능적 팀**을 결성하게 되면 그러한 팀은 조직 안에서 새로운 서비스를 개발하기 위해서, client와의 관계를 증진시키기 위해서, 그리고 조직수행능력을 개선시키기 위해서 사용되어질 수 있게 된다. 나가가 이러한 팀은 조직의 변화를 성공적으로 이끌어 내도록 하는 견인차의 역할을 담당할 수 있게 된다. 범 기능적 팀이 성공적이 되기 위해서는 다음과 같은 다섯 가지의 요인들이 필요하다고 한다.

① 범 기능적 팀은 반드시 부서별로(또는 부분별로) 기능을 대표할 수 있는 그리고 높게 동기가 부여된, 열린 마음을 가지고 있는 성원들로 구성되어야 한다.

② 범 기능적 팀의 리더는 집단지도력에 있어 훈련된 그리고 기술력이 있는 사람이어야 한다.

③ 범 기능적 팀은 과업을 성취하기 위한 책임감과 권위를 가지고 있어야 한다.

④ 상위관리층으로부터의 지원과 개입이 필요하다. 변화를 촉진하고 성공시키기 위해서 조직적 지원과 자원은 반드시 필요하다. 구체적으로 조직적 지원과 자원은 다음의 것들이 있을 수 있다.

- 팀 구성원들이 직무를 수행하는데 있어 충분한 시간을 활용할 수 있도록 허용한다.
- 예산이나 다른 지원들을 제공한다.
- 어떤 관리자들이 변화에 긍정적인지 또는 적극적인지를 확인해 준다.

⑤ 적절한 외적 그리고 내적 의사소통체계가 반드시 존재해야 한다. 팀이 효과적인 의사소통체계를 가지고 있으면 변화를 위한 필요성이나 절박함이 손쉽게 성취되어질 수 있고 비전이 의사소통될 수 있으며 변화과정에서 계속적인 최신정보가 제공될 수 있다 (Proehl, 1996).

조직의 변화는 다양한 분야나 부서의 직원들로 구성된 팀이 변화과정을 이끄는 것에 개입되어 있을 때 가장 성공적으로 수행될 수 있다. 팀은 이해관련집단들의 대표들이 포함되는 것이 효과적이며 이것이 불가능한 경우에는 최소한 이해관련집단들로부터의 지지를 획득하는 것이 중요하고 그리고 조직 안에 노동조합이 결성되어 있는 경우는 조합의 지도자들을 포함시키는 것이 성공적인 변화를 성취하기 위해 중요하다는 점이 강조된다. 또한 성공적인 변화를 위해서 **협력팀**(coalition team)을 결성하는 것이 중요하다고 한다. 이는 변화가 하나의 정치적 과정이라는 점에 의해서 이해될 수 있다. 변화를 주도하는 지도자가 의도적으로 변화를 지지하는 협력팀을 결성하는 경우 협력팀은 자체적으로 변화의 성공을 위한 광범위한 지원을 제공할 수 있기 때문에 협력팀의 결성이 변화를 주도하는 추진세력에게 많은 도움이 된다고 볼 수 있다. 결국 변화를 성공적으로 수행하기 위해서는 범 기능적 팀이건 협력팀이건 팀의 구성은 필수 불가결하다고 볼 수 있다.

Costello(1994)는 변화에 결정적인 다섯 개의 역할을 강조하였다. 그에 따르면 시작하는 후원자(sponsor), 유지하는 후원자, 변화주도세력, 표적(target), 그리고 지지자(advocate)가 변화에 있어 중요한 역할을 담당한다고 한다.

그에 따르면 **시작하는 후원자**는 변화를 정당화하는 그리고 일반적으로 변화과정을 시작하는 사람들이라고 한다. 일반적으로 시작하는 후원자로는 기관의 책임자, 관리자, 또는 슈퍼바이저가 될 수 있다. 시작하는 후원자의 역할은 필요한 자원과 정보를 획득하고, 결정을 수립할 수 있도록 팀의 역량을 강화하고, 유지하는 후원자를 선별하고 유지하며 그리고 변화계획에 대한 사명을 입증하는 것이라고 한다. **유지하는 후원자**는 협력팀에 더욱 적극적으로 개입하는데 때때로 변화의 과정을 감시 감독하는 적극적인 역할을 담당하기도 한다고 한다. 유지하는 후원자는 협력팀의 구성원일 수 있으며 변화계획의 방향과 지원을 제공하고 자원과 정보를 제공하며 궁극적으로는 팀의 역량을 강화시키는 역할을 한다. **변화주도세력**은 변화를 수행하는 책임이 있는 사람들이나 집단들로 구성된다. 변화가 간단할 경우에 관리자, 슈퍼바이저나 직원들이 변화주도세력이 될 수 있으며 변화가 복잡한 경우는 협력팀이 변화주도세력이 된다. 변화주도세력은 가능한 많이 변화계획에 관한 정보를 가지고 있어야 하고 변화실행을 위해 필요한 자원, 계속적인 지지 수준과 조직이 먼저 수행하는 우선권에 대한 정보를 또한 많이 가지고 있어야 한다.

표적은 반드시 변화해야 하는 그리고 변화에 직접적으로 영향을 받는 개인이나 집단들을 말한다. 일반적으로 표적은 직원들이 될 수도 있고 client도 될 수 있다. 마지막으로 **지지자**는 변화를 일으킬 수 있는 정당한 힘을 가지고 있지는 않지만 변화가 발생하는 것을 보기를 원하는 사람들을 의미한다. 그들은 조직에 비공식적인 영향력을 행사할 수 있고 변화에 대한 지원연대를 건설할 수도 있다.

제3절 변화의 세 번째 단계: 변화의 조건을 확인 또는 조사하는 단계

변화를 위한 협력팀이 구성되고 나면, 협력팀은 변화조건의 본질에 대해 집단적으로 확인하는 것이 필요하다고 한다. 예를 들어 종종 변화를 주도하는 팀은 팀이 가지고 있는 권위의 본질, 계획에 의해 기대되는 결과, 필요한 자원 등에 관한 명확한 구분 없이 변화계획을 실행하는 경우가 있다고 한다. 나아가 팀의 구성원들이 변화노력을 위한 공유된 비전이 없이 그리고 변화과정에 대한 동의도 없이 변화를 진행시킨다면 결국 그들은 쓸데없이 가치 있는 시간과 에너지를 낭비하게 되는 결과를 초래하게 될 것이다. Schaeffer(1987)에 따르면 변화 주도세력은 결정수립가의 의도나 변화과정에 나타난 제한들을 분명하게 알기 위해서 조직의 주요 결정수립가와 협조적으로 일해야 한다고 강조한다. Schaeffer(1987)는 주요결정수립가(key decision maker)와 변화주도세력 사이에 다음과 같은 질문들에 대한 대답이 명확하게 구분되어야 한다고 한다.

① 변화의 수행은 누구의 권위와 책임 하에 발생하는가?
② 알려진 그리고 만들어진 계획의 공식적 지위는 어떠한가?
③ 영향을 받게 되는 변화는 무엇인가?
④ 변화를 위해 기대되어지는 성과는 무엇인가?

⑤ 변화가 이루어져야 하는 최종기한은 언제인가?

⑥ 변화를 수행하는데 있어 어느 정도의 재정이 필요한가 또는 얼마의 범위 안에서 변화가 실행되어야 하는가?

⑦ 계획을 위해 어떤 자원들이 사용될 수 있는가?

결국 Schaeffer(1987)에 따르면 협동팀은 계획의 목적, 해결하려고 하는 문제, 시간의 틀을 포함하는 기대되는 성과, 계획을 위해 필요한 자원, 그리고 팀이 갖게 되는 권위 등을 변화의 초기에 분명하게 확인해야 한다고 한다. 따라서 협력팀이 변화계획의 본질을 이해하기 위해서 다음의 요소들이 반드시 문건으로 확인되어야 함이 중요하다고 할 수 있다.

- 문제나 이슈의 확인(문제진술): 팀이 해결하고자 하는 문제나 이슈에 대한 간략한 개요
- 목적진술(purpose statement): 해결하고자 하는 문제나 이슈의 해결책에 대한 일반적인 진술. 대략 한 문장이나 두 문장 정도로 구성되며 계획에 대한 개요를 제공한다.
- 비전진술(vision statement): 목적진술의 구체적인 가설에 해당되는 부분으로 목적진술에 근거하는 해결책이 수행되었을 경우 나타나는 기대 결과에 대한 진술을 의미한다. 비전진술은 변화에 대한 전반적인 방향을 설정하고 구성원들이 행동을 취할 수 있도록 동기를 유발하며 그리고 빠르고 효과적으로 구성원들의 행동을 조정할 수 있도록 미래의 그림을 그리는 데 도움을 준다고 한다.
- 성과: 협력팀은 변화를 성취하기 위한 시간틀 뿐만 아니라 계획이 성취하기를 목표로 하는 측정 가능한 목표들을 확인해야

한다. 좋은 목표란 다음과 같다고 한다(SMART).

S(specific)- 성취되어야 할 것이 구체적이어야 한다.
M(measurable)- 측정 가능해야 한다.
A(attainable)- 성취할 수 있어야 한다.
R(results oriented)- 결과 지향적이어야 한다.
T(time bound)- 시간제한을 가지고 있어야 한다.

- **평가**: 협력팀은 그들의 목표를 성취했는지를 입증하기 위해 어떤 자료를 수집해야 하는지를 확인해야 한다. 특히 변화가 실행되기 전과 후를 측정할 수 있는 수단을 가지고 있는 것이 중요하다.
- **자원**: 협력팀은 계획을 수행하기 위해 필요한 자원(돈, 정보, 공간, 사람 등)은 무엇인지를 확인해야 한다.
- **팀의 위임**: 이 항목에서는 권위에 대한 문제가 진술된다. 이상적으로 협력팀은 그들이 추구하는 해결책을 수행할 수 있는 권위를 가지고 있어야 한다.

다음의 예는 변화의 초기에 반드시 확인하여야 하는 위의 진술들에 대한 예를 나타낸 것이다.

〈표 9-1〉 노숙자쉼터 혁신프로그램진술의 예

문제진술: 노숙자쉼터의 이용 노숙자가 매달 줄어들고 있다. 개인적 문제나 상황의 개선에 의해 노숙의 상태를 벗어나서 이용노숙자가 줄어드는 것이 아니고 기관에서 제공하는 식사의 질과 기관에서 제공하는 상담서비스가 client 들로부터 호응을 받지 못하고 있어 노숙자들이 기관방문횟수를 줄이고 나아가 기관이 제공하는 서비스에 대한 불만으로 노숙자이용수가 줄어들고 있다.

목적진술: 변화계획의 목적은 기관에서 제공하고 있는 노숙자프로그램을 개

별사례프로그램으로 전환하고 식사의 질을 증진시킴으로써 노숙자들이 그들의 문제를 보다 포괄적이고 예방적인 차원에서 해결할 수 있도록 하며 향상된 식사를 통해 부족한 영양을 확보할 수 있도록 하여 건강의 질을 개선하는 것에 있다.

비전진술: 이 변화계획의 성공적인 정착으로 인해 우리는 노숙자쉼터에 새로운 프로그램을 정착시킬 수 있고 기관을 이용하는 노숙자들이 포괄적이고 체계적인 문제해결을 한곳에서 종합적으로 받을 수 있도록 하여 client들이 처한 경제적, 육체적, 심리적 상황을 극복하는데 도움이 될 것이다.

성과: 이 변화계획의 성과는 다음과 같다.

· 기관이용자수가 증가할 것이다

· 노숙자들의 영양상태가 호전될 것이다

· 개별사례프로그램(Case management)의 제공으로 인해 client들이 가지고 있는 문제를 종합적이고 포괄적으로 해결하려는 시도로 인해 client들은 종합적인 문제해결을 위한 실마리를 찾게 된다.

• **평가**: 처음 두 개의 성과는 기관이 보유하고 있는 사례관리문서를 통해 확인될 수 있으며 마지막 성과는 실행에 대한 성과를 경험적 조사나 심층면접조사 등을 통해 확인할 수 있을 것이다.

• **필요한 자원**: 정부로부터의 보조금과 사회복지공동모금회 그리고 민간복지재단으로부터의 지원을 기대하며 쉼터를 지지하는 시민들의 모임을 확대하여 후원회비를 통해 자금을 일부 조달한다.

• **변화팀의 의무**: 변화를 실행하기 위해 쉼터의 책임자와 부장 그리고 일선사회복지사들로 팀을 구성한다. 이 팀은 변화의 모든 계획의 자성과 실행에 책임이 있다.

지금까지의 변화를 위한 세 개의 단계는 얼어 있는 조직을 녹이는 역할을 담당하는 변화과정의 단계로서 조직성원들이 변화를 위한 욕구를 인식하게 되고 변화를 관리하기 위해 사용되는 전반적인 절차를 이해하며 변화를 위한 전반적인 비전을 포착하는데 도움을 준다. 이들 단계들에서 변화에 주저하는 직원들이 무엇이 불만족스러운 것인지를 이해하게 도우며 그들이 변화할 수 있도록

또한 도움을 주게 된다. 그리고 변화과정의 궁극적 목적이 무엇인지 왜 변화가 필요한지를 이해하고 확인하는데 결정적인 역할을 담당하게 된다.

이들 세 개의 단계들의 주 내용을 표로 다시 정리하면 다음과 같다.

〈표 9-2〉 초기 변화의 단계들

1단계: 변화의 필요성을 확인하는 단계	
실행절차	일어날 수 있는 문제들
·변화를 위한 내적 그리고 외적 추진력을 확인하라 ·변화의 필요성(또는 절박성)을 증가시키는 전략을 선택하라(예를 들어 소비자만족조사 등을 사용) ·조직구성원들과 변화의 필요성에 대해 의견을 나누어라	·필요성에 대한 불명확한 이해 ·필요성을 확인하고 의사소통하는데 필요한 불충분한 시간 ·변화필요성에 대한 일관성 없는 또는 애매한 의견 ·직원들의 변화필요성에 대한 관심부족
2단계: 변화주도세력을 구성하는 단계	
실행절차	일어날 수 있는 문제들
·협력팀을 구성하기 위해 직원들의 성향을 확인할 것 ·팀에 주요 이해관련당사자들을 포함할 것 ·팀을 이끌 수 있는 권위를 가지고 있는 지도자를 선발할 것 ·높은 수행능력을 나타내는 팀이 되도록 도울 것 ·주요 이해관련 당사자들 사이에서 지원협조를 유도할 수 있는 팀을 건설할 전략을 고안할 것	·변화를 지지하는 시작하는 후원자를 찾지 못함 ·이해관련당사자들을 팀에 포함시키지 못함 ·팀이 변화를 실행하는데 있어 권위를 갖지 못함 ·팀이 위원회로 기능함 ·의사전달에 실패함 ·협력팀을 건설하는 데 주의를 기울이지 못함

3단계: 변화의 조건을 확인하는 단계	
실행절차	일어날 수 있는 문제들
·방향, 성과, 한계 또는 제한점, 그리고 변화를 위한 자원을 명확히 할 것 ·팀의 권위를 확인할 것 ·팀의 권위와 변화의 범위에 관해서 시작하는 후원자와 협약할 것 ·팀의 정당성을 확립할 것 ·변화를 위한 성과와 비전을 의사소통할 것	·후원자와의 협약에 실패함 ·팀이 권위를 갖지 못함 ·팀이 정당성 확립에 실패함 ·어떤 자원이 필요한지를 팀이 알지 못함 ·후원자와 팀이 변화의 비전과 성과에 있어 분명한 견해를 가지고 있지 않음 ·조직구성원들이 변화의 비전을 이해하고 있는지 아닌지에 대한 관심이 없음

제 4 절 변화의 네 번째 단계: 변화계획을 작성하는 단계

처음 변화를 위한 세 개의 단계 즉, 변화의 필요성을 확인하고 변화주도세력을 구성하며 그리고 변화의 조건을 확인하는 단계를 거쳐 변화과정을 설정하게 되면 협동팀은 변화를 위한 다음 단계인 변화를 계획하는 단계로 이동한다. 이 단계에서 변화세력의 지도자들은 그들의 조직에 관한 현재 상태의 지식의 수준, 외적 환경, 미래에 대한 가능한 예측, 미래에 대한 계획을 수립하기 위해 그들의 직관 등을 이용해서 변화계획을 수립하게 된다.

계획에 의거한 변화는 조직의 모든 측면에서의 변화에 중심축이 되는 지도(map)로서의 역할을 담당한다. 변화계획을 작성하는 단계는 크게 두 분야로 나누어서 살펴볼 수 있다. 첫 번째는 변화계획을 세우기 위해서 현재의 조직의 상태를 사정하는 것이고 두 번째는 사정을 바탕으로 해서 조직의 조건에 맞는 변화계획을 작성하는 것이다. 이 두 과정을 자세히 살펴보기로 한다.

1. 현 상태에 대한 사정

변화계획을 세우기 위해서 조직의 현재상태를 사정하는 것이 계획 수립을 위해 가장 우선적으로 필요한 행동이라고 할 수 있다. 협력팀은 하나의 전체로서 조직을 이해하여야 하고 그리고 변화를 위한 방해물과 유리한 조건들 즉, 장점들을 확인하여야 한다. 현 조직의 상태를 사정하는 방법은 크게 세 개의 방법이 있다고 하는데 첫 번째 방법은 협력팀이 조직을 사정하는 것이다. 이 방법은 협력팀의 구성원들이 각각의 부서들을 대표하는 직원들이고 조직의 하루 하루의 기능을 가장 잘 알고 있다는 가정 하에서 팀원들이 조직을 사정하는 방식으로 가장 손쉽게 조직 사정이 이루어질 수 있다는 장점이 있다. 조직의 상태를 사정하는 두 번째 방법은 조직 구성원들 중에서 초점집단(focus group)을 구성하여 이 집단들로부터 조직의 현 상태에 대한 정보를 획득하는 방법이다. 이 방법은 초점집단 구성원들을 변화과정에 포함시킬 수 있고 조직 전반에 걸친 광범위한 사정을 할 수 있다는 특징이 있다. 조직을 사정하는 세 번째 방법은 외부조언자를 이용하여 조직의 현 상태를 사정을 하는 경우이다. 외부조언자를 통해 현 상태에 대한 사정을 하게 되는 것보다 객관적인 조직 사정이 이루어질 수 있지만 협력팀의 입장이나 관점은 조직 사정에 반영되지 못한다는 한계를 내포한다.

어떤 방식으로 조직의 현 상태에 대한 사정이 이루어지든 간에 조직의 능력에 대한 현실적이고 실제적인 사정이 이루어져야 하며 특히 조직사정에 있어 다음의 성격들이 반드시 조사되어야 한다고 한다.

- 조직 문화와 가치
- 조직구성원들의 태도
- 조직의 정책
- 조직의 관리적 측면
- 기술
- 조직의 구조
- 조직의 체계(예를 들어 보상체계, 통제체계, 평가 체계 등)
- 구성원들의 기술 수준

다양한 도구(tool)들이 조직 사정을 위해서 사용될 수 있는데 그중 하나의 도구가 변화준비사정이다(Trahant and Burke, 1996). **변화준비사정**(change readiness assessment)을 수행함으로써 변화주도세력은 변화를 위해 조직이 얼마나 준비가 되어 있는지를 이해하고 변화를 주도하는 지도자들에게 어떤 분야가 변화가 성공적으로 이루어졌을 경우 가장 먼저 해결되어야 하는 분야인지를 이해하는데 도움을 준다고 한다. 변화에 대한 조직의 준비를 사정하는데 있어 조직변화에 가장 영향을 많이 미친 12가지의 영역을 확인하는 것을 주요 내용으로 한다고 하는데 이 12개의 영역은 조직의 외적 환경, 임무, 지도력, 문화, 구조, 관리영역, 정책과 처리절차, 체계, 그리고 직무분위기 등이다.

조직변화와 조직문화를 다루었던 장에서 조직문화를 이해하는데 사용되었던 Cameron과 Quinn(1999)의 **조직문화사정**(organizational culture assessment)도 조직주성들이 하나의 전체로서 조직을 이해하는데 도움을 주기 위해 사용될 수 있다고 한다. Cameron과 Quinn(1999)은 조직문화사정이 조직 안에 현존하는 문화를 규정하도록 그리고 조직을 변화하는 욕구에 맞도록 발전시킬 수 있는 문화를 규정하도록 조직구성들을 돕는 역할을 한다고 강조한다. 사정을 통해서 조직구성원들은 조직이 서열적 문화를 가지고 있는지 또는 시장, 가족, 또는 위원회 문화를 가지고 있는지를 결정하고 그리고 조직구성원들이 어떠한 조직문화를 선호하는지를 알 수 있다고 한다.

또 다른 하나의 사정 도구가 **준비-능력사정차트**(readiness-capability assessment chart)이다. 이 차트는 조직구성원들의 변화에 대한 준비성과 능력에 대한 하나의 분명한 그림을 획득하는 것을 목표로 한다(Beckard and Harris, 1987). 준비-능력사정차트는 변화주도세력이 변화노력에 결정적인 개인이나 집단을 확인하는데 도움을 주며 그리고 변화에 대한 그들의 준비나 능력에 순위를 매기는 것을 도와준다고 하다. 이는 변화에 있어서 가장 주된 방해물은 조직의 정책이나 구조 또는 기술이 아니라 조직구성원 그들 자신이라는 신념에 기인한다. 여기서 **준비(readiness)**란 제안된 변화에 대해 개개인들이나 집단(또는 부서)이 가지고 있는 열정과 지원수준으로 정의되며 **능력(capability)**은 개개인들이나 집단 또는 부서가 변화를 실행할 수 있는 기술, 재능, 또는 자원으로 정의된다. 집단 구성원 개개인들이 그리고 집단이 변화에 준비가 되어 있는지를 사정하는 것 그리고 변화할 수 있는 능력을 가지고 있는지를 사정하는 것은 변화를 성공적으로 이끄는데 많은 도움을 준다. 즉, 개인이나 집단의 변화능력은 기술, 시간, 자원, 정보, 그리고 지원의 적절성과 같은 요인들이 변화에 영향을 미친다. 그리고 이러한 요인들에 기초하는 개인들의 능력은 협력팀에게도 도움을 주고 변화계획의 효과성을 평가하는 데에도 그리고 변화를 위한 계획을 수립하는 데에도 도움이 된다. 다음의 표는 준비-능력사정차트의 예이다.

〈표 9-3〉 준비-능력사정차트의 예

지침:
1. 왼쪽 맨 끝 칸에 변화노력에 결정적인 개개인들이나 집단의 이름을 적으시오.
2. 변화의 관점에서 그들의 준비성과 능력에 해당된 곳에 체크하시오.

	준비성			능력		
	높음	중간	낮음	높음	중간	낮음
1.						
2.						
3.						
4.						
5.						
6.						
7.						
8.						

자료: Beckard and Harris(1987). p. 63에서 재인용

결국 조직 현 상태에 대한 사정은 조직변화계획을 작성하기 위해 반드시 필요한 과정이며 조직의 힘과 약점 그리고 조직행동의 체계적 유형을 완전히 이해하는데 도움이 되기 때문에 중요하다고 결론지을 수 있다.

2. 변화계획의 작성

1) 변화의 크기, 복잡성, 확실성의 수준과 변화계획

변화계획을 작성하기 전에 반드시 고려해야 하는 것으로서 Frame(1987)은 계획의 복잡성, 계획의 크기, 불확실성의 수준 그리고 조직이 필요로 하는 요구들과 같은 요인들을 강조하였다. 계획은 미래지향적이기 때문에 당연히 미래를 다룬다. 따라서 아무리 계획이 예측을 포함하고 있다 해도 반드시 알려지지 않은 또는 예기치 못한 일들이 발생할 수 있다. 결국 최상의 좋은 계획이라는 것은 미래의 예측에 대한 정확성을 가지고 있는 계획이라고 할 수 있다. 일반적으로 계획은 복잡성이 크면 클수록 변화과정이나 단계에 대한 명확한 구별이나 분별의 필요성이 증가한다고 할 수 있다. 그리고 계획의 크기가 크면 클수록 계획은 조정과 협조를 필요로 한다. 많은 시간을 요구하는 거대한 계획을 수행할 때 이루어져야 하는 것이 무엇인지 언제 이루어져야 하는지 등을 포함하는 변화의 수행노선에서 이탈하는 경우가 존재한다. 따라서 이러한 경우를 극복하기 위해서 구성원들은 반드시 취해져야 하는 행동들의 일정을 유지해야 하고 책임성을 가지고 구체적인 계획 스케줄을 작성하는 것이 중요하다고 볼 수 있다. 결국 변화를 위한 계획을 작성하는 계획가는 미래에 관한 정보를 조금밖에 가지고 있지 않는 경우 그리고 변화가 복잡한 경우 계획이 많은 수정을 필요로 할 것이라는 것을 인식하여야 함이 중요하다고 할 수 있다.

Golden(1997)은 그녀에서 대부분의 조직들이 빠른 행동을 요구하는 간략한 계획을 수립하고 필요에 따라 계획을 수정한다는 점을 발견하였다. 빠르게 행동하고 그 행동에 대해서 철저하게 분석하고 다시 행동을 수정해서 다시 행동을 진행시키는 것이 변화에 있어 중요하다는 것이다. 따라서 그녀는 유연성과 순응성이 변화 또 혁신에 있어서 중요한 이정표가 된다고 강조하였다. 결국 그녀는 완벽한 미래에 대한 예측이 불가능하다면 기술적으로 학습하는 것이 기술적으로 예측하는 것보다 더욱 중요하다고 생각하였다고 볼 수 있다. 결국 변화를 주도하는 협력팀은 계획을 수립하는데 있어 조직의 문화를 인식하여야 한다는 점과 계획의 복잡성, 크기, 확실성의 수준에 알맞은 계획을 개발하는 것이 중요하다고 할 수 있다.

2) 변화계획의 설계

변화를 위한 행동이나 과정을 위해 하나의 계획을 수립하는 것은 무엇을 변화시킬 것인지 그리고 어떻게 변화시킬 것인지 그리고 우리는 현재 변화의 과정 중에 어디에 있는지를 보여주는 지도와 같은 역할을 담당한다. 변화를 위한 행동계획을 수립하는 것은 현재 상태(변화 이전)에서 미래 상태(변화 이후)로 나아가기 위한 과도기간을 관리하는 계획을 수립하는 것과 같다. 변화를 위한 행동계획을 수립하는데 있어 반드시 고려되어야 하는 점으로 Proehl(2001)은 다음과 같은 세 가지의 질문들을 강조하였다.

첫째, 변화를 위해 필요한 것이 무엇인가?
둘째, 변화가 어디에서 일어나는가?
셋째, 누가 변화를 관리할 것인가?

이들 질문에 대한 대답이 결국 변화를 위한 행동계획안에 포함되는 주된 내용이 될 수 있다. 이들 질문들에 대해 좀더 살펴보면 다음과 같다.

■ **(변화를 위해 필요한 조건)변화를 위해 필요한 것이 무엇인가?**

행동계획은 현재의 상태에서 미래의 상태로 어떻게 도달할 것인가를 보여주는 지도의 역할을 담당한다. 계획은 단순히 협력 팀이 이루기 위해 필요한 것이 무엇인가를 생각하는 하나의 서류가 아니라 이전의 변화의 단계들에서부터 획득된 그리고 학습된 자료들을 포함하는 서류라고 할 수 있다. 일반적으로 협력 팀이 변화를 위한 행동계획을 수립할 때 팀은 첫 번째로 해결되어야 하는 중요한 단계들에 대한 목록을 만들고 그리고 나서 각 단계들마다 수행해야 하는 과업들에 대해 상세한 내용들을 덧붙인다고 한다. 이러한 행동수립과정을 **직무세분화구조**(work breakdown structure, WBS)라고 부른다고 한다(Proehl, 2001).

직무세분화구조는 변화계획스케줄을 위한 하나의 기초를 형성하며 다양한 과업들이 언제 시작되고 언제 끝나는지를 조직구성원들에게 보기 쉽게 알려주는 도구인 Gantt 차트가 포함된다. 그리고 직무세분화구조는 시간 또는 성과에 의해 짜여진다. 협력 팀은 다음의 질문들에 대한 대답을 직무세분화구조에 포함시킬 수 있다.

첫째, 성과를 성취하기 위한 중요한 전략은 무엇인가?

둘째, 각각의 전략 하에서 반드시 성취하여야 하는 중요한 과업은 무엇인가?

셋째, 누가 주요 과업을 책임지는가? 그리고 과업성취를 위한 기한은 언제인가?

다음은 실업자직업훈련을 담당하는 부서의 변화를 위한 직무세분화구조의 예이다.

〈표 9-4〉 직무세분화구조의 예

전략	주요 과업	과업에 책임을 가지고 있는 직원	기한
1. 해결해야 하는 이슈의 절박성에 대해 의사소통을 한다.	1. 부서 직원들과 모임이나 회의를 통해 의사소통을 한다. 2. 선전물을 만들어서 직원들에게 나누어 준다. 3. 직원들에게 이 메일을 보낸다. 4. 직무를 수행하는 동안에 틈틈이 이슈에 대해 논의를 한다.	홍OO 김OO	3/1
2. 직업훈련프로그램의 재설계	1. 현재의 프로그램절차의 검토	김OO	3/1
	2. 새로운 프로그램의 설계	이OO 김OO	4/1
	3. 직원들과 client들로부터의 피드백	이OO 최OO	4/15
	4. 새로운 프로그램의 검토	협동 팀	5/1
	5. 새로운 프로그램의 실행	협동 팀	5/1
3. 업무구조의 재조정	1. 현 부서의 문화에 대한 검토	장OO	3/1
	2. 업무분담의 질과 양에 대한 검토	장OO	4/1
	3. 현행 업무의 효과성에 대한 검토	장OO 홍OO	4/15
	4. 업무조정대안들의 설립	최OO	5/1
	5. 대안들의 가능성 확인	협동 팀	5/15
	6. 실현 가능한 대안의 선택	협동 팀	6/1
	7. 새로운 업무구조의 실행	협동 팀	6/1

■ 변화가 어디에서 일어나야 하는가?

일단 협동팀이 무엇들을 수행할 것인지를 결정하게 되면 팀 구성원들은 그것들 중에서 무엇에다가 먼저 초점을 맞추어서 총력을 기울인 것인지를 결정해야만 한다. 변화계획에 의존하면 다음과 같은 곳이 변화가 일어나는 곳이 될 수 있다.

(1) 선임직원들: 기관에 오래 동안 몸담고 있는 선임직원들이 먼저 변화계획을 수행하는 경우가 있을 수 있는데 이러한 경우는 조직문화를 변화시켜야 하는 경우에는 더욱 효과적이 될 수 있다.

(2) 변화 준비가 된 부서: 변화에 관심이 있고 준비가 되어 있는 부서에서 먼저 변화계획을 시작하는 것이 조직 안에서의 변화 동력을 건설하기 위해 적절할 수 있다.

(3) 제대로 기능하지 않는 부서: 어떤 경우에는 변화를 필요로 하는 가장 큰 불만이나 불편을 경험하고 있는 부서에서 변화계획을 시작하는 것이 최상일 수 있다.

(4) 새로운 부서나 팀: 과거의 역사를 가지고 있지 않은 새롭게 구성된 팀이나 부서가 조직 안에 개입하기 위해 가장 이상적인 장소가 될 수 있다.

(5) 개개 직원구성원: 변화를 수행하는데 있어 나중에 도움을 줄 것 같은 직원들의 집단에 먼저 개입하는 것이 효과적일 수 있다.

(6) 임시 계획 팀: 변화노력들이 증가하는 경우에 있어 임시 팀이 구성되어 변화가 완전하게 성공적으로 마무리될 때까지 존재하는 경우가 있다.

변화의 성격에 따라서 위에서 제시된 대안들 중에서 어느 곳에서든 변화가 일어나게 된다. 협동팀은 변화가 어디에서 먼저 시작되어야 할 것인지를 모든 가능한 정보에 기초해서 판단해야 한다. 어떤 경우에는 팀이 결성되기도 전에 어디에서 변화가 먼저 수행될 것인지가 결정되는 경우도 있으며 어디서 먼저 변화가 수행되는가가 변화과정의 효과에 영향을 미치게 되기 때문에 협동팀은 변화가 일어나야 하는 장소에 대한 심사숙고가 반드시 필요하게 된다.

■ 누가 변화를 관리할 것인가?

변화과정에서 변화를 관리한다는 것은 조직 안에서 변화에 따른 긴장을 최소화하고 변화를 촉진시킬 수 있는 기회를 최대화할 수 있으며 변화를 관리할 수 있는 기술이 있으며 협력 팀원들을 포함하는 변화에 관련이 있는 이해관련당사자들이 믿고 따를 수 있는 집단 또는 개인들이어야 한다고 했을 때 다음과 같은 가능한 집단이나 개인이 있을 수 있다.

(1) 기관의 장: 기관의 성격이나 문화를 바꿀 만큼 변화가 복잡하고 강도가 높을 때 변화를 관리할 사람으로 기관의 장이 적합할 수 있다.

(2) 변화계획관리자: 변화계획에 총 책임이 있는 관리자는 계획의 팀 구성원들을 관리할 수 있는 힘을 가지고 있을 수 있으며 이러한 경우에 계획관리자의 힘과 권위는 관리자라는 자리에서 온다.

(3) 실존하는 구조: 강도가 낮고 복잡하지 않은 변화는 책임성의 일상적인 시스템을 사용하는 평상의 관리과정을 통해서 관리될 수 있다.

(4) 협력 팀: 때때로 협력 팀이 변화노력을 인도할 뿐만 아니라 변화를 관리하기 위해 선택되어지기도 한다.

(5) 또 다른 팀: 변화의 성격에 따라서 협동팀이 변화를 관리하는 것보다 다른 하나의 팀이 변화를 관리하는 것이 효과적인 경우가 있다.

결론적으로 변화를 위한 행동계획을 수립하는데 있어 누가 변화를 관리할 것인지, 변화가 어디에서 일어나야 하는지 그리고 변화를 위해 필요한 것이 무엇인지를 포함하는 구체적이고 명확한 행동체계를 수립하는 것이 무엇보다 중요하다고 볼 수 있다.

행동계획을 수립할 때 또 한가지 고려되어야 하는 것으로서 될 수 있으면 작은 성취 가능한 성과를 획득할 수 있는 계획을 포함하는 것이 궁극적으로 결과하는 변화에 대한 성과를 확보하는데 많은 도움이 된다는 사실이다. Proehl(2001)에 따르면 계획된 변화를 수행해 나가는데 있어서 변화에 대한 조직구성원들의 불명확함이나 애매한 행동을 없애주고 변화가 눈에 보이는 실제라는 것을 확신시켜 주기 위해서 작은 승리들이 반드시 필요하다고 한다. 작은 승리 또는 변화가 기대했던 궁극적인 성과로 나아가는데 있어서 성취되는 작은 성과들은 변화에 대한 냉소주의와 저항을 불식시키고 변화를 위한 희생이 가치 있는 것이며 협력 팀에게 비전이 확실히 눈에 보이게 인도한다는 측면에서 중요하다고 한다. Kotter(1996)는 작은 성과나 승리들은 변화과정이 앞으로 나아가는데 있어 동력으로 작동할 수 있다고 한다. 결국 조직이 변화하느냐 마느냐의 열쇠는 변화주도세력이 작은 승리를 계획하는 것이 어렵다고 하더라도 작은 승리를 끊임없이 추구하는 것이라고 할 수 있다.

변화가 장기적으로 진행되는 경우 조직구성원들은 물론이고 협력팀원들도 변화의 절박성을 잃게 되고 동력을 상실하게 되는 경우가 발생하기 때문에 변화의 필요성과 동기를 유지하기 위해서 작은 승리들이 필요하게 된다. 하나의 궁극적인 성과를 성취하기 위한 변화의 계획 하에서 성공적으로 변화가 성취되기 위해 몇 개의 일련의 성취해야 할 과제를 설정하여 하나씩 그 과제가 성취되고 나아가 결과적으로 커다란 변화의 목적이 성취되는 변화과정이 중요한 것이다.

제 5 절 변화의 다섯 번째 단계: 변화를 위해 사람들을 다루는 단계

1. 저항세력 관리

변화를 위한 계획을 수립하는 과정은 변화를 위한 다음 단계인 변화에 소극적인 나아가 저항하는 사람들에 대한 처리와 직접적으로 연관이 있다고 할 수 있다. 왜냐하면 변화를 관리하는 과업들 중에서 변화에 적극적인 사람을 변화에 개입하도록 하는 것보다 훨씬 더 변화에 저항하는 사람들을 최소한 변화에 반대하지 않도록 또는 변화에 대한 저항을 최소화하도록 하는 것이 중요하기 때문이다. 아무리 변화를 위한 계획이 훌륭하게 수립되었다고 해도 변화를 계획적으로 또는 계획된 대로 진행시키기 위해서는 변화에 저항하는 사람들에 대한 관리가 반드시 필요하게 된다.

어떤 의미에서 본다면 완벽한 변화노력의 성공이라는 것이 없고 또한 반대로 완벽한 변화노력의 실패도 없다. 변화 과정에서 나타나게 되는 변수 또는 문제점들로 생각될 수 있는 것들로는 변화가 너무 오래 지속된다든지 계획보다 더 많은 돈이 들어간다든지 강력한 저항을 만나게 되어 변화가 포기된다든지 예상치 못한 부정적 부수 효과를 생성시킨다든지 또는 조직구성원들 사이에 감정적인 격변을 불러일으키는 경우가 있을 수 있다. 변화주도세력은 특히 사람들로부터의 저항이 발생하기 전에 저항을 사전에 예상하고 저항을 관리하여 변화를 성공적으로 수행하는 것이 무엇보다도 중요하다고 한다. Kotter와 Schlesinger(1992)는 다음과 같은 네 개의 일반적인 저항의 유형과 그것들을 다루는 방식에 대해 다음과 같이 정리하고 있다.

(1) **편협한 자기이익**: 조직구성원들은 변화의 결과로서 무엇인가를 잃을 수 있다고 생각할 수 있으며 자신의 이익을 조직의 이익에 우선해서 생각할 수 있다. 이러한 개인주의적 사고가 조직에 저항하게 하는 이유들 중에 하나로 간주된다.

(2) **오해와 신뢰부족**: 조직구성원들은 변화에 대한 정당한 근거를 이해하지 못하는 경우도 있으며 변화가 조직에게 많은 것을 가져다준다기보다 많은 것을 잃게 할지도 모른다고 생각할 수 있다. 특히 관리자보다는 직원들이 변화노력에 대한 오해와 불신을 더욱 많이 갖게 된다고 한다.

(3) **변화에 대한 낮은 포용력**: 조직구성원들이 새로운 조직에 순응할 수 없다고 생각하기 때문에 또는 순응에 필요한 지식과 기술을 가지고 있지 않기 때문에 변화에 저항할 수도 있다.

(4) **상황에 대한 상이한 인식**: 직원들은 변화주도세력들과는 다른

상황인식을 하는 경우가 있다. 직원들이 상황을 사정하였을 때 변화주도세력과는 달리 혜택보다는 비용이 더 많이 들어간다고 판다나는 경우 당연히 변화에 저항하고 소극적이게 된다.

변화주도세력은 변화과정에서 어떠한 저항이 일어날 것인지를 예측하고 그 저항을 다룰 수 있는 방법을 개발하는 것이 필요하다고 할 수 있다. Kotter와 Schlesinger(1992)가 제시한 저항을 다루기 위한 전략을 소개하면 다음과 같다.

(1) **교육과 의사소통**: 조직구성원들을 교육을 통해서 변화에 대한 필요성과 논리들을 인식시키게 함으로 변화에 부정적이지 않도록 할 수 있다. 교육과 의사소통은 변화에 대한 필요성을 촉진시키고 현 상황에 대한 불만족을 만들어 낼 수 있는 필요성을 인식시키게 하는데 많은 도움이 된다.

(2) **참여와 개입**: 만약 변화에 저항하는 조직구성원들을 변화를 위한 실행과 계획의 작성에 개입할 수 있도록 한다면 저항을 최소화시킬 수 있다. 결국 변화과정에 참여시킴으로써 저항을 극복할 수 있게 된다.

(3) **촉진과 지지**: 변화에 관한 공포와 불안감이 있을 때 변화주도세력은 조직구성원들을 지지해야 할 필요성이 있다. 교육과 의사소통 그리고 변화과정에 개입하도록 하는 방법 등이 모두 변화에 대한 공포를 줄어들게 하지 못하는 경우 공포와 불안감에 휩싸여 있는 직원들의 입장을 들어주어 그들의 감정적 욕구를 다룸으로써 즉, 그들을 감정적으로 지지함으로써 그들의 저항에 대한 불안감을 극복할 수 있게 된다.

(4) **협상과 동의**: 협상과 동의는 둘 다 저항하는 구성원들에게

변화에 대한 동기를 부여하기 위해 필요하다고 한다.

(5) **선출**: 위에서 지금까지 제시하였던 방법들이 효과적이지 못하거나 다 실패하는 경우에 변화주도세력은 변화의 실행과 설계과정에 변화에 저항하는 개인이나 집단들에게 적당한 역할을 제공하는 전략을 선택할 수 있다. 이것은 개인이나 집단에게 특정한 지위를 부여하는 것이기 때문에 참여나 개입전략보다 한 단계 강화된 전략이라고 할 수 있다.

Galpin(1996)은 변화주도세력에게 도움이 되는 저항세력을 다루는 또는 관리하는 데 사용할 수 있는 모델을 제시하였다. 그의 모델은 저항피라미드라는 다음의 그림으로 이해될 수 있다.

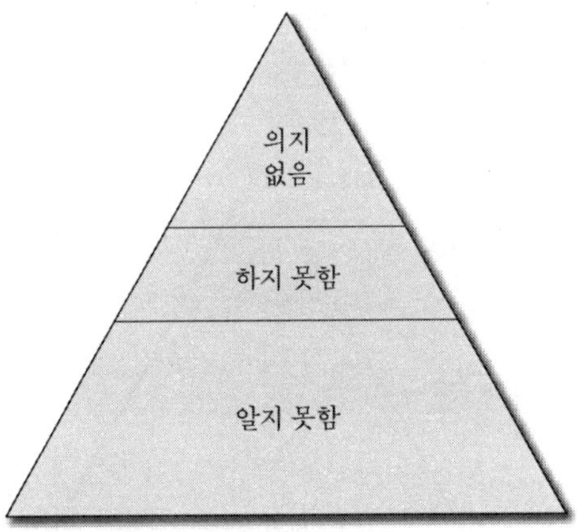

자료: Galpin(1996). p. 43에서 재인용

〈그림 9-1〉 저항피라미드

Galpin(1996)에 따르면 각 단계가 만족하게 되면 그 다음단계로 발전하게 된다고 한다. 예를 들어 한 사회복지사가 왜 새로운 복지전달시스템이 필요한지를 이해하게 되면 그 사회복지사는 새로운 복지전달시스템을 공부할 가능성이 있게 된다고 한다. 그리고 나아가 그 사회복지사가 새로운 기술을 획득하게 되면 변화에 대한 저항을 극복할 수 있는 확신감을 갖게 될 것이라고 한다. 따라서 이 저항피라미드모델에 따르면 조직구성원들이 변화에 직면했을 때 가장 먼저 필요한 것은 지식과 정보라고 한다. 그리고 그 다음 단계로 필요한 것이 교육과 훈련이나 지도 등을 통한 새로운 기술과 능력이며 세 번째 단계에서 구성원들이 지식과 기술을 가지고 있는데도 변화에 저항한다고 한다면 그때는 변화에 따르는 보상과 보답의 방법들을 사용하고 개개인이나 집단들의 각각의 수행능력의 목적들을 구분하고, 효과적인 수행능력평가를 만들고 변화에 대한 지도체계나 피드백체계를 건립하는 방식들이 사용될 수 있다고 한다.

따라서 기존의 저항피라미드를 수정하면 다음과 같은 수정된 저항피라미드가 나타난다.

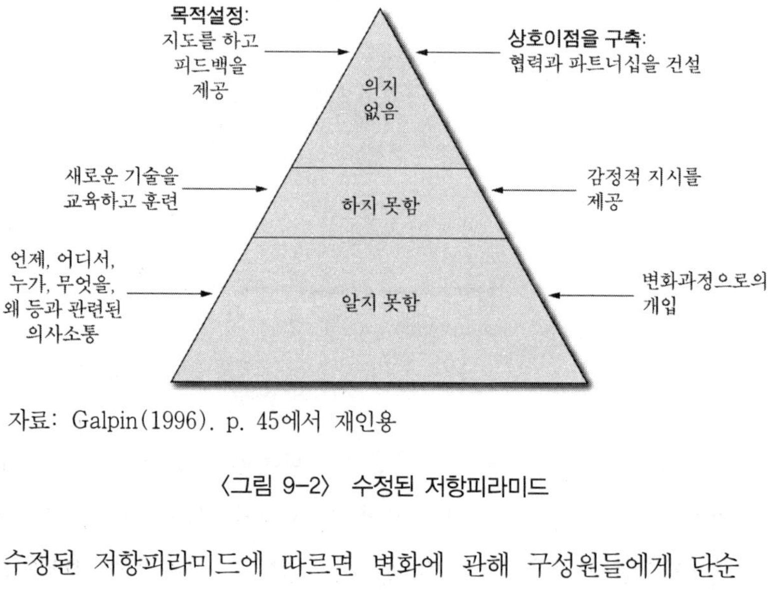

자료: Galpin(1996). p. 45에서 재인용

〈그림 9-2〉 수정된 저항피라미드

수정된 저항피라미드에 따르면 변화에 관해 구성원들에게 단순히 알리는 것 대신에 그들이 변화과정에 활동적으로 참여할 수 있도록 초청될 수 있다. 또한 그 다음 단계로는 변화에 대처하기 위한 기술과 능력을 다루는데 만약 교육과 훈련이 충분하지 않은 경우에 감정적인 지지가 제공될 수 있다고 한다. 그리고 피라미드의 맨 마지막 층에서 변화주도세력은 저항세력들에 대한 관리감독의 책임감이 있기 때문에 변화에 저항하는 저항세력들의 저항의지를 해결하기 위한 다른 전략들이 필요하게 되는 것이다. 위와 같은 단계들을 거치면서 저항을 줄어들게 되고 저항은 곧 변화에 대한 개입과 지지로 수정될 수 있게 된다.

2. 직원의 행동수정과 갈등 해결

변화과정에서 사람을 다루는데 있어서 변화에 개입되어 있는 사람들 스스로가 변화에 저항하는 행동을 하는 경우가 있다. 따라서 변화에 있어 조직구성원들의 행동을 수정하는 것도 성공적인 변화를 위해서 필요하다고 할 수 있다. 대부분 협력 팀들은 실행되어야 할 필요성이 있는 변화에 관해서 토의하기 위해 많은 시간을 보내고 누가, 언제, 어디서, 무엇을 변화할 것인지를 확인하기 위해서 또한 많은 시간을 보내게 된다. 결국 협력 팀은 변화가 나타내는 문제를 해결하기 위해 전적으로 힘을 쏟지만 변화에 책임이 있는 사람들의 행동을 어떻게 변화시킬 것인지에 대해서는 관심을 갖지 않는 경향이 있다고 한다. 변화주도세력 안에 있는 구성원들의 행동을 수정하는 것은 변화를 준비하는데 있어 변화를 위해 조직구성원들이 어떻게 준비가 되어 있는지 그리고 변화능력이 있는지를 결정하는 중요한 과정에 포함되기 때문에 변화에 있어 결정적이라고 할 수 있다. 다음과 같은 질문에 대해 심사숙고하고 조심스럽게 응답함으로써 구성원들을 스스로 저항행동을 없애고 변화를 수행하는 것에 모든 힘을 집중해야 한다.

- 변화가 실행되기 전이나 또는 과정 중에 일방적인 의사소통이 아닌 쌍방의 의사소통이 일어나도록 하기 위해서 어떤 행동이 취해져야 하는가?
- 변화노력에 구성원들을 개입시키기 위해서 어떤 단계들이 취해져야 하는가?
- 조직구성원들의 감정적인 대응을 해결하기 위해서는 어떤 행동이 수행되어야 하는가?
- 변화를 실현하기 위해서는 어떤 새로운 행동, 지식, 태도가 필요한가?
- 조직구성원들이 변화하기 위해서는 어떤 보상(incentives)이 있어야 하는가?
- 어떻게 변화가 진행되고 있는지에 관한 피드백을 얻기 위해서 협력 팀은 어떻게 해야 하는가?

또한 사회복지조직 내의 조직구성원들 사이에 또는 협력 팀원들 사이에 변화를 둘러싸고 갈등이 일어나는 경우가 발생할 수도 있다. 이러한 갈등상황이 일어나는 경우에 대부분의 사회복지사들에게 있어 변화과정을 연기하고 싶은 그리고 변화를 포기하고 싶은 생각이 일어날 수 있다. 하지만 이러한 갈등이 일어난다고 해서 변화를 포기한다는 것은 변화행동에 있어 적절한 행동으로 생각될 수는 없으며 오히려 갈등의 형성이 변화를 위한 긍정적 표시라고 간주하는 것이 성공적인 변화의 성취를 위해 바람직하다고 한다

(Proehl, 2002). 예를 들어 변화과정에서 조직구성원들 사이에 아무런 갈등이나 저항이 일어나지 않는다고 한다면 변화가 실제로 일어나는 것인지 아닌지에 관한 의문이 생길 수 있기 때문이다. 갈등과 논쟁을 동반하지 않는 변화는 현 상황을 그대로 유지하는 변화일 수 있기 때문이다(Lynn, 1997). Wheatley(1999)에 따르면 새로운 변화의 성공 이면에는 격동과 불안정 기간을 극복했다는 것을 포함한다고 한다. 따라서 변화를 이끄는데 있어서 가장 도전적인 그리고 반드시 극복해야 하는 측면은 갈등을 성공적으로 다루는 것이라고 한다.

Luft(1984)에 따르면 조직에 있어 갈등은 피할 수 없는 것이지만 갈등이 파괴적이냐 건설적이냐의 사이에는 많은 차이점이 존재한다고 한다. 건설적인 갈등에 있어 갈등에 의해서 표현되는 상이점이 제시되고 서로 다른 입장에 있는 사람들 사이의 관계는 계속 유지되며 파괴적인 갈등에 있어 서로 다른 입장에 있는 사람들 사이의 관계는 손상받게 된다고 한다. Luft(1984)는 구성원들이 자존심을 상실하게 되면 갈등은 파괴적이 된다고 한다. 따라서 변화 주도세력의 과업 중에 하나는 갈등을 개인적 측면이 아니고 조직적 측면에서 다루고 갈등의 가치를 강조하는 것이라고 할 수 있다. 갈등이 변화과정에서 조직적 측면에서 다루어지는 일상적인 부분이 되면 조직구성원들은 갈등이 나타나게 될 때 덜 당황하게 되고 변화과정에서 중도 포기하는 성향이 없어지게 될 것이다. 덧붙여서 협력 팀은 갈등이 발생하였을 때 교육적인 역할을 취해야 한다.

다음의 표는 변화를 위한 단계들 중에서 세 번째 단계인 변화계획을 작성하는 단계와 네 번째 단계인 변화를 위해 사람들을 다루는 단계에 포함되는 내용들을 표로 간략하게 나타낸 것이다.

〈표 9-5〉 변화를 위한 중간단계

3단계: 변화를 계획하는 단계(현재상태의 사정)	
실행절차	일어날 수 있는 문제들
·변화준비성사정을 수행할 것 ·기관의 장점과 약점을 변화와 관련해서 확인할 것 ·조직체계를 하나의 전체로서 이해할 것 ·기초 자료를 수집할 것	·사정이 필요 없다고 생각하는 경우 ·유효한 자료의 부족 ·조사할 시간의 부족 ·조사과정이 너무 길다 ·조사가 너무 광범위하다
4단계: 변화를 계획하는 단계(변화계획)	
실행절차	일어날 수 있는 문제들
·계획의 세부사항을 결정할 것 ·행동계획과 스케줄을 개발할 것 ·어디서부터 변화가 일어날 것이지를 결정할 것 ·부가 변화를 관리할 것인지를 결정할 것 ·조직구성원들에게 이것이 변화가 당신들에게 의미하는 것이라는 것에 관한 정보를 제공할 것	·협력 팀이 이 전의 단계들을 건너뛴다. ·계획을 수립할 시간을 갖지 못한다. ·너무 많은 또는 너무 적은 상세기록들이 나타난다. ·변화의 의미에 대해 조직구성원들에게 정보를 제공하는데 실패한다.
5단계: 사람들을 다루는 단계	
실행절차	일어날 수 있는 문제들
·잠재적인 저항의 요인들을 확인한다. ·저항을 처리할 수 있는 전략을 개발한다. ·의사소통, 개입, 보상, 유인책, 책임성 등을 다룰 수 있는 계획을 수립한다.	·저항을 과소평가한다. ·인간의 요소들에 관한 이해의 부족 ·계획과 스케줄에 사람을 다루는 전략을 포함시키는 것을 실패한다.

제6절 변화의 여섯 번째 단계: 변화의 실행단계

변화에 대한 계획이 작성되게 되면 즉, 변화를 어떻게 성공적으로 수행할 것인지에 대한 구체적인 행동계획이 수립되면 조직적 변화의 다음단계인 변화계획을 실행하는 단계로 들어가게 된다. 대부분의 조직적 변화의 실패는 계획을 실행에 옮기지 못하기 때문에 또는 변화를 계획된 대로 실행하지 못하여 일어나는 경우가 많다. 결국 계획을 잘 수립하는 재능을 가지고 있는 변화주도세력이 변화계획을 또한 잘 실행에 옮긴다는 것을 의미하지 않기 때문에 변화를 실행에 옮기기 위해서 또 다른 기술과 지식이 필요로 하게 된다고 할 수 있다.

1. 변화실행과 시기적절성

수립된 계획을 실행하는데 영향을 미치는 요소로 불규칙한 시간을 들 수 있다. 변화 협력팀은 때대로 상황을 분석하고 행동을 위한 상세한 계획을 개발하는데 너무 많은 시간을 소비하여 실제적으로 조직구성원들이 변화에 대한 동기를 상실하게 되고 그들의 변화를 향한 힘이 실행으로 전환되지 않게 되는 경우가 발생하게 된다. Golden(1997)에 따르면 너무 긴 계획을 수립하는 기간은 짧은 계획기간보다 덜 성공적이며 분석은 행동이 이루어진 후에 수행되는 것이 행동 전에 이루어지는 것보다 효과적이라고 강조한다.

Golden은 분석과 행동 사이의 균형은 시기적절성(timing)이 관건이며 분석의 가장 중요한 역할은 변화계획의 실행이후에 나타나는 것을 분석하는 것이라고 강조하였다. 따라서 협력팀은 일단 행동을 빨리 실행하고 행동을 실행하면서 나타난 문제나 장벽들을 극복하기 위한 수정을 하는 것이 효과적이라는 점을 인식하여야 한다. 일단 변화계획에 따라 변화가 진행되면(실행되면) 협력팀은 필요한 수정을 할 수 있는 꾸준하고 포괄적이며 유용한 정보를 계속 얻기 위해 노력하여야 하며 경험으로부터 빨리 배울 수 있도록 노력하여야 한다.

Schall(1997)은 변화는 빠르게 실행되어야 할 뿐만 아니라 점진적인 단계의 과정을 거쳐야 한다고 강조한다. 그녀에 따르면 점진적인 단계는 변화과정에 일어날 수 있는 가능한 실수를 줄일 수 있다고 한다. 특히 점진적인 단계의 과정을 거치는 것이 원래의 변화를 위한 설계와 계획수립과정의 차이나 격차를 볼 수 있도록 해주며 변화의 이해관련당사자들(client, 정부관리, 주민 등)에게 변화에 대한 대답을 하기 전에 필요한 적절한 수정을 할 수 있도록 돕는다고 한다.

협동팀이 변화행동을 빨리 실행하고 그리고 적절하게 전략을 수정하는 것을 돕는 또는 변화계획을 실행하는데 있어 변화주도세력을 도와주는 다양한 도구들이 있는데 이들을 살펴보면 다음과 같다(Proehl, 2001).

■ **비전진술**(vision statement): 정기적으로 본래 설정했던 비전을 다시 생각하는 것에 의해서 변화 협력팀은 그들이 여전히 변화 실행을 위한 궁극적인 이유에 서 있는지를 알 수 있다고 한다. 종종

변화실행 중간에 무엇 때문에 변화를 시행하는지 또는 변화를 위한 비전이 무엇이었는지를 잃어버리는 경우가 발생하는데 성공적인 변화를 위해서는 반드시 의도했던 비전으로부터 벗어나는지 아닌지를 확인하는 것이 중요하다고 한다.

■ **결과(outcomes)**: 결과를 설정하는 것도 또한 분명하고 측정할 수 있는 목표나 표적(targets)을 확인할 수 있기 때문에 변화노력의 방향이 올바른지를 가르쳐 준다고 한다. Prohl(2001)에 따르면 성공적인 변화계획에 있어 가장 중요한 기여자는 성취하여야 하는 분명하게 확인된 그리고 동의된 목표를 갖는 것이라고 한다.

■ **예산(budgets)**: 예산의 수립은 재정자원의 할당을 위한 매개변수를 설정하는 것이고 예산은 계획이 과잉 지출되지 않는지를 확인할 수 있도록 돕기 때문에 예산이 결국 변화계획을 실행하는데 있어서 변화 주도세력을 돕는 역할을 하게 된다.

■ **겐트차트(Gantt charts)**: 겐트차트를 이용해서 협력팀의 책임자는 변화를 위한 각각의 행동들이 필요한 시간의 양을 확인할 수 있게 된다. 겐트차트에는 행동들이 시간순서대로 나타나 있기 때문에 어떤 시점에 어떤 행동이 이루어져야 하는지를 확인할 수 있는데 도움을 받게 된다.

■ **책임성차트(responsibility chart)**: 책임성차트는 변화과정에서 특정 행동에는 누가 책임이 있는지를 나타내주는 차트이다. 책임성차트는 변화세력조직성원들이 할당된 책임성에 대한 후속조치나 후속행동들에 책임을 유지하도록 돕는 역할을 담당한다.

■ **개입차트(involvement chart)**: 개입차트는 행동이 취해지기 전에 누구와 상의가 이루어져야 하는지, 누가 필요한 자원을 가지고 있는지, 누가 거부할 권리를 가지고 있는지, 누가 책임성을 가지고

있는지를 확인하는 것을 돕는다고 한다. 다음의 표는 개입차트의 예를 나타낸 것이다. 개입차트의 표에 따르면 조직구성원들 예를 들어 기관의 책임자, 변화계획관리자, 재정책임자, 정보서비스책임자, 일선사회복지사 그리고 팀지도자(팀장) 등이 네 개의 중요한 계획을 결정하는데 있어서 어떤 역할을 수행하는지를 보여준다. 따라서 이 차트를 완성하게 되면 협력팀은 결절수립과정에 누가 개입하여 있는지를 알 수 있게 된다.

〈표 9-6〉 개입차트의 예*

	수행력목적 설정하기	의사소통체계 만들기	수행력평가체계수정하기	책임성시스템 만들기
책임자	A	S	A	A
변화계획관리자	R	R	R	R
재정책임자	S	S	S	I
정보서비스 책임자	S	R	I	I
일선사회복지사	I	I	I	I
팀지도자(팀장)	I	R	I	R

R(responsibility) = 책임성(권위일 필요는 없음)
A(approval) = 허락(거부할 권리 있음)
S(support) = 지지(자원을 할당함)
I(inform) = 고지(행동 전에 상의되었음)

* R. Beckard and R. Harris(1987). Organizational transitions: anaging complex change. Reading, MA: Addison Wesley에서 인용

■ 운영지침과 기준(standards)

협력팀은 변화계획을 실행하기 위한 기준을 확인하는 것이 종종 도움이 된다. 앞서서 분명한 지침을 설정하는 것이 변화를 실행하

는데 큰 도움이 된다.

2. 성공했던 계획의 반복

다른 조직이나 기관에서 성공하였던 계획을 살펴보는 것도 성공적인 계획행동의 실행을 위해서 필요하다고 한다. 비록 다른 기관에서 성공한 계획이 새로운 조직이나 기관의 정황에 딱 들어맞아서 똑같은 성공을 보장하지는 않지만(Berman and Nelson, 1997), 성공하였던 계획의 내용이 특정 조직의 욕구에 맞게 수정된다면 그 조직은 그 계획의 핵심적인 특징을 수용할 수 있다고 한다. 성공적인 계획의 반복은 심지어 같은 조직 안에서라도 조직적 정황의 중요성을 간과한다든지 또는 성공한 계획이라고 신성시될 경우는 실패할 수 있다. Berman and Nelson(1997)에 따르면 수정 없이 받아들여지는 반복은 성공가능성이 희박하다고 한다. 따라서 성공적인 계획을 반복하기 위해서 변화주도세력은 반드시 인구통계, 지역의 사회적, 경제적 그리고 정치적 측면, 자원, 조직의 정책과 절차뿐만 아니라 지도력, 조직문화, 직원능력, 자원할당결정 등의 조직적 요소들을 포함하는 그들 조직의 사회 정치적 상황의 실행과정을 심사숙고하여야 한다.

다음의 표는 변화를 위한 단계들 중에서 다섯 번째 단계인 변화의 실행단계 포함되는 내용들을 표로 간략하게 나타낸 것이다.

〈표 9-7〉 변화의 실행단계

6단계: 변화의 실행단계(현재상태의 사정)	
변화를 관리하는 단계	일어날 수 있는 문제들
·변화실행을 검토할 수 있는 도구를 설정 ·변화실행을 사정할 수 있는 도구의 사용 ·적절하게 변화계획을 수정하기 ·계획이 간과했던 것을 구체화하기	·도구설정의 실패 ·유연성 없이 변화계획에만 너무 집착 ·끊임없고 계속 연기되는 행동에 대한 분석에 너무 많은 시간을 소비

제 7 절 변화의 일곱 번째 단계: 변화결과에 대한 평가 단계

변화계획의 실행이 이루어진 후에 마지막으로 남게 되는 변화의 단계는 변화에 대한 평가를 통해서 조직성원들이 그들의 목적을 성취했는지 아닌지를 결정하고 그리고 강성자료와 연성자료를 포함하는 성취의 양적 증거를 확보하고 나아가 변화를 자축하는 것이라고 할 수 있다.

1. 변화의 평가

변화가 성공적이었는지 아닌지를 평가하기 위해서는 변화노력의 효과에 대한 객관적이고 분명한 측정 가능한 성과가 있어야 한다. 따라서 변화의 성과를 구체화시키는 것이 성공적인 변화인지 아닌지를 결정하는데 결정적인 역할을 수행한다고 할 수 있다. 예를 들어 비행청소년들의 학교 결석률이 결석예방프로그램의 변화 후에 12%에서 5%로 낮아졌다든지, 직업훈련프로그램의 변경 후에 직업훈련생들의 취업률이 50%에서 75%로 증가하였다 또는 조직구조의 변경 후에 직원 이직률이 15%에서 5%로 낮아졌다는 등의 측정 가능한 구체적이고 분명한 성과가 있어야 한다는 것을 의미한다. 분명하고 구체적인 평가여부를 측정할 수 있는 자료로서 변화협력팀은 강성자료와 연성자료를 사용할 수 있다. **강성자료**(hard data)는 쉽게 수량화할 수 있으며 쉽게 측정 가능하다. 그리고 양성자료는 화폐가치로 쉽게 전환될 수 있어 사람들로부터 객관적이고 신뢰할 수 있게 보여진다. 강성자료로 포함될 수 있는 것들로는 서비스의 증가, 비용절약, 시간절약, 질의 개선 등이 숫자나 퍼센테이지, 비율 등으로 나타나는 것들이다. **연성자료**(soft data)는 수량화되어 있지 않는 자료들, 예를 들어 문장, 단어, 사진, 상징들로 구성되는 자료를 의미한다. 따라서 연성자료는 직접적으로 수량화하는 것이 어려우며 화폐가치로 전환하는 것이 어렵고 종종 주관적인 자료이고 수행능력의 측정에 있어 덜 신뢰적이라고 할 수 있다. 변화의 측정에 있어 연성자료로 포함될 수 있는 것들은 업무습관(work habits), 직장분위기, 학습된 새로운 기술 등이 있을 수 있다. 업무습관이나 직장분위기 등을 직접적으로 나타낼 수 있는 지수 또는 객관적인 측정도구는 존재하지 않기 때문에 간접적인 자료들을 이용해서 측정하게 된다.

변화의 측정에 있어 사용할 수 있는 강성자료와 연성자료를 구체적으로 설명하면 다음과 같다.

■ 강성자료

서비스의 증가: client의 수, 완성된 과업, 줄어든 업무뒤처리 등

시간: 줄어든 초과근무, 처리시간, 훈련시간, 회의시간 등

비용: 줄어든 예산변화, 운영비, client 1인당 비용 등

질: 더 많아진 client의 수, 줄어든 범죄율, 아동, 부녀자 또는 노인 학대율, 직무 관련된 사고의 수, 개선된 소비자서비스 등

■ 연성자료

업무습관이나 직장분위기 등을 직접적으로 나타낼 수 있는 지수 또는 객관적인 측정도구는 존재하지 않기 때문에 다음과 같은 항목들을 통해서 간접적으로 알 수 있게 된다.

- **업무습관**: 줄어든 결석이나 게으름, 줄어든 휴식시간, 안전규칙 위반 등
- **새로운 기술**: 결정수립, 문제해결, 갈등이나 불만해결
- **직장분위기**: 줄어든 직원들 불만, 늘어난 직무만족, 줄어든 직원이직
- **승진 및 개발**: 증가된 승진자의 수, 인상된 임금, 높아진 평가고가점수 등
- **주도력**: 새로운 생각의 실행, 계획의 성공적인 수행, 제출한 제안서의 수, 실행된 제안서의 수 등

조직변화에 대한 평가의 결과는 평가와 관련이 있는 이해관련당사자(client, 직원, 재정지원자 등)들과 공유되어야 하며 결과는 이해할 수 있도록 분명하게 서술되어야 한다.

2. 변화와 자축

Proehl(2001)에 따르면 일반적으로 하나의 변화계획이 완성되면 조직구성원들은 변화에 따른 성취를 인식하는 시간을 갖기보다 또 다른 변화를 위한 도전에 시간을 할애하는데 이는 잘못된 것이라고 한다. 변화노력에 대한 자축시간을 갖는 것은 변화가 성공적으로 이루어졌든 실패하였든 간에 중요하다. 성공적인 변화인 경우 그 변화행동들을 위해 노력을 바친 모든 개개인들에게 변화노력에 대한 자축은 필요하며 변화가 실패한 경우라고 해도 변화계획에 개입하였었던 사람들에의 기여에 대한 감사의 표시와 지나간 변화과정에 대한 보고를 통해 새로운 변화노력에 대한 의미를 되새길 수 있는 시간을 허락한다.

다음의 표는 변화를 위한 단계들 중에서 여섯 번째 단계인 변화의 평가단계 포함되는 내용들을 표로 간략하게 나타낸 것이다.

〈표 9-8〉 변화의 실행단계

7단계: 변화의 평가단계	
실행절차	일어날 수 있는 문제들
·자료수집 ·평가결과의 배포 ·성원들이 원하는 축하방식의 선택 ·만약 있다면 변화행동에 대한 보상의 확인	·정보체계가 자료수집을 지원하지 않음 ·성원들이 자료수집에 대한 필요성을 인식 못함 ·결과를 배포하지 못함 ·변화의 축하나 성원들에 대한 보상을 하지 못함

제8절 소결: 비영리조직변화모델

본 연구에서 제시하는 비영리조직변화모델은 변화가 7단계의 과정을 거친다는 7단계모델이다. 특히 조직변화의 전제조건으로는 반드시 조직변화가 순환관계를 유지한다는 점과 조직변화의 단계는 하나 이상의 단계들이 복합적으로 동시에 발생할 수 있다는 점 등이 고려되어야 한다. 즉, 조직변화는 한 단계가 종결되고 다른 단계로 진행되는 것이 아니라 여러 단계들이 함께 작동할 수 있으며 변화는 일회적으로 끝나는 것이 아님으로 변화종결 이후에도 평가를 통해 새로운 변화가 준비되고 시행된다. 비영리조직변화단계를 그림으로 나타내면 다음과 같다.

비영리조직의 변화지도자는 변화를 위한 단계에서 변화를 위한 비전과 변화목적에 대해서 조직구성원들과 의사소통을 원활히 하여 조직구성원들이 변화에 저항하지 않고 적극적으로 지지할 수 있도록 변화주도체계 즉, 변화체계를 구축하여야 하며 변화에 대한 내외적 상황을 면밀히 분석하여 성공적인 변화를 위한 충분한 정보를 확보하여야 하고 수집된 정보를 바탕으로 변화계획서를 작성하여 변화가 체계적으로 이루어질 수 있도록 하여야 한다.

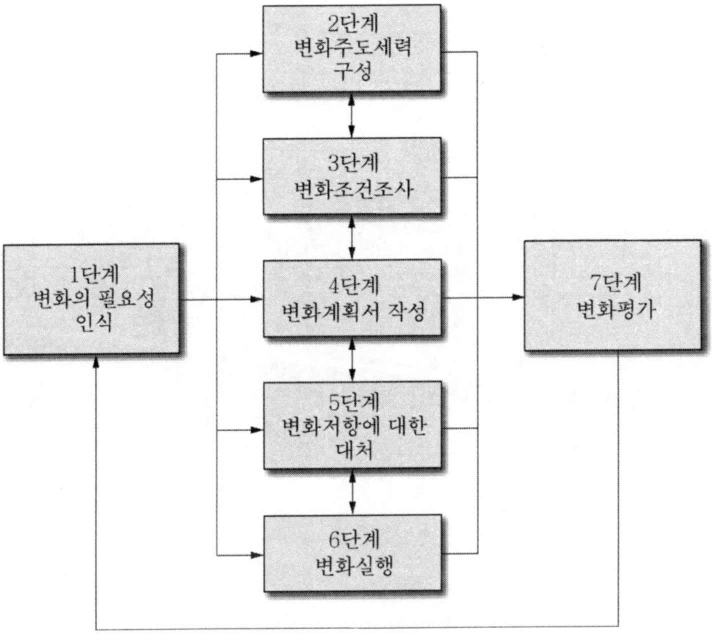

〈그림 9-3〉 비영리조직변화모델

제 10 장

조직변화와 지도력

제 1 절 변화하는 지도력의 유형

변화를 실행 또는 관리하는데 있어서의 지도자 역할의 중요성이 강조되는 것은 지도자의 역할에 따라서 변화의 성공여부가 결정될 수 있다는 점에 기인한다. 대부분의 조직들에서 성공적인 지도자로 평가받고 싶어하는 지도자들은 조직의 변화를 수행하고 소개할 수 있는 능력이 있어야 하며 또한 실재하는 다양한 변화들 사이의 차이점을 구분할 수 있는 그리고 변화에 적절한 전략을 개발할 수 있는 능력이 있어야 한다. Shaw와 Walton(1995)에 따르면 변화의 다양한 측면이라는 것은 각기 다른 상이한 상황에서는 상이한 변화를 위한 접근방법이 사용되어져야 한다는 점과 각각의 상황에 맞는 적절한 전략을 만들어낼 수 있는 지도력이 필요하다는 것을 의미한다고 한다.

어떻게 지도자가 조직을 이끄는가도 또한 변화주도세력으로서 지도자의 역할에 중요한 부분이라고 한다. Senge(1990)에 따르면 카리스마적 지도자의 유형은 이제 끝났으며 미래의 지도자는 조직 안에 있는 구성원들이 그들의 미래를 구체화할 수 있는 능력을 확장하도록 조직을 건설하는 것이 중요하다고 한다. 그에 따르면 그러한 지도자는 조직 구성원들이 문제의 원인을 처리하고 확인하는 것을 돕는 선생님이자 설계자이고 조직구성원들이 외적 힘이나 사건에 단순히 적응하는 것보다 세상을 새로운 방식으로 바라볼 수 있도록 역량을 강화시키는 것을 돕는다고 한다. Block(1993) 또한 새로운 지도력에 대해 설명하고 있는데 그에 따르면 지도자는 다른 사람들에 대해 신뢰를 유지하고 봉사하는 **스튜어드십**(stewardship)의 원칙을 수용해야 한다고 강조한다. 즉, 지도자는 자기이익만을 추구하지 않고 통제하려고 시도하는 대신에 다른 사람들을 위해 일하는 스튜어드 같아야 한다고 한다. 사회복지조직에 있어 이러한 지도자상은 더욱 중요하다고 볼 수 있다. 또한 지도자의 역할로써 조직내의 서열주의를 없애고 client에게 좀더 응답적으로 되는 것을 추구하는 것이 강조된다.

한편 Kegan(1994)은 미래에 직원들은 다음과 같이 되어야 한다고 강조한다.

- 그들의 업무에 소유자 또는 창조자가 되어야 한다.
- 자기 주도적(self-initiating), 자기 평가적(self-evaluating), 그리고 자기 수정적(self-correcting)이 되어야 한다.
- 업무에 있어 자신의 비전에 의해 인도되어야 한다.
- 직무의 내적 그리고 외적으로 발생하는 것에 관해 책임감이

있어야 한다.

- 조직을 하나의 전체로서 밖에서 안으로 바라보고 인식하여야 한다.

결론적으로 조직 안에서 지도력은 조직 안에 있는 구성원들이 그들의 미래를 구체화할 수 있는 능력을 확대할 수 있도록 도와주고, 지도자 자기 자신만의 이익을 추구하지 않고 직원을 통제하려고 시도하는 대신에 다른 사람들을 위해 일하는 것을 추구하며 덜 서열 중심적이 되는 것과 그리고 직원들의 입장에서 직원들은 더욱 자신의 업무를 통제할 수 있도록 되는 것이 강조된다고 할 수 있다.

제 2 절　조직의 관리와 지도력

조직구성원들은 지도자가 조직을 변화과정에서 어떻게 이끄는가를 이해하는 것이 중요하다고 할 수 있는데 이는 Kotter(1996)가 지적하였던 것과 같이 성공적인 변화노력은 관리에서보다는 지도력으로부터 오기 때문이라고 할 수 있다. 그에 따르면 성공적인 변신은 70에서 90%는 지도력으로부터 오고 10에서 30%는 관리에서 온다고 한다.

관리(management)는 복잡한 사람들과 기술의 체계를 매끄럽게 운영되도록 유지하기 위한 일련의 과정이라고 한다. 관리를 구성하는 중요한 요소들로는 기획, 결정수립(또는 의사결정), 예산수립(또는 재무관리), 조직화, 인사관리(또는 직원관리), 문제해결 그리고 통제 등을 포함한다. 반면에 **지도력**(leadership)은 조직을 주도적으로 창조하는 또는 변화하는 상황에 조직을 순응하도록 하는 일련의 과정이다. 따라서 지도자는 미래가 어떻게 보여야 하는지 그리고 사람들이 그러한 미래에 대한 비전을 갖도록 하고 방해물에도 불구하고 사람들이 미래를 이루도록 고취시키는 역할을 하는 것을 규정해야 한다(Proehl, 2001).

Nadler(1995)에 따르면 변화를 성공적으로 이끄는 것은 영웅적 지도자(heroic leader)라고 한다. 인기 있고 존경받는 영웅적 지도자는 변화를 훨씬 더 성공적으로 이끌 수 있다는 것이다. 변화과정에서 영웅적 지도자의 중요한 역할로서 다음의 세 가지가 지적된다. **첫 번째** 영웅적 지도자가 가지고 있어야 하는 역할은 사람들이 동감할 수 있고 흥분을 이끌어 낼 수 있는 미래의 사진을 만들어 내는 미래를 마음속에 그리는 것(envisioning)이며 **두 번째** 지도자가 가지고 있어야 하는 역할은 조직성원들을 비전을 성취할 수 있도록 꾸준히 일할 수 있게 동기를 부여하도록 힘을 불러일으키는 것(energizing)이라고 한다. **세 번째**로 지도자가 가지고 있어야 하는 역할은 심리적으로 조직구성원들이 그들의 업무를 수행할 수 있도록 힘을 부여하는 것(enabling)이다. 이것은 지도자들이 구성원들에게 개인적 지지를 표시할 때, 그들에게 신임을 표시할 때 그리고 그들과 공감대가 형성될 때 나타난다고 한다.

결국 영웅적 지도자는 조직구성원들의 열망, 에너지, 그리고 희망을 구체화시킬 수 있도록 도와야 하며 구성원들이 도달하고자 노력하는 인간의 표준상(자아이상, ego ideal)이 되어야 하고 왜 조직구성원들이 활동적으로 변화과정에 참여해야 하는지에 대한 이유가 되어야 한다는 점이 강조된다. 그리고 강력하고 매력적인 지도자로서 구성원들의 심리적인 응답을 이끌어내야 하고 구성원들이 한편으로는 의존에 맞서고 반응하며 다른 한편으로는 지도자들에게 의존적이고 수동적이 되도록 하여야 한다고 한다. 따라서 영웅적 지도자를 구성원들이 거부할 수 없게 된다.

Nadler(1995)는 영웅적 지도자의 역할이 비록 필요한 것이지만 변화를 일으키는 데는 충분하지 않다고 한다. 따라서 그는 지도자의 역할로써 수단적 지도자(instrumental leader)의 역할을 강조하였다. 수단적 지도자란 조직 구성원들이 계획을 위한 그들의 열정을 상실하였을 때 변화를 다시 강화하기 위한 벌칙과 보상 검토 체계 그리고 구조가 될 수 있도록 하는 역할을 담당하기 때문에 변화과정에 있어서 중요하다고 한다. Nadler(1995)에 따르면 수단적 지도력은 구성원들이 새로운 행동의 지속성을 지지하도록 하는 체계를 만들어 내기 위해서 그리고 구성원들이 그들의 새로운 목적과 일치하는 양식으로 행동하는 것을 보증하기 위해 필요하다고 한다.

제3절 변화를 추진할 수 있는 바람직한 지도력의 요건

Proehl(2001)에 따르면 오늘날의 지도자가 가지고 있어야 하는 특성으로 지적되는 것들을 정리하면 다음과 같다고 한다.

- 사람들의 비전을 촉진시킬 것
- 복잡성을 관리할 수 있는 것

- 기업(또는 조직)에 대한 식견을 가질 것
- 일반관리자적 관점을 가질 것
- 성공을 위한 추진력을 가질 것
- 사람들을 통합할 수 있는 능력을 가질 것
- 유연할 것
- 활동적인 학습자가 될 것
- 권위 없이 영향력을 행사할 것
- 재능을 개발시킬 수 있을 것
- 팀 작업을 부양시킬 수 있을 것
- 변화에 열려 있을 것
- 구성원들을 존경할 것

위의 오늘날의 지도자가 가지고 있어야 하는 특성에 덧붙여서 변화 지향적인 지도자가 되기 위해서는 Walton과 Shaw(1995)에 따르면 몇 가지의 특성이 중요하다고 강조하였다. 그들은 조직의 중대한 변화를 이끌었었던 지도자들과의 인터뷰를 통해서 변화 지향적인 지도자가 되기 위해 필요한 특성으로 먼저 조직의 비전을 성취하기 위한 **열정**(passion)을 중요시하였다. 그리고 두 번째로 추가되어야 하는 특성으로서 변화 없이는 조직이 죽을 수밖에 없고 혼돈에 빠질 수밖에 없다고 하는 **신념**과 안정에 대한 개인적 **불만족**이라고 한다. 현상에 대한 불만족과 함께 지도자들은 조직구성원들에게 변화에 대한 이유를 설득력 있게 설득하는 의사소통이 중요하다고 한다. 그리고 마지막으로 제시된 특성으로 그들은 변화의 부드러운 측면을 다루려는 **의지**라고 한다. 변화의 부드러운 측면이라는 것은 변화를 두 측면으로 나누어서 보면 한 측면은 조직의 구조, 상품, 서비스, 기술 같은 것을 변화시키는 측면이고 다른 측면은 직원들의 가치, 태도, 그리고 행동(다시 말해 문화를 의미)을 변화시키는 측면이라고 하는데 변화의 부드러운 측면이라는 것은 직원들의 가치, 태도, 그리고 행동을 포함하는 조직의 문화를 의미한다고 할 수 있다. 결국 사람들의 생각을 변화시키는 것 또는 바꾸는 것까지를 다루려는 의지를 지도자들이 반드시 가지고 있어야 하는 특성이라고 얘기 할 수 있다.

Carnochan과 Austin(2000)에 따르면 특히 변화에 직면해 있는 사회복지조직에 있어서 지도자들은 다음과 같은 특성을 반드시 지녀야 한다고 주장한다. 반드시 지녀야 하는 첫 번째 특성으로 지목되는 것은 구성원들이 변화과정을 이끌 수 있도록 역량을 강화시키는 관리스타일을 사용해야 한다는 점이다. 그리고 직원들에 대한 역량강화와 함께 두 번째로 지적되는 특성으로 지도자들은 변화를 위한 분명한 비전을 가지는 것이 중요하다고 한다. 마지막으로 지도자들이 가져야 하는 것으로 지적된 특성으로 그들은 지도자들이 변화의 정치적 본질에 관해 얘기를 해야 한다는 점을 강조하였다. 한편으로 보면 지도자들은 증가하는 정치적 환경에서 조직을 운영하고 외적 내적 client들과 협력적 관계를 건설할 수 있는 정치적 지각을 가져야 하며 또 다른 한편에서 본다면 실제적으로 행사할 수 있는 힘보다 더 큰 힘을 가지고 있는 것처럼 다른 사람들이 인식할 수 있도록 하고 그들이 가지고 있는 힘을 조심스럽게 실행해야 한다는 점이 정치적 본질에 대한 주 내용이 될 수 있다.

결론적으로 사회복지조직이 변화를 주도하는데 있어 필요한 변화 지향적인 지도력은 안정에 만족하지 않고 현 상황에 대한 불만족을 나타내며 조직 구성원들이 끊임없이 발전할 수 있도록 자극하고 왜 변화가 필요한지에 대해서 구성원들과 원활한 의사소통을 해서 구성원들이 변화과정에 개입하도록 하며 직원들을 포함하는 다른 사람들이 변화를 인도하고 관리할 수 있도록 역량을 강화시키며 변화를 위해 조직문화의 교체를 인식할 수 있어야 한다. 그리고 조직이 변화에 빠르게 적응할 수 있도록 하여야 하며 조직구성원들이 변화에 빨리 적응할 준비가 될 때까지 기다릴 줄 아는 인내력을 가지고 있어야 한다.

다음의 표는 변화주도세력에 대한 자기사정표의 예이다.

〈표 10-1〉 변화주도세력의 자기사정표의 예

질문에 대한 적당한 대답 하나에만 동그라미 치세요 1: 매우 낮음 5: 매우 높음					질 문
1	2	3	4	5	변화필요성과 현 상태에 대한 불만족의 정도
1	2	3	4	5	변화의 목적과 비전에 대한 지지와 흥분감 정도
1	2	3	4	5	변화계획의 비전을 의사소통할 수 있는 기술의 정도
1	2	3	4	5	만약 변화가 요구한다면 새로운 기술을 배울 그리고 새로운 직무역할을 떠맡을 의지의 정도
1	2	3	4	5	변화계획을 수립하고 관리할 수 있는 기술의 정도
1	2	3	4	5	공식적으로 그리고 개인적으로 변화노력을 지지할 그리고 변화목적에 대해 긍정적으로 얘기할 의지의 정도
1	2	3	4	5	변화계획의 후속조치들에 대한 과거의 경험의 정도
1	2	3	4	5	다른 과점을 고려할 수 있는 그리고 직원들과 조직의 욕구를 균형 있게 할 수 있는 의지나 능력의 정도
1	2	3	4	5	변화노력에 포함되어 있는 인간의 욕구를 해결할 수 있는 능력과 의지의 정도
1	2	3	4	5	위험을 감수할 수 있는 그리고 변화기간동안에 새로운 것을 배울 수 있는 의지나 능력의 정도
1	2	3	4	5	변화노력 동안에 만약 갈등이 일어난다면 이 갈등을 관리할 수 있는 능력의 정도
1	2	3	4	5	효과적으로 의사소통을 할 수 있는 능력
1	2	3	4	5	다른 사람의 역량을 강화시킬 수 있는 능력
1	2	3	4	5	재능을 개발할 수 있는 능력
1	2	3	4	5	힘이 있는 이해관련당사자들에게 영향력을 발휘할 수 있는 기술
1	2	3	4	5	불확실성과 애매모호성에 대한 낙담의 정도
1	2	3	4	5	회의나 모임을 촉진시킬 수 있는 기술
1	2	3	4	5	팀 작업을 부양시킬 수 있는 능력
1	2	3	4	5	유연하고 순응적일 수 있는 능력
1	2	3	4	5	문제를 해결하고 분석할 수 있는 기술
1	2	3	4	5	다른 사람들을 훈련시킬 수 있는 능력

자료: Proehl, 2001, p. 114에서 재구성

제 11 장

변화의 정치적 의미 또는 본질

변화에 적극적인 또는 효과적인 조직이 되기 위해서는 조직 안에 있는 관리자들을 포함하는 직원들은 조직의 외부나 내부에 있는 주요 이해관련당사자들에게 어떻게 영향을 끼칠 수 있는지에 관한 지식이 있어야 한다. 조직이 변화를 추구하는 경우 대부분의 경우에 조직 안에는 정치적 갈등이 일어나게 되는데 변화를 지지하는 사람들은 이 정치적 갈등 속으로 빠져들게 되는 것은 어찌보면 당연하다고 생각된다. 따라서 정치적 갈등을 해결하기 위한 지식과 기술 그리고 나아가 정치적 동맹이나 협조체를 구성할 수 있는 지식이나 기술이 없으면 변화를 지지하는 사람들은 불행하게도 그들 자신들의 조직의 발전이나 개선을 기대하기 가 어렵게 된다. 결국 변화를 성공적으로 수행해 나가기 위해서 변화주도세력은 반드시 그들 변화를 위한 지지협력을 이끌어내야 하고 뿐만 아니라 필요한 자원도 확보하여야 한다. 이러한 변화를 위한 지지세력의 확보와 필요한 자원의 확보는 결국 변화주도세력의 정치적 행동에 의해서 크게 결정될 수 있기 때문에 변화에 있어서 정치적 행동은 중요하다고 할 수 있다. 이 장에서는 변화를 위한 정치적 행동의 본질은 무엇인지를 살펴보고 변화과정을 촉진시키는데 필요한 정치적 행동을 정당화시킬 수 있는 방법들에 대해서 논의해 보기로 한다.

제 1 절 정치적 행동의 본질

정치적 행동(political behavior)에 대해서는 다양한 정의가 존재한다고 한다. 일부 학자들은 정치적 행동이란 단어는 불명료함과 혼란이라는 (부정적)용어와 함께 수반된다고 한다(Proehl, 2003). 예를 들어 Mintzberg(1983)에 따르면 정치(politics)란 비공식적인, 표면적으로는 편협한, 전형적으로 분할적인, 그리고 무엇보다도 기술적인 의미에서 위법적인 하지만 공식적인 권위에 의해서 제재받지 않고 이념적으로 받아들여지며 공인된 전문적 기술은 아닌 개인적 집단적 행동이라고 한다. 비슷한 의미로 Mayes와 Allen(1978)은 조직적 정치(organizational politics)를 조직에 의해서 허가받지 않은 목적을 성취하기 위해 인도되는 행동 또는 인정되지 않은 영향력을 통해서 인정된 목표를 성취하기 위한 행동이라고 정의하였다.

위의 부정적인 정치행동의 정의와는 반대로 조직적 정치는 위법이거나 인정받지 않는 행동일 필요가 없다고 생각하는 이론가들이 있다. 예를 들어 Greiner와 Schein(1988)는 힘의 효과적인 사용을 강조하였고 그리고 긍정적 정치와 부정적 정치사이의 구분을 강조하였다. 이 관점에 따르면 정치란 용어는 조직의 임무와 목적을 성취하기 위한 정당한 행동으로 간주된다. Daft(1992)에 따르면 실제적으로 조직적 정치는 선택에 대한 불일치와 불확실성이 존재할 때 선호한 성과를 얻기 위하여 힘이나 다른 자원들을 획득하고 발전시키고 활용하는 행동들이라고 한다.

정치를 힘(power)과 연계하여 설명하는 경우 힘과 정치 사이의 관계에 대한 구분이 필요하게 된다. **힘**이란 원하는 성과를 성취하기 위한 잠재성이라고 정의할 수 있다. 즉, 간단하게 말해서 힘이란 완수된 것을 얻을 수 있는 능력으로서 조직이 힘이 없게 되면 당연히 그 조직은 비효과적이 된다고 볼 수 있다. Gray(1989)에 따르면 힘은 사람의 인지된 전문적 기술, 조직적 역할, 자원에 대한 통제, 다른 사람들을 동원할 수 있는 힘, 또는 영역을 대표할 수 있는 능력으로부터 온다고 한다. 예를 들어 상담프로그램의 팀장이 상담프로그램의 진행절차를 수정하기 위해서는 그것을 성취할 수 있는 팀장의 능력이 중요한 요소가 된다고 할 수 있다. 힘이 성과를 성취하기 위한 잠재성이라고 한다면 **정치**는 성과를 성취하기 위한 결정에 영향을 미칠 수 있는 힘의 사용이라고 정의할 수 있다(Daft, 1992).

조직의 정치적 행동에 대한 시각은 조직에 대한 시각에 있어 "조직이 어떻게 운영되어야 하는가"에 대한 개념에 기초한다고 한다. 조직의 정치적 행동을 이해하기 위해 조직을 **이성적 조직(이성적 모델)**과 **정치적 조직(정치적 모델)**으로 구분하여서 살펴본다면 또한 조직과 정치적 관계에 대한 이해의 폭을 넓힐 수 있다고 생각된다.

첫 번째로 조직을 객관성과 중립성이 판치는 이성적인 실체라고 바라보는 시각이 존재하는데 이러한 시각은 조직을 이성적으로 바라본다는 특징이 있다. Schein(Tushmam, 1977에서 재인용)에 따르면 조직은 노동의 분업, 기능의 분업, 그리고 권위와 책임성의 서열구조를 통해서 공동의 분명한 목적의 성취를 위한 사람들의 행동의 이성적인 조정체라고 한다. 이성적인 모델에 따르면 목적은 분명하고 선택은 논리적인 방식으로 이루어진다. 선택이 논리적으로 이루어진다는 것은 조직이 성취하려는 목적이 확인되고 목적을 성취하기 위한 대안들이 수립되며 가장 성공 가능한 대안을 선택하게 된다는 것을 의미한다. 따라서 이성적 조직은 Weber의 관료주의적 조직에 영향을 받아서 중앙에 집중된 힘, 적은 갈등, 집단을 뛰어 넘는 공유된 가치, 광대하고 유용한 정보시스템이 있다고 한다(Daft, 1992).

반면에 조직을 정치적 조직의 관점으로 바라보는 시각이 있는데 이 접근방법에 따르면 조직에 이루어지는 결정은 이성적이고 공식적으로 이루어지는 것이 아니라 협상과 타협 그리고 조정에 의해서 이루어진다고 강조한다(Tushman, 1977). 조직 안에 있는 상이한 부서들은 상이한 목적과 목표들 그리고 선호를 가지고 있으면서 종종 갈등을 인도한다고 한다. Gummer와 Edwards(1985)는 상이한 부서들이 상이한 목적과 목표들 그리고 선호를 가지고 있고 이것이 갈등을 유발한다는 것은 인간봉사조직들이 가지고 있는 특징이라고 한다. 왜냐하면 인간봉사조직은 그 특성상 분명하고 확실하며 폭넓게 공유된 목적을 가지고 있지 않기 때문에 당연히 정치적 갈등을 유발한다는 것이다. 정치적 조직 안에서 힘은 일반적으로 탈 중앙화되어 있고, 결정은 혼란스러우며 그리고 정보는 종종 불명료하며 불완전하다고 한다(Daft, 1992). 따라서 조직을 정치적으로 바라보는 시각에 따르면 정치적 행동은 조직 안에 있는 이익집단들의 갈등을 해결하기 위한 아주 자연스러운 과정으로 보여진다. 그리고 협상과 중개의 과정은 상이한 견해나 갈등을 극복하기 위한 가장 효과적인 방법이 된다.

현실적으로 대부분의 조직들은 이성적 모델과 정치적 모델의 혼합형태를 취한다고 한다(Proehl, 2001). 대부분의 조직들은 이성적으로 결정을 수립하기 위해 노력하는데 특히 상황이 복잡하지 않을 때 이성적 접근모델을 사용하고 실질적으로 많은 관리기법들이 이성적 모델을 강화하기 위해 사용된다고 한다. 예를 들어 조직의 임무와 성과를 명확하게 확인하는 것은 결정수립과정을 합리화하는데 도움을 준다고 한다. 불일치와 불확실성의 조건 하에서는 정치적 모델이 결정에 도달하는데 많이 사용될 수 있다. Tushman(1977)에 따르면 정치적 관점은 원인과 결과에 대한 인과관계가 알려져 있지 않을 때 또는 목적과 기준이 일치하지 않을 때 유용하다고 한다.

제2절 정치적 행동의 영역

변화가 계획이 되었던 또는 계획되지 않았던 간에 조직 속으로 들어오게 되면 정치적 행동은 발생하는데 Proehl(2001)에 따르면 정치적 행동은 다음과 같은 다섯 개의 영역에서 조직의 삶에서 중요한 역할을 담당한다고 한다.

■ 조직구조의 변화

Daft(1992)에 따르면 조직을 재구성하는 것은 기존의 힘과 권위 관계에 도전하는 것이기 때문에 기존의 관리자들은 그들의 기존 힘을 유지하기 위해서 협상하고 로비할 것이다. 즉, 기존의 직원들이 조직구조 안에서 그들의 권리를 유지하기 위해 정치적 행동을 수행하게 된다고 한다.

■ 부서간 조정

부서간의 관계는 일반적으로 잘 정의되어 있지 않으며 부서들 사이에 중복적인 이슈가 발생할 때 어떻게 결정이 이루어져야 하는가에 대한 명확한 지침이 존재하지 않는다고 한다. 중복적인 상황이 발생하면 불확실성과 갈등이 일어나게 되고 특히 부서간의 책임과 영역을 다루게 될 때 조정행동은 정치적이 된다(Daft, 1992).

■ 자원할당

대부분의 조직에 있어 자원할당은 정치적 행동이 일어나게 되는 가장 빈도가 높고 중요한 경쟁분야라고 할 수 있다(Drory and Romm, 1990). 임금, 예산, 직원의 수, 사무실 시설, 장비 등에 관련한 결정은 정치적 함축을 내포한다. 자원할당의 우선순위에 대한 불일치가 발생하고 정치적 행동들이나 과정들이 이러한 불일치를 해결하기 위해서 사용된다. 또한 정치 또는 정치적 행동들은 새로운 자원이나 요구한 사람이 없는 자원이 조직에 반입될 때 발생하게 된다(Luthans, 1992).

■ 지도력의 변화

지도자가 바뀌었을 때 조직 안에는 높은 불확실성과 걱정이 팽배하게 된다. 이러한 걱정은 새로운 힘의 구조가 만들어지기 전까지는 그리고 부서들의 책임자들이 정치적 영향력과 관련지어서 그들이 어디에 서 있는지를 알기 전까지는 없어지지 않는다고 한다.

■ **전략적 결정**

조직 안에 또한 조직의 전략적 방향을 설정하는 데 있어 불명료한 결정이 팽배하게 되면 정치적 행동이 나타난다고 한다. 특히 상이한 배경이나 훈련을 가진 개개인들은 상황을 각기 다르게 인식할 수 있기 때문에 많은 과업들이 존재하게 된다. 이러한 경우 불확실성이 증대하게 되고 전략적 방향을 결정하기 위한 정치적 행동들이 필요하게 된다.

제 3 절 정치적 행동전술

결국 불확실성이 증대되는 시기에 정치적 행동이 강조 또는 강화되게 된다고 할 수 있다. 정치적 행동을 실행하는데 있어 사용할 수 있는 전술로서 Yukl과 Falbe(1990)는 상층부로의 호소, 교환전술, 협동전술, 애교전술, 합리적 설득, 영감에 의한 호소, 컨설테이션전술 등의 일곱 개의 전술을 제시하였다.

(1) 상층부로의 호소

변화를 처음 주도하는 주도자들은 상층부로부터의 지지나 원조를 추구한다. 그리고 다른 이해관련당사자들로부터의 지지를 얻기 위한 지렛대로 사용할 수 있는 관리층으로부터의 승인이 필요하게 된다. 결국 변화주도세력은 높은 지위에 있는 집단이나 직원들과의 연계를 발전시킴으로써 그들의 영향력을 증대시킬 수 있게 된다. 이러한 연계를 만드는 것은 변화를 실행하는 능력, 힘, 그리고 시야를 증가시키는 효과적인 전략으로 인식된다. 따라서 변화주도세력은 이러한 연계를 만드는 것이 중요한 과업이 된다.

(2) 교환전술

변화주도세력은 만약 변화에 협력하면 눈에 보이는 실체적인 혜택을 받을 수 있다는 것을 약속하는 전술을 정치적 행동으로 취할 수 있다.

(3) 협동전술

변화주도세력은 변화에 부응하도록 주요 이해관련당사자들을 설득시키기 위해 다른 집단이나 사람들의 도움을 추구하기도 하고 변화가 가치있다는 증거로서 다른 사람들도 변화를 지지하고 있다는 다른 사람들의 지지를 사용하기도 한다. 협동전술은 주어진 변화계획의 유효도나 타당도에 관해 주요인물들을 설득할 수 있는 시간이 있어야 가능하다고 한다.

(4) 애교전술

애교전술은 예를 들어 변화에 대한 지지를 요구하기 전에 변화주도세력에 대해 호의적으로 생각하게 하고 좋은 감정을 갖도록 하는 전술을 의미한다.

(5) 합리적 설득

변화주도세력은 논리적인 논쟁이나 실제적인 증거(예를 들어 통계나 자료들)를 사용해서 변화제안서가 가치있고 원하는 결과를 성취할 수 있다고 주요이해관련당사자들을 설득할 수 있다.

(6) 영감에 의한 호소

변화주도세력은 이해관련당사자들의 생각이나 가치에 호소하는 것에 의해서 열중을 불러일으키는 감정적 요청을 할 수 있다. 예를 들어 프로그램의 효과성을 입증할 수 있는 실체적인 자료가 부족한 경우에 일화나 은유 그리고 사례조사는 많은 사람들의 마음에 호소할 수 있는 또는 마음을 움직일 수 있는 효과적인 방법이 된다.

(7) 컨설테이션 전술

변화주도세력은 변화를 실행하기에 앞서서 이해관련당사자들로부터 피드백과 참여를 구할 수 있다. 이해관련당사자들로부터의 피드백과 참여에 기초하는 이러한 컨설테이션 전술은 정치적 행동에 있어 이해관련당사자들의 입장이 고려된다는 측면에서 중요하다고 할 수 있다.

Yukl과 Falbe(1990)의 조사에 따르면 위의 전술 중에서 컨설테이션과 합리적인 설득이 가장 자주 사용되는 전술이라고 한다. 위의 전술들은 모두 공식적으로 또는 비공식적으로 사용될 수 있으며 어떤 전술이든 간에 시기적절하게 사용되는 것이 중요하다고 한다.

제 4 절 정치적 기반을 강화시킬 수 있는 방법들

Gummer(1990) 그리고 Cohen과 Bradford(1990)은 조직 안에서 원하는 결과를 획득할 수 있는 또는 변화에 대한 동의를 획득할 수 있는 정치적 모델 즉, 조직 내에서 변화를 성공적으로 수행할 수 있는 또는 정치적 기반을 확보할 수 있는 모델을 개발하였다. 그들의 정치적 모델은 다른 사람들의 욕구를 진단하는 것, 힘의 원천을 사정하는 것, 영향을 줄 수 있는 전략을 확인하는 것, 그리고 가장 적절한 전략을 선택하는 것을 강조하였다. 이 두 모델은 다음과 같이 정리될 수 있다.

〈표 11-1〉 정치적 기반을 강화시키는 정치적 모델비교

Grummer의 모델	Cohen과 Bradford의 모델
1. 목적을 결정할 것 2. 관련 있는 정치집단을 확인할 것 3. 그들의 관심과 힘을 사정할 것 4. 당신의 힘의 자원을 확인할 것 5. 영향을 미칠 수 있는 가장 적절한 전략을 확인할 것 6. 전략을 선택할 것	1. 다른 집단들이 동맹집단이라고 전제할 것 2. 당신의 목적과 우선권을 명확히 할 것 3. 동맹집단들을 진단할 것 4. 동맹집단이 원하는 것과 결부하여 당신의 자원을 사정할 것 5. 동맹집단과의 관계를 진단할 것 6. 교환을 실행하고 결정할 것

자료 출처: Gummer(1990), Cohen과 Bradford(1990).

위의 두 모델들은 개인적 목적이나 부서 또는 조직의 목적을 성취하기 위해 이해관련당사자들로부터 정치적 지지를 획득하기 위한 실제적

인 노력 또는 방법들을 제시해 주고 있다고 할 수 있다. 이 두 모델에서 제시한 정치적 과정 즉, 정치적 지지를 획득하기 위한 방법들을 간략하게 정리하면 첫째, 관련 있는 정치적 이해관련당사자들을 확인하고, 둘째, 이해관련당사자 집단의 힘과 관심을 파악하며, 셋째, 협동팀(coalition team)의 힘과 관심을 파악하고, 넷째, 정치적 전략을 확인하고, 다섯째, 적절한 전략을 선택하는 것이라고 할 수 있다. 각각의 방법들에 대해 좀더 자세히 살펴보면 다음과 같다.

■ 관련 있는 정치적 이해관련당사자들의 확인

변화계획을 성공적으로 완수하기 위해서 협력팀은 우선적으로 변화계획에 가장 비판적인 집단이나 개개인들을 확인할 필요가 있다. 즉, 하위직원이든, 상층관리자나 중간직원 또는 특정분야의 전문가 집단이든 변화에 비판적인 개개인들이나 집단을 선별하는 것을 의미한다. Cohen과 Bradford(1990)에 따르면 영향력이 있는 사람을 잠재적인 동맹군이나 협력자로 만들게 되면 전투는 반 이상 승리한 것이나 다름없다고 한다. 결국 변화를 성공적으로 완수하기 위해 변화에 회의적인 사람들이나 집단을 표적으로 선택하는 것이 변화계획에 있어 중요하다고 볼 수 있다.

■ 이해관련당사자 집단의 힘과 관심의 파악

Proehl(2001)에 따르면 조직에 관련이 있는 다양한 이해관련당사자들의 욕구나 관심 그리고 목적을 확인하는 것도 성공적인 변화를 위한 정치적 역량을 강화하는데 반드시 필요하다고 한다. Pfeffer(1992)는 이에 덧붙여 이해관련당사자들의 힘의 원천을 확인하는 것이 도움이 된다고 강조하였다. 결국 이해관련당사자들의 관심과 힘의 원천을 확인하는 것에 의해서 변화주도세력은 그들에게 어떻게 영향력을 행사할 것인지에 관해서 더욱 이해하기가 쉬워질 수 있기 때문에 정치적 역량의 강화에 도움을 받게 된다.

■ 협동팀(coalition team)의 힘과 관심의 파악

이해관련당자자 집단의 힘과 관심을 파악하는 과정과 똑같은 과정을 협력팀에게도 적용할 수 있다. 협력팀은 이해관련당사자들이 원하는 것과 관련해서 어떤 자원이 필요한지를 확인함으로써 이해관련당사자들과의 협상을 할 수 있는 기반을 확보할 수 있게 된다.

■ 정치적 전략의 확인

협력팀은 이해관련당사자들이 정확하게 무엇을 필요로 하는지를 파악하고 그리고 그들로부터 지지를 획득 또는 확보하기 위해서 무엇을 제공하여야 하는지를 이해하는 것이 중요하다. 이러한 정치적 과정을 성취하기 위해서는 기본적으로 전략을 필요로 한다. Pfeffer(1992)는 정치적 행동을 실행하는데 있어 사용할 수 있는 전술로서 Yukl과 Falbe(1990)가 제시하였던 상층부로의 호소, 교환전술, 협동전술, 애교전술, 합리적 설득, 영감에 의한 호소, 컨설테이션전술 등을 이해관련당사자들로부터 지지를 얻을 수 있는 전략으로 동일시하였다.

Cohen과 Bradford(1990)는 영향력 교환모델(exchange model of influence)을 강조하였다. 그들은 영향력교환모델을 가지고 정치적 행동과정을 이해하는, 다시 말해 영향력모델을 이해관련당사자들로부터 지지를 확보할 수 있는 전략으로 인식하였다. Cohen과 Bradford(1990)는 조직에서의 모든 거래를 개인과 집단 사이의 교환으로 바라보았는데 이러한 교환은 기본적으로 상호작용의 개념

에 기초한다고 할 수 있다. 즉, 개개인들은 선물이나 호의나 초청 등에 대해 미래에 되갚아야 하는 의무로 받아들이는 것과 마찬가지로 교환을 통해 개인이나 집단으로부터 지지를 확보할 수 있다는 것을 의미한다. 그들에 따르면 교환은 화폐나 장비 같은 재화일 수 있고 또는 정보의 제공이나 감사 등과 같은 서비스일 수 있으며 이러한 교환을 통해 지지를 확보할 수 있다고 한다. 그들은 협조를 확보하기 위한 교환에서 잠재적 동맹군에게 제공할 수 있는 것 또는 영향력을 획득하기 위한 기초를 나타내는 단어로 **통화**(currency)라는 단어를 사용하였다. 그들은 통화가 다섯 분야로 나누어진다고 하며 그 다섯 분야는 격려와 관련 있는 통화, 과업과 관련 있는 통화, 자리(position)와 관련 있는 통화, 관계와 관련 있는 통화, 그리고 사람과 관련 있는 통화라고 분류하였다. Cohen과 Bradford(1990)는 이러한 통화를 제공함으로써 이해관련당자자들로부터 실제적으로 지지나 후원을 확보할 수 있다고 강조하였다. 다음의 표는 다섯 개의 통화의 내용을 설명한다.

〈표 11-2〉 조직에서 사용되는 통화

격려와 관련 있는 통화	
비전 우수성 도덕적 윤리적 정확성	·중요성이 더욱 커진 과업에 개입 ·무엇인가를 매우 잘하기 위한 기회를 잡기 ·효율성보다 더 높은 기준을 가지고 옳은 것을 행하기
과업과 관련 있는 통화	
새로운 자원 도전/학습 원조 과업지지 신속한 응답 정보	·돈이나 예산의 증가, 인적자원 등을 획득하기 ·기술이나 능력을 증진시키는 과업을 수행하기 ·기존의 계획이나 원하지 않는 과업에 대한 도움을 획득하기 ·과업실행에 대한 원조와 지지를 획득하기 ·더욱 빨라진 응답시간 ·조직적 뿐만 아니라 기술적 지식으로의 접근

직위(position)와 관련 있는 통화	
인정 가시도(visibility) 명성 조직구성원/중요성 접촉	·노력, 성취 또는 능력의 인정 ·다른 사람들에게 알려지게 되는 기회 ·능력 있게 그리고 헌신적으로 보여지는 상태 ·중심, 소속에 대한 의미 ·다른 사람들과의 연계를 위한 기회
관계와 관련 있는 통화	
이해 허용/포함 개인적 지지	·귀기울일 관심과 이슈 ·우정과 친밀도 ·인간적인 감정적인 지지
사람과 관련 있는 통화	
감사 소유/개입 자신에 대한 개념 안락	·신세에 대한 감사 ·중요한 과업에 대한 영향력과 소유 ·자신의 가치, 자기존경, 그리고 동질감의 승인 ·혼란의 기피

*Cohen and Bradford. 1990. Influence without authority. New York: John Wiley and Sons에서 재인용

■ 적절한 전략의 선택

정치적 과정의 마지막 단계는 적절한 전략을 선택하는 것이라고 할 수 있다. 전략의 선택은 협력팀이 가지고 있는 자원, 협력팀이 무엇을 제공할 것인지에 대한 이해관련당사자들의 갈망, 이해관련당사자들이 무엇을 제공할 것인지에 대한 협력팀의 욕구, 협력팀과 이해관련당사자들과의 이전의 관계, 조직의 규정과 협력팀의 위험에 대한 의지에 의해서 결정된다고 한다(Cohen and Bradford, 1990).

제 12 장

성공적인 변화를 위한 협력관계의 구축

제 1 절 변화와 협력관계

한 명의 client의 문제를 해결하기 위해서 그가 관여했던 또는 관여하고 있는 모든 사회조건과 환경을 살펴보고 그 client에 영향을 미칠 수 있는 사람 또는 조직과 협력하여 그 client가 가지고 있는 문제를 효과적으로 해결할 수 있는 길을 모색하는 바와 같이 조직 또는 기관이 바라는 또는 필요로 하는 변화의 성공적인 완수를 위해서는 그 조직이나 기관을 둘러싸고 있는 모든 관련조직이나 사람들로 구성되는 **협력관계**(collaborative relationship)의 구축은 가장 기초적인 변화를 위한 물적 토대가 될 수 있다. 따라서 변화주도세력(change agent)은 변화를 주도적으로 수행하기 위해 필요한 기술들에 숙달해 있어야 하고 성공적인 변화의 역동성에 대한 지식을 가지고 있어야 하며 유용 가능한 그리고 체계적인 변화관리과정을 사용하여야 하고 대인관계기술과 정치기술을 이용하고 나아가 이해관련당사자들과 협력적으로 함께 일하는 것에 숙달되어 있어야 한다고 할 수 있다.

제 2 절 협력의 정의와 필요성

1. 협력이 정의

협력(collaboration)이라는 단어는 비슷한 단어들(예를 들어 조정, 통합, 합동 등)이 많이 있기 때문에 구별하기가 모호하지만 Konard(1996)는 비슷한 단어들과 협력을 다음과 같이 정의하고 있다.

■ **협력**(collaboration): 특정한 공통의 목적을 위해 함께 일하는 프로그램과 독립적인 기관들이 갖는 관계의 증진된 정식절차. 예를 들어 협력자 동의, 공유정보체계, 교차훈련, 공동자금조성 등이 있다.

■ **조정**(coordination and cooperation): 프로그램의 성공을 증대시키기 위한 구조나 절차를 변경하기 위해 함께 일하는 독립적인 기관들과 프로그램에 의한 비공식적이고 느슨하게 조직화된 시도. 예를 들어 공동 로비, 공동후속조치, 상호client소개 등이 있다.

■ **합동**(consolidation): 단일한 지도력을 가진 우산조직에서 이루어지는 시도. 예를 들어 다양한 사회복지서비스를 제공하는 것에 책임이 있는 정부의 보건복지조직

■ **통합(integration)**: 통합은 하나의 단일한 권위(authority) 하에서 다중한(multiple) 목적을 시행하는 시도를 의미함으로 개별 조직이 아닌 통합된 하나의 조직이 운영에 대한 결정과 관리 그리고 결과에 책임을 가지게 된다.

따라서 협력은 공식적인 절차를 통해서 조직들이 동일한 목적을 성취하기 위해 함께 일하는 것으로 정의할 수 있다. 결국 변화를 추진하는 조직과 관련이 있는 이해관련당사자들이 동일한 목적을 성취(즉, 성공적인 변화)하기 위해 함께 노력 또는 일하는 것이라고 할 수 있다.

2. 협력의 필요성

Gray(1989)에 따르면 협력관계는 다음과 같은 두 가지의 필요성에 의해서 제기될 수 있다고 한다. 그것은 첫째로 갈등을 해결하기 위해서이며 두 번째로는 공유된 비전으로 나아가기 위해서라고 한다.

갈등은 파괴적이라기보다는 창조적 잠재성을 만들어내는 원천이고 협력의 힘을 이루는 원천이라고 인식하는 것이 협력관계의 구축에 따른 성공적인 갈등의 해결에 도움이 된다고 할 수 있다. 협력은 또한 상이한 관심을 가지고 있는 이해관련당사자들을 건설적으로 다루는 것을 강조하기 때문에 결정에 있어 공동의 소유와 그 결정을 실행하는데 있어 집단적인 책임을 전제한다. 따라서 중개나 소송과 달리 협력자는 직접적으로 해결에 대한 동의에 도달하는 것에 책임이 있으며 동의에 기초한 결정이 그들 협력자들에게 부과된다고 할 수 있다. 협력은 모든 이해관련당사자들의 이익을 위해 노력하여야 하며 그리고 과정은 모든 이해관련당사자들에게 동등하여야 한다. 즉, 협력관계는 상호 협조적이어야 함을 의미한다. 만약 한 이해관련당사자가 모든 이권을 독차지하게 되면 협력관계는 균열이 일어나게 되고 그렇게 되면 상호간에 적의가 발생하게 되고 협력을 지지하는 신뢰가 깨지게 된다. 따라서 모든 관계는 균형적이어야 하며 모든 당사자들은 그들이 성취한 것에 대해 만족하여야 협력관계는 유지되고 발전될 수 있다. 따라서 협력관계의 성패를 결정짓는 중요한 것들은 모든 이해관련당사자들의 만족, 지지, 그리고 사명감을 확보하는 것이라고 할 수 있으며 결정과정에 모든 이해관련당사자들이 개입되는 것이라고 할 수 있다(Proehl, 2001).

제3절 협력의 장점과 단점

1. 협력의 장점

협력관계를 구축하게 되면 그에 따른 장점과 단점들이 나타나게 된다. 먼저 장점으로는 다음과 같은 점이 지적될 수 있다.

첫째, 가장 명백한 장점으로는 통합된 서비스를 제공할 수 있다.
둘째, 비용을 줄일 수 있다.
셋째, 해결의 질이 증진될 수 있다.
넷째, 혁신을 위한 잠재성이 고취된다.

다섯째, 나아가 적대적 관계에 있던 당사자들이 협력관계로의 참여를 통해 상호 호혜적인 관계로 전환될 수 있다는 점을 들 수 있다.

2. 협력의 단점

협력에 의해서 나타나게 되는 단점으로는 다음과 같은 점이 지적될 수 있다.

첫째, 협력에 의해서 해결하여야 하는 문제가 복잡할 수 있다

둘째, 해결하여야 하는 문제에 대한 정의를 내리기가 어렵고 해결책을 확인하는 것이 어려울 수 있다

셋째, 협력관계에 있는 이해관련당사자들의 기득권을 보장해주어야 하는 경우가 발생할 수 있다.

넷째, 이해관련당사자들이 해결해야 하는 문제에 대한 서로 다른 관점을 제시하는 경우가 있을 수 있다.

위에서 제시된 단점을 극복하기 위해서 Proehl(2001)은 분명한 변화의 필요성을 협력관계에 들어가 있는 이해관련당사자들이 확인하는 것이 도움이 된다고 한다.

또한 협력체제를 구축을 방해하는 따라서 협조체제를 구축하기 위해서 극복하여야 하는 요소로서 첫째, 자원을 들 수 있으며, 둘째는 비밀유지를 들 수 있다. 공동으로 문제를 해결하기 위해 들어가는 자원은 단일 집단이 문제를 해결하기 위해 필요한 자원보다 그 규모 면에서 차이가 날 수 밖에 없기 때문에 기본적으로 자원의 부족은 협력체제 구축의 방해물이 될 수 있으며 비밀보장이 지

켜지지 않는 경우 다른 조직에 대한 불신이 팽배해질 수 있기 때문에 협력체제 구축에 장애가 된다고 할 수 있다.

제 4 절 협력관계구축을 위한 과정 및 단계

협력관계를 구축하기 위해서 Gray(1989)는 몇 가지 단계를 제시하였다. 먼저 Gray는 협력관계 구축을 위한 세 단계를 제시하였는데 첫째, 문제설정단계 두 번째 방향설정단계 그리고 마지막으로 실행단계이다. 첫 번째 단계에서는 해결하여야 하는 문제를 설정하고 두 번째 단계에서는 목적과 방향에 대한 공통의 느낌을 발전시키며 세 번째 단계에서는 동의를 실행하기 위해 필요한 사람들이나 집단 그리고 구성원들로부터 지지를 획득할 수 있도록 주의를 기울이는 것을 강조한다. 다음의 표는 Gray의 협력과정의 세 단계들을 설명해 주고 있다.

〈표 12-1〉 Gray의 협력과정모델

1단계: 문제설정
·해결해야 하는 문제에 대한 이해관련당사자들의 공통의 정의를 설정 ·협력을 위한 사명감확인 ·주요 이해관련당사자들의 확인 ·당사자들의 정당성 확보 ·숙련된 소집자(협력체제 구축을 위한 주도자)를 구함 ·자원의 확인
2단계: 방향설정
·기본원칙의 설정 ·일정(agenda)의 설정 ·하위집단의 조직 ·공동정보조사 ·선택(option)의 탐색 ·동의로의 도달
3단계: 실행
·다양한 구성원들을 다루기 ·구조를 설립하기 ·동의를 검토하기

Galpin(1996)은 변화과정에서 동의를 이끌어내기 위한 네 개의 과정을 제시하였다. 그에 다르면 동의는 첫째, 변화를 수행하기 전에 왜 우리는 변화가 필요한지를 대답하는 것으로부터 둘째, 변화의 시작단계에서 이것이 우리가 가려고 하는 곳인지에 대해 토의하는 것으로부터 셋째, 실행단계에서 이것이 너에게 무엇을 의미하는 것인지를 확인하는 것으로부터 그리고 넷째, 마지막 후속단계에서 이것이 어떻게 작동하였는지를 결정하는 것에서 찾을 수 있다고 한다. Harbert, Finnegan, 그리고 Tyler(1997)는 협력의 정황, 과정, 그리고 성과가 협력관계구축의 성공과 실패에 결정적인 영향을 미친다고 강조하며 성공적인 협력관계구축에 영향을 미치는 18

개의 요인들을 제시하였다. 그 요인들은 다음의 표와 같다.

〈표 12-2〉 성공적인 협력에 영향을 미치는 요인들

환경요인
1. 협력에 대한 이전의 역사 2. 지역에서 지도력 역할을 가지고 있는 회원 3. 호의적인 정치 사회적 분위기
회원 특성
4. 상호존중, 이해, 그리고 신뢰 5. 회원들의 적절한 교차 구분 6. 회원들이 협력을 자지 자신들의 이익으로 바라봄 7. 타협할 수 있는 능력
과정/구조(process/structure)
8. 회원들이 과정과 성과에 있어 하나의 이해관계를 공유함 9. 다양한 결정수립가들의 개입 10. 명확한 역할과 정책지침의 개발 11. 협력집단의 적응성
의사전달
12. 열려 있는 그리고 자주 이루어지는 의사전달 13. 공식적 비공식적 의사전달 연계망의 설립
목적(purpose)
14. 구체적인 성취할 수 있는 목적과 목표 15. 공유된 비전 16. 유일한 목적
자원
17. 숙련된 소집가(협력체제 구축을 위한 주도자) 18. 충분한 자금

*Harbert, Finnegan, and Tyler. 1997. Collaboration: A study of a children's initiative. Administration in Social Work, 21(3/4)에서 재인용

협력에 참가하는 이해관련당사자들 사이에 불균형이 존재한다면

협력을 구성하는 것이 어려워지는데 이러한 경우에는 제3의 중개자(mediator)의 역할이 중요하다. 중개자는 당사자들이 그들의 차이를 극복하는데 도움을 줄 수 있으며 상호간에 납득할 수 있는 해결책을 구성하는데도 도움을 줄 수 있다. 다음은 협력관계를 구축하는데 있어 중개자의 과업을 표로 나타낸 것이다.

〈표 12-3〉 중개자의 과업

1. 협력을 위한 전반적인 준비상황의 사정
2. 협상으로 이해당사자들을 끌어들임
3. 저항을 최소화함
4. 효과적인 대표성의 보장
5. 신뢰의 분위기 조성
6. 개방성, 낙관주의, 인내력을 나타냄
7. 협상과정의 설계와 관리
8. 자료의 관리
9. 동의를 얻음

*Gary, b. 1989. Collaborating: Finding common ground for multiparty problems. San Francisco: Jossey-Bass Publishers.

제 13 장

조직의 관료적 속성과 변화

제 1 절 관료주의와 조직

Hasenfeld(1983)는 조직의 변화를 방해하는 또는 억제하는 요소들 중에서 조직의 관료주의적 속성을 중요시하였다. 그는 조직의 변화를 억제하는 요인들로 첫째, 공공조직과 마찬가지로 인간봉사조직이 현상을 유지하려는 힘있는 이익집단에 의해서 통제 받고 있다는 점, 둘째, client들은 일반적으로 힘이 없기 때문에 그들의 욕구와 관심이 종종 무시되고 따라서 변화를 자극하지 않는 다는 점, 셋째, 인간봉사조직의 관료적 구조가 융통성 없고 경직되어 있기 때문에 변화를 추구한다는 것이 비용이 매우 많이 든다는 점, 넷째, 조직에서 일하는 관료들과 전문가들이 그들 자신들의 이익을 증진시키고 그들의 지위에 영향을 미치는 변화에 저항한다는 점 등을 강조하였다. 결국 이들 변화억제요인들은 정부공공조직과 마찬가지고 사회복지조직들이 가지고 있는 관료적 속성을 변화와 연관지어서 변화에 저항하는 중요한 요인으로 바라본다는 것을 의미한다. 따라서 사회복지조직의 변화를 관료주의와의 관계 하에서 살펴보는 것도 의미가 있다고 보여진다.

20세기 이후 관료주의체제가 조직에 많은 영향을 끼쳤다. 이는 사회복지조직에도 예외는 아니어서 대부분의 사회복지조직들도 관료주의적인 특징들을 정도의 차이는 있지만 대부분 가지고 있다고 볼 수 있다. 따라서 관료주의와 조직의 관계에 초점을 두고 관료주의의 장단점에 대해 살펴보기로 한다. Stein은 관료주의의 장단점을 다음과 같이 지적하였다.

관료주의가 갖는 조직적 측면에서의 **장점**으로는 다음의 것들이 지적될 수 있다.

① 기술자군(pooling of expertise)과 노동의 분업에 기인하는 경제성과 효율성

② 안정(stability)과 영속성(permanence)

③ 분명하고 지정된 업무에 대한 기대에서 오는 역할보장

④ 은퇴프로그램, 직업훈련프로그램, 부가급여(fringe benefit)와 (한마디로 보상과) 함께 오는 상대적으로 안정된 직무(job)

⑤ 정책의 공평성, 객관적이고 공평한 기준의 성립을 최대화시키고 정책결정에 있어서 주관적인 요소를 최소화시킴으로써 나타난다.

관료주의가 갖는 조직적 측면에서의 단점은 다음과 같은 네 분야에서 살펴볼 수 있는데 구체적으로 살펴보면 다음과 같다.

첫째, 직원과 관련해서

1. 판에 박힌 업무(ritualism)
2. 중간을 추구(mediocrity)

둘째, 소비자의 입장에서

너무 균형적인 기준만을 강조함으로 차별화된 client들이 적절하게 서비스를 받는데 있어 한계를 내포하며, 위급한 상황이나 비상사태 시에 대처 능력이 떨어진다.

셋째, 관리(management)와 관련해서

비창조적이고 일상주의에 젖은 그리고 매우 공식화된 행동에 대한 위험이 존재한다.

넷째, 지역주민의 입장에서

관료주의는 자기 보호적인(self-protective) 성격이 있기 때문에 지역외부사람들이 관료주의적 조직에 영향을 끼친다든지 또는 조직에 접근하는 것이 어렵다.

Whyte(1956)에 의하면 관료주의는 매우 조직화된 형태안에서 인간을 다소간 꼭두각시로 만드는 경향이 있다고 비판하였다. Finch(1976)는 관료조직에서 사회복지사가 서비스전달체계의 조직적 방해물을 제거하고 인식하는 능력을 증가시키지 않는 한 사회복지사의 효율성은 감소할 것이라고 주장하였다.

하지만 분명한 것은 관료주의가 많은 장점을 가지고 있고 현재 많은 조직이 관료주의적 경영을 행하고 있기 때문에 관료주의의 단점을 바꾸고 장점을 극대화시키는 것도 중요하다. 일단 client의 입장에서 관료주의적 구조와 작동은 치료의 형평성을 증진시키고

client에 대한 치료에 있어 하나의 일관성이나 통일성(uniformity)을 산출하고, 고용인들에 의한 차별적 행동으로부터의 보호를 제공하며, 그리고 기관이 제공하는 서비스를 client가 획득하는 것을 보장한다.

제 2 절 관료주의적 구조의 변화를 위한 역할과 배경

1. 사회복지사의 역할

많은 행정가들은 사회복지사가 관료주의적 구조 안에서 특히 서비스 전달체계를 증진시킬 수 있는 행동에로의 참여에서 큰 부분을 차지하고 있다고 본다. Pawlak(1976)은 만약 관료주의적 구조와 규칙, 그리고 정책을 고치기 위한 어떤 기술을 획득한다면 사회복지사는 조직에게 그리고 client들에게 혜택을 줄 수 있다고 강조한다. Gruber(1977)는 관료주의적 구조에 있어서의 혁신과 순응(adaptability)을 강조했다. 결국 사회복지사는 어떻게 효과성을 증진시킬지에 대한 방법과 조직의 유형에 대해 더 많이 공부해야 한다. 따라서 조직을 개선하고 변화에 대한 열망은 사회복지사에게 거의 보편적이어야 한다.

Resnick(1978)은 사회복지조직의 관료적 속성에 대한 폐단을 개선하고자 **안으로부터의 변화**(changing the organization from within, COFW)라는 효과적인 전략을 제안했다. 이 전략은 과거 20년 동안 적용되고 발전하여 왔다. 이 전략은 client를 향한 서비스전달체계를 개선시키기 위한 궁극적인 목표를 가지고 조직적 조건, 정책, 프로그램, 또는 절차를 변화시키고 또는 수정하기 위해 낮은 또는 중간단계의 직원(middle-echelon staff)들에 의해서 수행되어지는 일련의 행동들을 포함한다. 따라서 사회복지조직에 만연해 있는 관료적 속성을 변화시키기 위해 낮은 단계 또는 중간단계의 핵심적인 조직성원들인 사회복지사들의 역할이 강조된다고 할 수 있다.

변화는 **분석적** 그리고 **상호 행동적** 과업의 형태를 취한다고 하는데 이들 과업을 구성하는 내용으로는 다음의 요인들이 있으며 사회복지사들이 이러한 과업을 수행하는 핵심인물(key person)이라고 할 수 있다.

■ **분석적 과업**

첫째, 목표 결정

둘째, 저항평가

셋째, 전략선택

■ **상호 행동적 과업**

첫째, 행동체계 발전시키기

둘째, 의사결정을 위해 행정가들과 만나기

2. 기관의 조직화를 개선 또는 증진시키기 위한 방법

기관의 조직화를 개선 또는 증진시키기 위한 방법으로 Savas (1977)가 제시한 기법들로서 체계분석과 수단목적분석, 결정분석 등이 있다. 이들에 대해 살펴보면 다음과 같다.

① 체계 분석

문제를 분석하기 위한 기본적인 방법으로서 양적이지 않으며 다음의 11단계를 포함한다.

문제 확인-목적 설립-제한점의 구체화-문제해결을 위한 대안 산출-최선의 대안을 선택하기 위한 기준 설정 - 하나의 단위에서 문제해결을 위한 해결책 수행 - 결과 평가 - feedback 획득 그리고 해결책 수정 - 완전한 단위로 마지막 해결책 수행

② 수단 목적 분석

이것은 대안나무(tree of alternatives)분석방식이다. 이것은 하나의 목표(objective)를 위한 하나의 결과를 설정하고 그런 다음 각각의 결과를 성취하기 위해 대안적인 수단을 확인하는 것을 말한다.

③ 결정 분석

수학적 모델, 비용혜택분석(cost-benefit), 비용효과분석, 그리고 다른 모델 등의 사용을 포함해서 과학 경영과 운영(작동)조사를 포함하는 일련의 기술과 도구를 포함한다.

Lippitt와 Schmidt(1967)은 조직의 위기와 관련된 이슈들을 해결하는데 있어 적절하게 해결되는 경우와 부적절하게 해결되는 경우에 대한 목록을 다음과 같이 제시하였다.

〈표 13-1〉 위기이슈목록

	이슈가 정확하게 해결되었을 때 나타나는 결과	이슈가 정확하게 해결되지 않았을 때 나타나는 결과
창조성	새로운 조직체계가 나타나고 운영되기 시작한다.	사고(idea)는 추상적 수준에 머물러 있게 되며 조직은 자금을 공급받지 못하게 되고 재화와 서비스를 적절하게 발전시키지 못한다.
생존	조직은 현실을 받아들이고 경험으로부터 배우며 생동감있게 된다.	조직은 환경의 현실에 순응하는 것을 실패하여 몰락하거나 부분으로 남아 있게 된다.
안정	조직은 강점과 효율성을 발전시키고 변화를 위한 유연성을 유지한다.	조직은 지불능력이상의 채무를 지게 되고 생존단계로 회귀하거나 또는 미래에 대한 유연성을 가로막는 형식으로 유지된다.
긍지와 평판	조직의 평판은 재화와 서비스와 질을 개선시키기 위한 노력을 강화시킨다.	조직은 상품의 질보다는 이미지 만들기에 더 많은 노력을 기울이거나 또는 조직의 능력을 잘못 전달하는 이미지를 만들게 된다.
독특성과 순응	조직은 그 조직만이 가지고 있는 독특성을 최대한 이용해서 변화하며 그리고 직원들의 성장기회를 제공한다.	조직은 미래를 보장하기 위한 재능을 너무 좁게 발전시키고 조직의 독특성을 발견하는 것을 실패하며 부적절한 영역으로 조직의 노력을 집중하거나 또는 성장을 방해하는 온정주의적 경향을 발전시킨다.
기여	조직은 사회에 기여하는 시설로서 대중으로부터 존경과 감사를 받는다.	조직은 대중으로부터 비난을 받으며 그리고 주주들로부터 회복할 수 없는 비난을 받는다.

자료: Lippitt과 Schmidt, 1967, p. 109에서 재인용

Resnick(1977)은 조직의 내적 변화에 영향을 끼치는 3개의 핵심 집단의 유형을 제시했다.

- 첫 번째 유형의 집단은 조직 안에 있는 하나의 즉각적인 문제에 **염려하는 성원**들로 구성되어 있는 행동체계를 구성하는 또는 소집하는 촉매자로서 성격 규정된다.
- 두 번째 유형의 집단은 조직의 개선을 위해 일하기 위한 행동체계를 형성하기 위해 조직의 기능에 **만족하지 않는 것으로 알려진 조직 구성원을 선별하고 모집하는 하나의 변화 기관(a change agent)**을 포함한다.
- 세 번째 유형의 집단은 기관에 혜택을 줄 수 있다고 느끼는 혁신방안에 대한 구성원들의 관심 때문에 하나의 **행동집단을 함께 만들 수 있는 사람들로 구성된다.**

Resnick(1977)은 비록 이 집단의 유형이 장, 단점을 가지고 있지만, 이 모든 집단유형은 안으로부터의 조직적 변화를 소개하고 성취하는 효과적인 방법으로 보여진다 주장하였다.

제3절 관료주의조직변화전략: 안으로부터의 변화

1. 안으로부터의 변화란 무엇인가?

관료주의의 등장은 인간봉사조직의 구조에도 많은 영향을 미쳤다. 관료주의는 조직에 있어 장점을 가져다 주었지만 많은 단점들을 동시에 내포하였다. Resnick(1977, 1978)은 관료적 조직변화를 성공적으로 수행할 수 있는 효과적인 모델 또는 전략으로 안으로부터의 변화를 제시하였다. **안으로부터의 변화**(changing the organization from within)는 client들에 대한 서비스전달을 개선하기 위해 설계된 그리고 인간봉사조직의 하위직원이나 중간직원들에 의해 수행되는 조직 내부에서 발생하는 일련의 행동들이라고 정의할 수 있다. 따라서 안으로부터의 변화를 사회복지조직의 측면에서 본다면 client에 대한 서비스전달체계를 개선하기 위해서 일선사회복지사나 중간직급의 사회복지사들에 의해서 주도되는 조직 내부에서 이루어지는 일련의 행동들이라고 말할 수 있다. 안으로부터의 변화를 위해 취하는 행동들은 조직의 정책, 프로그램, 절차, 또는 행정적 배열 등의 수정에 초점을 맞추게 된다.

결국 안으로부터의 변화는 직원이 개발한 행동체계의 사용에 기초하여 비인간적이고 부적절한 조직행정이나 정책을 제거하기 위해 개발된 전략이라고 할 수 있다.

안으로부터의 변화는 기본적으로 4개의 요소들을 포함하는데 첫 번째 요소는 변화 촉매자(change catalyst)이고 두 번째 요소는 행동체계(action system)이며 세 번째 요소는 혁신제안서(innovation proposal)이고 네 번째 요소는 행동계획(action plan)이다.

변화 촉매자(change catalyst)는 조직을 개선시키기 위한 행동을 주도할 수 있는 충분한 능력과 동기를 가지고 있는 한 사람 이상의 조직성원 중의 변화에 참여하는 참여자들을 의미한다. **행동체계(action system)**는 변화촉매제에 의해서 자극 받은 조직성원들로 집단을 형성하고 조직의 기능이나 서비스를 개선시키기 위한 계획을 실행한다. **혁신제안서(innovation proposal)**는 행동체계에 의해서 개발되고 정책결정가들 앞에 제출되게 되는 특정한 정책이나 프로그램, 절차, 또는 행정적 배열을 개선시키기 위한 새로운 메커니즘이나 과정 또는 생각이다. 그리고 **행동계획(action plan)**은 혁신제안서에 대한 정책결정가들의 수용가능성을 증가시키기 위해서 설계된 일련의 단계들이다.

Resnick(1977)에 따르면 안으로부터의 변화는 네 개의 기본 가정에 기초한다고 한다.

첫 번째 가정: 사회복지조직은 client와 직원들에게 어떤 경우에는 나쁜 영향을 준다.

두 번째 가정: 정책결정가들이 조직이나 그들에 대한 변화제안서의 가치를 어떻게 인식하는가에 따라 변화 제안서에 저항할 수도 있고 지지할 수도 있다.

세 번째 가정: 조직은 조직의 하위 직원이나 중간직급의 직원들의 행동들에 의해서 개선될 수 있다.

네 번째 가정: 직원의 사기는 안으로부터의 변화에서의 그들의 행동을 통해서 개선될 수 있다.

2. 안으로부터의 변화 유형

Resnick(1977)은 이러한 안으로부터의 변화가 조직에서 실행될 때 나타날 수 있는 세 개의 유형을 제시하였다. 그는 이 유형들을 유형A, 유형B, 그리고 유형C로 이름 붙였으며 각각의 유형에 따라 변화과정이 차이를 나타낸다. 유형별 변화과정을 표로 나타내면 다음과 같다.

〈표 13-2〉 유형별 변화과정

	유형 A		유형 B		유형 C	
1단계	변화촉매자의 출현		변화촉매자의 출현		변화촉매자의 출현	
2단계	변화촉매자가 문제를 확인한다.		변화촉매자가 변화체계(action system)를 소집한다.		변화촉매자가 혁신안을 확인한다.	
3단계	변화촉매자가 행동체계를 발전시킨다.	변화촉매자가 혁신안을 확인한다.	행동체계가 문제를 확인한다.	행동체계가 혁신안을 확인한다.	변화촉매자가 행동체계를 발전시킨다.	변화촉매자가 문제를 확인한다.
4단계	행동체계가 혁신안을 확인한다.	변화촉매자가 행동체계를 발전시킨다.	행동체계가 혁신안을 확인한다.	행동체계가 문제를 확인한다.	행동체계가 문제를 확인한다.	변화촉매자가 행동체계를 발전시킨다.
5단계	행동체계가 결정수립가들이 받아들이고 유지할 수 있는 혁신을 위한 계획을 발전시킨다.		행동체계가 결정수립가들이 받아들이고 유지할 수 있는 혁신을 위한 계획을 발전시킨다.		행동체계가 결정수립가들이 받아들이고 유지할 수 있는 혁신을 위한 계획을 발전시킨다.	

Resnick(1977)이 제시한 안으로부터의 변화를 위한 유형들을 살펴보면 표에서 나타난 바와 같이 변화촉매제가 변화를 위한 과정을 시작하고 있음을 알 수 있다. 변화 촉매제(change catalyst)는 위에서도 언급한 바와 같이 조직을 개선시키기 위한 행동을 주도할 수 있는 충분한 능력과 동기를 가지고 있는 한 사람 이상의 조직성원 중의 변화에 참여하는 참여자들을 말하며 이 변화촉매제가 출현함과 동시에 모든 유형의 안으로부터의 변화가 시작됨을 알 수 있다. 변화촉매제는 현재의 조직 상황에 불만을 가지고 있는

조직성원들로 구성된 한 조직이라고 할 수 있다. 따라서 이 변화촉매제가 행동체계를 조직화하는 방안과 같은 조직을 개선시킬 방안을 제시하고 함께 일할 사람들을 소집하게 된다. 하지만 변화시작은 모두 변화촉매제의 출현으로 같지만 변화 2단계에서부터는 각각의 유형에 따라 제시하는 과정이 변화를 보여준다.

먼저 **유형** A에서는 변화 2단계로서 변화촉매자가 열악한 서비스 전달에 직접적 또는 간접적으로 영향을 미치는 문제들을 확인하고 변화 3단계에서 변화촉매자에 의해서 자극 받은 조직성원들로 집단을 형성하고 조직의 기능이나 서비스를 개선시키기 위한 계획을 실행하는 행동체계를 발전시킨 후에 4단계에서 행동체계가 문제를 해결할 수 있는 혁신안을 형성하는 것이 하나의 변화과정이 될 수 있으며 또 다른 변화과정으로는 변화 3단계에서 변화촉매제가 혁신안을 형성하고 나서 변화촉매제가 문제와 해결책을 숙고할 수 있는 행동체계를 소집하는 것이 또 하나의 안이 될 수 있다.

결국 유형A의 특징은 변화촉매자가 조직에서 제거되어져야 하는 문제를 확인하고 이 문제를 해결하기 위한 변화체계를 만들어서 문제를 해결할 수 있는 생각을 창출할 수 있도록 하고 그리고 행동체계가 그 생각을 결정수립가들이 수용할 수 있는 하나의 계획으로 발전시킴으로써 변화가 실행되도록 한다는 점이다.

유형 B에서는 유형A와는 달리 변화 2단계에서 변화촉매자는 조직의 기능에 만족하지 않는 직원들로 구성되는 집단을 조직화하는 것 즉, 변화체계를 형성하는 것을 강조한다. 일단 변화체계가 형성되고 나면 그 체계는 조직을 개선하기 위한 특정한 문제를 확인하든지 또는 혁신안을 만드는 것에 동의할 수 있게 된다. 특정 문제를 확인한 경우는 그 문제를 해결하게 위한 혁신안을 개발할 수 있게 되고 그리고 혁신안을 개발한 경우는 혁신안이 특정문제를 해결할 수 있는 해결책인지를 확인하는 단계를 각각 거치게 된다. 그리고 마지막 단계에서는 행동체계가 결정수립가들이 받아들이고 유지할 수 있는 혁신을 위한 전반적인 계획을 발전시키게 된다.

유형 B의 특징은 행동체계가 만들어지는 단계가 유형 A와는 다르다는 점이다. 일단 행동체계가 구성된 후에 문제에 대한 확인이나 또는 해결책(혁신안)이 행동체계에 의해서 만들어진다.

유형 C에서는 변화촉매자가 혁신안을 먼저 발전시킨다는 점이 다른 유형들과는 상이한 점이다. 혁신안을 만들고 나서 변화촉매자는 변화체계를 구성하고 변화체계는 해결할 특정한 문제를 확인하는 단계를 거치게 될 수도 있으며 또 다른 방법은 변화촉매자가 혁신안을 만들고 나서 문제를 확인한 후 해결할 수 있는 행동체계를 구성하는 단계를 거치게 된다. 따라서 유형 C의 특징은 조직을 개선시킬 수 있는 혁신적 사고에 대응해서 행동체계가 구성된다는 점이라고 할 수 있다.

각각의 유형들은 각기 장점과 단점을 가지고 있는데 이들을 살펴보면 다음과 같다.

• 유형 A의 장점과 단점

유형 A에서는 조직변화의 단계로서 문제를 확인하는 과정이 쉽게 성공적으로 성취될 수 있다는 장점이 있다. 이는 단지 한 사람이나 적은 수의 변화촉매자가 문제의 확인에 개입되어 있기 때문이다. 하지만 문제를 너무 좁게 규정하고 한정하게 되는 한계점도 동시에 나타낼 수 있다. 또한 이 유형에서는 변화체계의 구성이 빠르게 진행될 수 있는데 이는 행동체계를 구성하는 성원들의 선별이 해결되어야 하는 특정한 문제에 대한 관심에 기초하기 때문이다. 유형 A의 또 다른 장점은 특정 문제에 대한 집중이 문제를 해결하는 이성적인 문제해결책을 발전시키도록 행동체계를 고취시킨다는 점이다.

또한 조직은 적은 수의 변화촉매자를 문제아로 낙인찍을 수 있고 개선책이 일반적으로 일시적이거나 적을 수 있다는 점이 지적된다.

• 유형 B의 장점과 단점

유형 B의 가장 중요한 장점은 행동체계의 잠재적 힘과 대표성 그리고 크기라고 할 수 있다. 한 사람이나 소수의 변화촉매자가 변화를 추구하는 집단으로서 행동체계를 먼저 구성하기 때문에 당연히 행동체계에 힘이 실리게 되고 변화주도세력의 크기도 확대되며 대표성도 확보할 수 있게 된다는 장점이 있다. 하지만 행동체계가 먼저 구성되기 때문에 행동체계가 구성된 후 그 구성원들 중에서 해결해야 하는 문제에 대한 동의를 하지 못하는 경우는 행동체계로부터 이탈하는 행동체계구성원들이 나타나는 현상이 일어날 수 있으며 또한 구성원들이 각자 가지고 있는 개인적인 욕구를 문제로 결정하는 경우에는 구성원들의 수의 증대가 곧 해결해야 하는 문제의 복잡성을 일으키게 되고 나아가 조직이 해결하여야 하는 중대한 문제가 우선순위에서 밀려나는 경우가 발생하게 될 수도 있게 된다.

• 유형 C의 장점과 단점

유형 C의 장점은 현실성이라고 할 수 있다. 즉, 혁신안이 먼저 제시되기 때문에 현실적으로 혁신안에 동의하는 사람들을 손쉽게 모을 수 있게 된다. 하지만 이 유형의 문제점으로서 행동체계가 동의된 혁신안에 대해서 토론하는 경우 또 다른 혁신안의 등장을 불러일으킬 수 있게 되고 이는 곧 혁신안에 대한 동의를 바탕으로 모인 구성원들의 분란과 분열을 가져다 줄 수 있다는 점이다.

3. 조직변화의 과업

인으로부터의 변화는 조직을 변화시키기 위한 과업으로서 **분석과업**(analytical task)과 **상호작용과업**(interactional task)을 강조한다. 분석과업은 첫째, 행동체계를 위한 목적을 결정하는 것, 둘째, 목적을 성취하기 위해 움직일 때 나타날 수 있는 저항가능성에 대한 분석을 수행하며, 셋째, 변화계획에서 사용될 전략을 선택하는 세 번째 과업이 등장하게 된다. 그리고 상호작용과업은 첫째, 행동체계를 구성 또는 발전시키는 것과, 둘째, 관련 있는 행정가들에게 변화를 위한 제안서를 제출하는 것 등을 포함한다. 이 두 과업에 대해 좀더 살펴보면 다음과 같다.

1) 분석과업

분석과업은 크게 목적의 결정과 저항의 분석 그리고 전략의 선택으로 나뉘어진다.

(1) 목적의 결정

목적의 결정은 문제를 확인하고 분석하며 목적을 심사숙고하여 목적을 선택하는 것을 포함하는 일련의 과정을 의미한다. 따라서 목적의 결정은 목적을 선택하는 것을 의미하기 때문에 목적의 결정 또는 선택하는 과정은 기본적으로 목적을 확인하고 분석하며 목적을 심사숙고하는 두 부분으로 구성되어 있다고 할 수 있다. 목적은 기본적으로 client의 서비스에 직접적으로 또는 간접적으로 영향을 미치는 문제에 대한 하나의 대응이고 어떻게 그러한 바람직하지 않은 조건이나 상황을 변화시킬 것인지에 대한 구체적인 사고를 나타낸다.

- **문제의 확인 및 분석**

행동체계는 직원들이나 client들에게 참을 수 없는 것으로 느껴지는 문제를 해결하기 위해 결성된다고 할 수 있기 때문에 항상 문제가 있는 주변에 행동체계는 존재한다고 볼 수 있다. 문제에 대해 토론을 하면서 그 문제의 본질과 범위가 확인되며 이러한 문제의 분석과정을 거치면서 변화팀의 연대감과 소명감이 향상될 수 있게 된다. 그리고 무엇보다도 중요한 것은 문제의 확인 및 분석이 문제를 해결하는 해결책에 직접적으로 영향을 미친다는 사실이다. 문제가 어떤 문제인가를 주의력을 가지고 확인하는 것은 조직 내에서 무엇인가 잘못된 것을 바르게 고치기를 갈망하는 사람들을 끄집어 모으는 과정이라고도 할 수 있다.

- **목적에 대한 숙고**

문제의 확인이 행동체계를 한데 뭉치는 역할을 하지만 하나의 목적을 선택하는 과정은 팀 구성원들 사이에 갈등을 야기 시킬 수 있다. 따라서 행동체계는 팀원들이 모두 함께 일할 수 있는 타협된 목적을 찾기 위해 노력하여야 하는데 이것이 목적이 가지고 있는 통합의 개념이라고 할 수 있다. 또한 목적을 선택하는 과정에 영향을 미치는 변수로서 일시성과 복합적 효과의 개념들이 있다. 어떤 변화들은 다만 일시적으로 성공적인 경우가 있는데 조직변화의 목적으로는 내부적으로 영속할 가능성이 있는 목적이 다른 목적에 비해 선택에 있어 우선권이 있어야 한다. 그리고 목적은 복합적 효과를 갖는다는 의미는 목적이 조직의 하나의 하위체계보다 하나 이상의 하위체계에 영향을 주고 수정을 가한다는 것을 말한다.

(2) 저항의 예측(또는 분석)

"질 것 같으면 싸우지도 말라"라는 말이 있다 이 말은 변화노력에도 그대로 적용된다. 다시 말해 만약 행동체계가 중요한 저항을 예측하고 그리고 만약 행동체계가 이 저항을 극복하기 위한 충분한 자원(예를 들어 돈, 시간, 인원, 다른 직원들이나 지역주민들로부터의 지원 등)을 가지고 있지 않다고 한다면 변화계획은 반드시 연기되어야 한다는 것을 의미한다. 따라서 변화를 추구하는 경우 일어날 수 있는 저항에 대한 예측이나 분석은 행동체계가 변화목적이나 전략 등을 바꾸는 것을 결정할 수 있도록 하는데 도움을 준다. 저항 현상은 조직으로부터도 올 수 있고 결정수립가로부터도 올 수 있으며 행동체계의 구성원들로부터도 올 수 있다. 조직적 정황이 변화를 저항하는 경우는 조직이 이미 최근에 중요한 변화들을 경험하였다고 한다면 조직은 새로운 변화에 저항할 수 있다는 것을 의미한다. 또한 결정수립가들 중에 일부는 보수적이어서 새로운 변화를 거부할 수 있으며 조직의 변화보다는 자신들의 안위를 더욱 생각하는 경우도 있을 수 있다. 그리고 행동체계 내의 성원들 중에서도 변화에 저항하는 경우가 일어날 수 있다. 예를 들어 행동체계 구성원들이 변화에 대한 사명감이나 욕구 또는 변화에 대한 갈망 등을 가지고 있는 사람들로 구성되지 않고 직원들의 대인관계 즉, 가까운 친구 또는 동료 등에 기초해서 구성되어 있는 경우에는 변화체계 내의 수성들 사이에서도 변화에 대한 저항이 있을 수 있다.

(3) 전략의 선택

변화를 위한 분석과업에 있어 마지막으로 중요한 과업은 바로 변화전략이나 변화를 위한 전반적인 계획을 선택하는 것이다. 일단 해결해야 하는 문제가 확인되고 목적이 결정되며 그리고 저항요소들이 사정되고 나면 행동체계는 목적성취를 달성하기 위해 어떻게 앞으로 나아갈 것인가를 결정해야 하는데 이것이 바로 행동전략을 의미한다.

2) 상호작용과업

조직변화를 위한 상호작용과업은 첫째, 행동체계를 만드는 과업과 둘째, 결정수립가들과 만나는 과업으로 구성된다. 이들 과업들에 대해 살펴보면 다음과 같다.

(1) 행동체계 만들기(또는 발전시키기)

변화계획의 목적을 달성하기 위해서 변화를 주도할 수 있는 행동체계가 필요하다고 간주되면 결국 행동체계가 무엇인가를 이해하여야 한다. 행동체계는 변화계획이 수행되는 메커니즘이고 행동체계구성원들이 저항에 직면해서 계속해서 변화행동을 할 수 있도록 하는 동기부여이고 주요한 에너지자원이다. 따라서 변화를 향한 행동자원의 능력과 안정이 효과적인 조직변화행동에 결정적으로 중요하다고 할 수 있다. 행동체계를 만드는데 있어 고려해야 하는 세 개의 주요 요소들은 첫째, 행동체계의 구성요인이고, 두 번째는 목적에 대한 사명감과 이해이며, 세 번째는 집단지도력과 참여기술이다.

• 행동체계의 구성요인

변화촉매자가 함께 변화행동을 수행할 행동체계를 구성하기 위해 고려해야 하는 두 측면은 행동체계가 얼마나 많은 성원들로 구성되어 있어야 하는가 즉, 크기와 어떻게 직원들을 행동체계성원으로 선발할 것인지를 나타내는 선발이다. 행동체계를 구성하는 구성원들이 너무 적으면 결정수립이나 의사전달은 효과적으로 이루어질 수 있으나 충분하지 못한 힘을 갖게 될 수 있으며 충분하지 못한 대표성을 나타낼 수 있다는 문제점이 지적된다. 또 너무 많은 성원들로 구성되면 변화행동의 효과적 진행에 문제가 나타날 수 있게 된다.

행동체계를 구성하는 구성원들이 어떤 사람들로 구성되어 있는가가 또한 변화행동의 효과적인 운영에 중대한 영향을 미치기 때문에 행동체계구성원들에 대한 선택이 중요한 사안으로 등장하게 된다. 예를 들어 한 팀에 서로 적대적 감정을 가지고 있는 두 사람이 구성원으로 들어와 있는 경우 아무리 변화목적에 대한 사명감이 있다고 하더라도 적대적 관계의 두 사람이 화해하고 함께 일하기가 어려울 수 있다. 또한 구성원들 사이에 지위의 격차가 너무 벌어져 있다고 한다면(예를 들어 가장 낮은 직종의 직원과 상위관리자) 이 역시 원활하고 효과적인 행동체계로서 역할 하는데 한계를 나타낼 수가 있게 된다. 따라서 성공적인 조직변화를 수행하는데 가장 원활하고 효과적인 행동체계 팀을 구성하기 위해 위에서 지적한 사회 감정적 요인들이 고려되어야 한다.

그리고 변화촉매제가 변화를 함께 실행할 행동체계구성원들을 모집할 때는 행동체계의 목적, 구성원들의 회원지위, 그리고 행동체계구성원으로서 수행해야 하는 가능한 시간의 범위 등에 관한 분명한 정보를 제공하여야 한다.

- 목적에 대한 사명감과 이해

행동체계를 구성하는데 있어 중요하게 지적될 수 있는 것이 성원들이 행동체계의 목적을 이해하고 있는가 그리고 목적에 대한 사명감이 있는가라고 할 수 있다. 변화촉매자는 행동체계를 구성하는 구성원들 중에서 행동체계의 단합과 연대성을 파괴하는 요인을 제공할 수 있는 성원들을 가려내야 하고 공동의 관심과 목적에 대한 공감을 가지고 있는 성원들로 구성되는 집단을 만드는 것이 중요하다고 할 수 있다.

- 집단지도력과 참여기술

변화집단들이 변화를 시도하는데 있어 변화과업의 복잡성을 평가절하하기 때문에 종종 어려움에 봉착하는 경우가 있다고 한다. 따라서 변화집단들은 문제와 그 문제를 해결할 전략을 철저하게 심사숙고하여야 하고 이성적이고 효과적으로 과업을 수행하려고 노력하여야 한다. 이를 위해서 조직에 현존하는 비공식적인 직원지도자를 활용하여 집단지도력을 고취시키는 방안을 사용할 수 있으며 다양한 교육이나 강좌 등에 행동체계의 구성원들이 참여하여 과업을 수행할 수 있는 최신의 기술들을 습득하도록 하는 것이 효과적일 수 있다고 한다.

(2) 결정수립가들과의 만남

행동체계가 만들어지고 이 체계가 분석과업(목적결정, 저항 예측, 그리고 전략선택)을 실행하고 나면 마지막으로 가장 어려운 과업이 남게 되는데 이 과업이 공식적 회의나 모임에서 조직 안에 있는 변화와 관련있는 결정수립가들에게 변화를 위한 계획서를 발표하는 것이다. 이 과업에 앞서서 이루어지는 모든 과업들은 이 과업을 위해 준비하는 준비단계의 과업들이라고 할 수 있다.

제 14 장

조직변화의 성과와 변화의 성공과 실패

제 1 절 조직변화와 성과

조직의 변화는 궁극적으로 조직의 성과를 개선하는데 영향을 미친다. 이는 조직이 내외적 조건이나 상황에 적극적으로 대응하면서 필요한 변화행동을 추구하게 되면 조직의 성과는 개선될 것이기 때문이다. 조직변화의 일차적 목적이 물론 조직성과개선에 있지는 않지만 조직성과개선은 조직변화에 따른 궁극적 결과라고 할 수 있다. 비영리조직의 성과(performance)는 여러 측면(또는 영역)으로 구성되어 있음으로 조직변화가 조직성과의 어떠한 부분에서 개선을 가져다주는지를 확인하는 것은 쉬운 과업은 아니지만 만약 비영리조직의 성과가 효율성, 효과성, 형평성, 서비스품질 등의 영역으로 구성되어 있다고 가정한다면 조직변화는 각 영역에서 조직개선효과를 가져다주어야 한다고 볼 수 있다.

예를 들어 조직변화의 목적이 조직의 효과성을 증진시키는 것에 있다고 한다면 효과성이 무엇인가 또는 효과성이 의미하는 것이 무엇인가에 의문이 제기될 수 있다. 다시 말해 조직의 변화가 성공적이었는가? 또는 실패하였는가를 효과성을 가지고 측정할 수 있다고 한다면 결국, 효과성의 실체를 밝히는 것이 조직변화의 성과를 측정하는데 있어 가장 핵심적인 문제로 떠오른다는 것을 의미한다. 효과성과 연관된 조직변화에 있어 중요한 하나의 이슈는 조직이 변화가 필요할 정도로 비효과적인가라고 할 수 있다. 따라서 조직이 목적하는 바를 보다 효과적으로 성취하기 위하여 조직적 변화를 수행한다고 했을 때 조직변화의 결과로서 효과성은 반드시 어떠한 형태로든 측정될 수 있어야 한다. 또한 조직의 변화가 조직 효율성을 개선하는 것이 목적이라고 하다면 역시 효율성이 무엇이지 그리고 효율성이 조직변화가 필요할 정도로 비효율적인지 그리고 무엇으로 효율성을 측정할 것인지 등을 결정하는 것이 핵심적인 문제로 떠오를 것이다. Carnall(1990)은 조직의 효율성과 효과성을 측정할 수 있는 척도를 질적 수준과 양적 수준으로 분류하여 구분하였는데 이 분류방식을 살펴보면 다음의 그림과 같다.

아래의 그림에서 효과성을 측정할 수 있는 측정수준을 살펴보면 효과성을 양적 방법으로 측정하는데 있어 가장 많이 사용되는 기준은 비용과 목적 성취의 정도를 측정하는 비용효과성측정방법이 가장 대표적인 방법이라고 할 수 있다. 질적 방법으로 효과성을 측정하기 위해서는 양적 방법보다 측정수준을 설정하기가 더욱 어렵다고 볼 수 있지만 가능한 측정 수준으로는 조직 내에서의 협조적 문화의 달성 정도나 환경에 대한 적응의 정도 그리고 조직관리의 발전 정도를 가기고 측정할 수 있다. 효과성을 변화하는 환경으로 적응할 수 있는 능력으로 정의한다고 하면 효과성의 기본은 바로 통합이라고 할 수 있기 때문에 협조적 문화의 창조와 환경에 대한 적응은 중요한 조직효과성을 측정하는 기준이 될 수 있다.

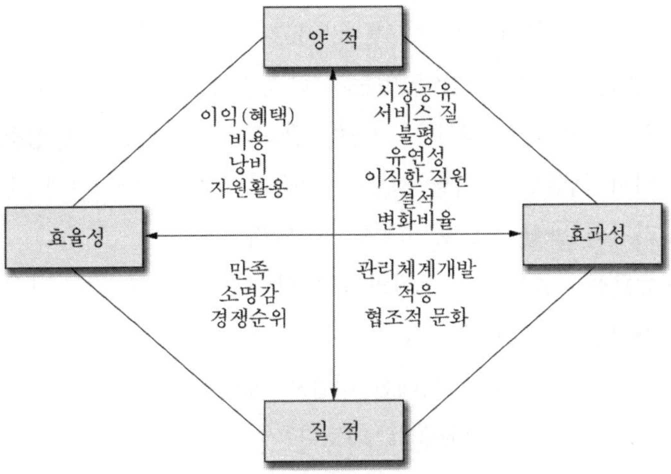

자료 : Tyson and Jackson, 1992, p. 194에서 재인용

〈그림 14-1〉 조직변화 효과성의 검토

조직의 효과성을 측정할 수 있는 측정기준으로 Tyson과 Jackson(2002)은 방향성, 위임, 책임성, 통제, 효율성, 조정, 적응력, 그리고 사회체계와 개인적 기대 등을 제시하였다. 이들 기준들을 살펴보면 다음과 같다.

- **방향성**: 조직의 목표와 장-단기 기획을 설정하고, 적절한 조직구조로 분리하고, 조직의 이미지를 설정하는 등의 조직이 나아가는 방향에 대한 측정을 의미한다. 방향성을 측정하는 구체적인 측정기준은 목표가 어느 정도 성취되었는가를 통해서 이루

어진다.

- **위임**: 조직의 효과성은 관리자가 어느 정도 자신의 권위를 다른 직원들에게 일임하는가에서도 찾을 수 있다. 위임의 측정은 위임이 된 권위의 정도 그리고 직원들이 생각하는 관리자의 위임이 충분한지의 정도를 가지고 측정될 수 있다.
- **책임성**: 누가 책임이 있는지를 분명하게 이해하는 것도 조직의 효과성을 측정하는 기준이 될 수 있다. 목표를 달성하기 위해서 책임성이 어느 정도 분산되어 있어야 하는지에 대한 관리자의 판단 정도로 측정될 수 있다.
- **효율성**: 효율성은 자원의 최적의 사용 그리고 최소의 비용을 가지고 계획된 수준의 산출이 성취되었는지를 측정한다. 효율성은 비용과 혜택에 대한 비율로 측정될 수 있다.
- **통제**: 통제는 직원들의 태도나 사기, 서비스의 질, 자원활용, 서비스 중도탈락 비율 등과 같은 과업과 관련이 있는 지수로 측정할 수 있다.
- **조정**: 조직의 효과성은 조직의 각기 다른 부서들이 업무나 행동들을 통합하는 것에도 영향을 받는다. 독립적인 부서들 사이에서의 지지적 관계나 행동의 막힘 정도로 측정될 수 있다.
- **적응력**: 변화하는 환경에 응답하는 능력 그리고 문제를 해결하고 혁신하는 능력을 의미한다. 적응력은 어느 정도 시장을 확보하고 있는지의 정도(새로운 client를 어느 정도 확보하는지의 정도)나 성공적인 새로운 서비스의 개발비율 등으로 측정될 수 있다.
- **사회적 체계나 개인적 기대**: 직원들의 사명감을 부추길 수 있는 고용조건이나 사회체계(보상제도 등)의 유지 등을 의미한

다. 사회적 체계나 개인적 기대의 측정은 직원퇴임비율, 결석비율, 태도조사, 사정보고서 등에 의해 측정될 수 있다.

비영리조직이 설정한 또는 목적하는 바를 어느 정도 성취하였는지를 파악하는 경우, 비영리조직의 성과는 효과성이 강조되지만 비영리조직 자체가 사회적 목적과 가치를 실현하기 위해 설립되어 있으며 주로 모든 지역주민들의 생활과 삶의 번영을 추구하는 것을 조직비전으로 함으로 조직의 중요한 성과로 형평성의 실현여부 역시 매우 중요하다고 할 수 있다. 조직변화가 형평성을 개선시키는 것을 목적으로 하는 경우 조직변화의 성공여부는 사회적 차별이나 배제가 조직의 서비스제공을 통해서 발생하고 있는가를 확인하는 질문들로 확인할 수 있다. 사회적 배제여부를 확인할 수 있는 질문영역은 다음과 같다(지은구, 2012).

첫째, 서비스내용형평성: 조직에서 이용자들에게 제공되는 서비스의 내용이 모두 동일한 내용으로 구성되어 있는가를 확인하는 것.

둘째, 서비스혜택형평성: 서비스를 필요로 하는 사람들은 차별없이 모두 서비스의 혜택을 받을 수 있는가를 확인하는 것.

셋째, 서비스대상형평성: 소득이나 지역, 나이, 성별, 장애정도 등이 서비스를 제공받는 대상자들에게 차별적인 서비스가 제공되도록 영향을 미치고 있는가를 확인하는 것.

제 2 절 성공적인 변화를 이끄는 요인

Kotter(1995)는 100개 이상의 조직에서의 변화과정을 관찰한 후 성공적인 변화는 다음과 같은 요인들을 포함한다고 결론지었다. 그 요인들을 다음과 같다.

첫째, 성공적인 변화를 경험한 조직들로부터 배운 교훈의 첫 번째는 변화과정이 일반적으로 일정한 시간을 필요로 하는 일련의 단계들을 통해서 이루어졌다는 사실이다. 단계를 건너뛰는 것은 절대적으로 만족할만한 결과를 만들어내지 못한다고 한다.

둘째, 대부분의 성공적인 변화를 이끈 조직들은 성공적인 변화를 실행하는 과정에 결정적인 실수를 하지 않았다는 점이다. 이는 변화과정의 어떤 단계에서든 결정적인 실수는 조직변화에 파괴적인 영향력을 가져다주기 때문이다.

제 3 절 변화를 실패로 이끄는 요인

일반적으로 사람들은 조직을 새롭게 변화시키는 것에 대한 경험이 부족하기 때문에 조직 내에서 변화를 실행하는데 있어 실수를 하게 되는 경우가 나타나게 된다. Kotter(1995)는 조직변화과정에서 사람들이 범할 수 있는 실수를 8가지로 제시하였다. 그가 제시한 일반적으로 범할 수 있는 실수들을 정리하면 다음과 같다.

1. 실수-1: 변화를 향한 충분한 절박함을 설립하지 못한 경우

변화를 추진하기 위해서는 왜 변화가 필요한지에 대한 필요성과 절박함이 조직 내에 충만하여야 한다. 변화필요성과 절박함에 대한 조직성원들의 인지는 변화를 향해 움직이는 동력이라고 할 수 있다. 변화의 필요성에 대한 절박한 분위기를 조성하는 것을 실패한다면 조직 성원들은 왜 우리에게 변화가 필요한지에 대한 욕구를 갖지 못하였다는 것을 의미하고 변화는 곧 실패로 귀결된다. 변화를 향한 충분한 절박함을 설립하지 못한 경우 변화가 실패로 귀결되는 가장 결정적인 이유는 변화란 조직 안에 있는 다양한 구성원들에 의한 지지를 반드시 필요로 하기 때문이며 구성원들이 변화에 대한 동기가 결여되어 있다는 것은 변화의 동력을 상실하였다는 것을 의미하기 때문이다.

2. 실수-2: 변화를 인도하는 강력한 협력팀을 구성하지 않은 경우

대부분의 변화노력은 시작할 때에 한두 사람으로부터 먼저 시작된다. 변화에 대한 절박함을 가진 한두 사람은 변화에 공감하는 사람들을 규합하게 되고 곧 변화를 위한 팀을 구성하게 된다. 변화가 성공적으로 실행되기 위해서는 지지자들이 많으면 많을수록 유리하기 때문에 협력팀은 될 수 있는 대로 많은 지지자를 확보하기 위해 노력하게 된다. 결국 한 사람보다는 두 사람이 두 사람보다는 세 사람이 훨씬 강력한 성공을 실현하기 위한 동력이 되기 때문에 이러한 지지자들을 확보하고 강력한 지도력을 행사할 수 있는 협력팀의 구성은 변화를 성공적으로 인도하기 위해서는 반드시 필요하다고 할 수 있다. 하지만 종종 변화를 추진하는 사람들이 변화를 실행하는 것을 과소평가하고 변화의 복잡성을 평가 절하하여 협력팀의 구성을 등한시하는 경우가 생기게 되는데 대체적으로 한두 사람에 의해서 전개되는 변화는 실패에 빠지게 될 가능성이 크다고 한다. 변화를 추진하는 강력한 힘을 갖는 변화협력팀을 구성하지 못하는 경우 변화에 반대하는 반대세력이 변화를 저지하여 변화가 중단되는 경우도 발생할 수 있다.

3. 실수-3: 변화에 대한 비전이 부족한 경우

비전은 조직이 움직이려는 방향을 명확히 해주는 역할을 한다. 다시 말해 미래에 대한 청사진을 의미한다고 할 수 있다. 조직 변화가 일어나고 수행된 후 조직은 어떠한 모습으로 보여질 것인지 대부분의 성원들은 궁금하기 때문에 변화세력에게 변화이후의 청사진을 밝힐 것을 요구하게 된다. 따라서 성공적인 변화노력을 위해서 변화협력팀은 변화에 관련이 있는 조직구성원들과 client들을 포함하는 이해관련당사자들에게 의사전달을 통해서 변화에 대한 청사진을 보여주게 된다. 조직성원들을 포함하는 이해관련당사자들은 변화협력팀이 제시하는 비전 또는 변화에 대한 청사진을 고려하여 변화를 지원하든지 또는 적어도 변화를 반대하지 않게 된다고 할 수 있다. 따라서 변화에 대한 비전이 부족한 경우 변화에 대한 조직전반의 공감대를 형성하는 것이 실패하게 되고 변화는 실패할 가능성이 커지게 된다. 또한 비전이 부족한 경우 변화노력은 조직을 잘못된 방향으로 이끄는 혼란스러운 계획으로 바뀌게 될 가능성이 커지게 되기 때문에 변화에 대한 비전은 중요하다고 할 수 있다.

4. 실수-4: 비전에 대한 의사소통의 실패

비전과 연관해서 조직변화의 실수로 지적되는 것이 비전에 대한 의사소통의 결여이다. 변화는 일부조직성원들이 처음에는 추진하지만 변화가 성공적으로 안착하기 위해서는 대부분의 조직성원들이 도와주지 않는다면 또는 반대한다면 불가능하다고 할 수 있다. 따라서 비전에 대한 의사소통을 통해 조직 구성원들이 변화에 대한 비전을 인식하고 변화의 필요성을 인정하게 되는 것이 중요하다고 할 수 있다. 따라서 모든 가능한 의사소통의 채널을 이용해서 비전의 확대재생산에 노력해야 한다는 점이 중요하다는 것을 협력팀은 인식하여야 한다.

5. 실수-5: 비전에 대한 방해물제거에 실패한 경우

성공적인 변화는 변화과정에 많은 사람들이 개입한다는 특징을 갖는데 이는 많은 사람들이 개입하면 할수록 새로운 생각이나 새로운 접근방법 등이 나타나게 되고 이것이 더 좋은 성과를 낳도록 영향을 미치기 때문이다. 하지만 조직구성원들이 변화에 대한 비전을 이해하고 변화를 지지하는 경우에 있다고 하더라도 변화를 방해하는 방해물들이 등장하게 된다. 새로운 비전에 대한 방해물들은 생산성을 증가시키기 위한 노력을 손상시킬 수 있는 좁은 직무범

주 등의 조직구조일 수도 있고 client들일 수도 있으며 같은 조직 내에 있는 구성원들일 수도 있다. 성공적인 변화를 위해서 방해물들은 반드시 제거되어야 한다. 만약 방해물이 조직구성원인 경우는 변화를 위한 새로운 비전에 동의 또는 일치할 수 있도록 설득하고 또는 변화에 대한 동기를 부여하여 변화에 긍정적인 상태로 전환시키도록 노력하여야 한다.

6. 실수-6: 단기간의 승리를 계획 또는 만들지 못한 경우

변화과정이 1년 또는 2년 이상일 경우 성공적인 변화노력이 계속적으로 유지되기 위해서는 단기적인 승리가 필요하게 된다. 실질적으로 변화는 시간을 필요로 하며 때때로 그 시간은 변화세력들을 지치게 하기도 하고 처음에 가졌던 변화에 대한 동기와 비전을 잃도록 하기도 한다. 따라서 변화세력은 처음에 가졌던 비전과 동기 그리고 조직성원들로부터의 지원과 지지를 계속 유지 내지는 확대하여 결국 성공적으로 변화를 실행하기 위해서 단기적인 승리를 필요로 한다. 단기적인 승리가 없을 경우 많은 사람들은 변화행동을 포기할 것이며 심지어 변화에 저항하는 세력으로 되는 경우도 생기게 된다. 결국 변화가 오랜 시간을 필요로 하는 경우에 변화를 위한 절박성은 떨어질 것이지만 단기간 승리를 만들어내는 경우 변화에 대한 절박성을 유지할 수 있게 되며 성공적인 변화를 완수하게 된다.

7. 실수-7: 승리를 너무 빨리 확언하는 경우

변화를 위한 분명하고 확실한 원하는 목적이 성취되는 경우 변화세력은 승리를 선언하게 된다. 하지만 위에서 언급한 바와 같이 절박함의 수준이 낮은 경우, 인도하는 협력팀이 강하지 않은 경우, 비전이 분명하지 않은 경우와 마찬가지로 조숙한 승리에 대한 기쁨은 역시 변화동력을 상실하게 하는 요인으로 작동한다.

8. 실수-8: 조직문화에 변화가 뿌리 내지지 못하는 경우

새로운 변화가 조직에 완전히 뿌리를 내리고 하나의 행동이나 규범 또는 가치로 인정받지 못하게 되면 변화는 성공적으로 완수되었다고 할 수 없게 된다. 변화가 조직성원들에게 완전한 조직문화로 자리잡게 하기 위해서는 첫 번째로 조직성원들에게 어떻게 변화가 결과하는 새로운 접근방법, 행동, 그리고 태도가 수행력을 증가시키는데 도움을 주는지를 보여주기 위한 시도를 행하는 것이고 두 번째는 관리층이 변화를 위한 새로운 시도나 태도 등의 새로운 접근을 새로운 조직문화를 대표하는 상징으로 상징화하는 시도를 행하는 것이라고 할 때 이러한 변화를 조직문화에 안착시키려는 시도들이 결여하였을 경우 조직성원들은 변화를 새로운 조직문화로 받아들이지 않고 변화는 곧 저항에 직면하게 된다.

결국 변화주도세력은 적은 실수가 곧 변화의 성공과 실패에 대한 차이점을 설명해주는 중요한 요인으로 작동한다는 것을 인식하여야 하겠다.

제 4 절 변화관리를 위한 전략

사회복지기관에서 변화가 실행되는 경우 모든 수준에 있는 사회복지사들이 변화의 실행에 책임이 있다고 할 수 있다. 이는 최고관리자이든 중간관리자이든 또는 하위관리자이든 조직의 변화에 대해 나름대로의 책임과 역할이 있음을 나타내 준다. 다시 말해 변화를 관리하는데 있어 각각의 수준에 있는 직원들은 어떤 책임이 있으며 변화를 관리하기 위해 어떤 전략을 사용하여야 하는가를 설명해 주는 것이 필요하다는 것을 의미한다.

사회복지조직에서 변화를 시작하고 실행하는데 있어 책임이 있는 사회복지사들은 다음과 같은 역할을 수행하여야 한다.

첫째, 사회복지사들은 기관에서 변화를 추구하는 직원들을 도와야 한다.

둘째, 사회복지사들은 변화를 시작하고 실행하는 것을 지지할 수 있는 조직의 분위기를 만드는데 중요한 역할을 담당하여야 한다.

셋째, 사회복지사들은 client들을 위한 더 좋은 서비스를 만들 수 있는 변화에 대한 욕구에 민감하여야 하고 변화를 적절한 입장에서 관리하여야 한다.

결국 변화에 대한 관리가 조직변화를 성공적으로 실행하는데 있어 반드시 필요한 하나의 사회복지사들의 역할이라고 할 수 있다. Perlmutter(2000, 1994)는 변화과정에서 관리자들이 변화를 관리하기 위한 전략을 제시하였는데 그 전략은 첫째, 정치전략이고, 두 번째는 전문적 전략이고, 세 번째는 조직적 전략이며, 네 번째는 개인적 전략이다. 현실적으로 관리자가 사용하는 이 전략들은 상호 연관되어 있지만 이해를 돕기 위해 각각의 전략을 따로 따로 살펴보기로 한다.

1. 정치전략

정치전략(political strategies)은 관리자가 조직에 현존하는 정치력을 사용해서 조직변화를 관리하는 것을 강조한다. 현실적으로 조직의 변화에 있어 정치가 개입되어 있다고 할 수 있는데 이는 조직의 힘(organizational power) 또는 영향력을 완전히 이해하지 못한다고 한다면 조직변화의 관리는 효과적으로 이루어질 수 없게 된다는 점에서 이해되어질 수 있다. 변화를 추구하는 관리자들을 위한 기본적인 정치적 전략이란 정치가 조직의 내부와 외부에 존재하고 있다는 것을 인식하고 정치를 다루기 위한 정치적 기술을 개발하여야 한다는 것이다. 조직정치학의 존재를 인식하는 것은 조직이 조직목적을 성취하기 위해 이성적으로 설계된 도구들만이 아니라 다른 많은 것들을 가지고 있다는 사실을 받아들이는 것에서부터 시작한다. 조직은 사람들이 상호행동하고 서로 서로로부터 사회적 만족을 추구하는 사회적 장치이다. 조직은 또한 상이한 관심을 가지고 있는 집단들이 조직이 가지고 있는 프로그램의 방향과 조직자원의 통제를 위해 경쟁하는 정치적 영역이다. 이러한 관점에서 본다면 반드시 조직은 정치가 필요하게 된다.

조직정치학을 이해하고 조직정치학의 정당성을 수용하고자 한

걸음 더 나아가기 위해 필요한 것이 힘의 분석이다. 다시 말해 어떻게 힘을 얻을 수 있고 조직의 목적을 성취하기 위해 필요한 힘의 사용은 어디에서 오는가 등에 대한 분석을 의미한다. 조직변화를 성공적으로 완수하기 위해서도 힘의 관계에 대한 분석이 필요함은 역장분석을 강조하였던 Lewin에게도 지적되었었다.

조직관리자는 반드시 힘을 사용한다. 그리고 모든 사회복지조직들이 경쟁적인 가치와 목적 그리고 상이한 관심에 의해 만들어진 갈등으로 가득 차 있기 때문에 관리자는 조직정치에 개입되어 있다.

2. 조직전략

조직전략(organizational strategies)은 조직변화를 위한 계획을 수립하는데 있어 반드시 고려하여야 하는 조직의 속성(attributes)을 이용해서 관리자가 조직변화를 관리하는 것을 강조한다. 변화를 관리하기 위한 조직속성으로서 먼저 확인하여야 하는 것은 변화를 위해 필요한 요구들이 조직의 임무와 조직설립의 근거 또는 목적에 맞게 적절하게 제공되고 있는지를 확인하는 것이다. 조직속성으로서 두 번째로 확인하여야 하는 것은 조직구조이다. 즉, 조직구조의 중앙집중화나 탈중앙집중화가 조직변화과정을 방해하는지 또는 촉진시키는지가 반드시 고려되어야 한다. 변화를 관리하기 위한 조직속성으로서 세 번째로 고려하여야 하는 것은 생존의 위협(특히 재정적 압박)에 대처하기 위한 합병(merger)이다.

3. 전문적 전략

전문적 전략(professional strategies)이란 조직변화를 관리하는데 있어 관리자의 전문적 요소들을 강조하는 전략이다. Perlmutter와 Gummer(1995)에 따르면 전문적 전략은 세 요소로 구성되는데 첫 번째는 개념적 이해이고, 두 번째 요소는 이념적 성향이며, 세 번째 요소는 전문적 기술이다. 개념적 이해란 상황을 이해하는 이해력을 의미하는데 조직변화와 연관해서 정책이나 자원 그리고 필요한 서비스 같은 획득되어져 하는 것들에 대한 이해가 성공적인 조직변화를 위해서 반드시 필요하다고 할 수 있다. 그리고 성공적인 조직변화를 위해 필요한 전문적 기술이 적절하게 유지되고 있는지를 명확히 하는 것도 중요하며 현재의 조직실천을 강조하는 가치(또는 현 조직실천을 지배하고 있는 이념적 성향)가 제안된 변화에 영향을 미칠 것인지를 명확히 하는 것도 중요하다고 한다(Perlmutter and Gummer, 1995).

4. 개인적 전략

개인적 전략(individual strategies)은 성공적인 조직변화는 관리자의 능력에 따라 결정될 수 있다는 점을 강조하는 전략이다. Perlmutter와 Gummer(1995)는 조직변화에 성공적인 관리자는 위험대처와 혁신 그리고 주도력의 중요성을 이해하는 사람이어야 하고 이에 덧붙여 새로운 정책과 실천을 실행하고 계획할 수 있기 위해서 관리자는 정책들을 사정하고 대안들을 비판적으로 고려할 수 있어야 한다고 주장한다. 대기업에서 성공적인 혁신을 주도했던 25명의 관리자들 조사한 후 Howell과 Higgins(1990)는 매우 높은 자기 확신, 영속성, 에너지 그리고 위기대처가 성공적인 변화를 주도한 관리자들의 특징적 속성이었다고 한다. 대체적으로 성공적인 변화를 주도한 관리자들은 조직을 위해서 할 일과 임무에 대한 강한 믿음과 열정을 가지고 있었다고 한다. 더군다나 그들은 실패와 방해에도 불구하고 그들의 사고를 유지하고 증진시키는 능력을 가지고 있었다고 한다. 이러한 성격이 결국 조직변화를 성공적으로 이끌기 위해 필요한 관리자들의 속성이라고 할 수 있다.

제 15 장

결 론

비영리조직은 당면한 문제를 해결하고 조직발전을 지속적으로 시행하기 위해서 조직변화를 시도하게 된다. 조직변화에 있어 가장 중요한 과업은 조직이 당면한 현 상태를 비판적으로 분석하는 것이다. 진공상태에 머물러 있는 조직은 존재하지 않으며 모든 비영리조직은 급격하게 변화하는 사회현상 속에서 변화에 능동적으로 대처하여야 한다. 변화에 능동적으로 대처하기 위해서 가장 시급한 것은 변화가 계획적으로 이루어져야 한다는 점이다. 즉, 조직변화는 계획된 변화를 위한 시나리오 속에서 조직변화의 행동주체 또는 변화지도자의 지도하에서 체계적으로 시행되어야 하며 조직변화 과정에서 모든 조직구성원들은 조직환경과 변화행동을 위한 조직학습과정을 거쳐 자기발전을 구현하게 된다. 결국, 조직변화는 조직구성원들의 학습능력을 향상시켜 궁극적으로 개인적 역량을 강화를 통한 조직역량강화 그리고 조직역량강화를 통한 조직발전으로 나아가도록 인도한다.

성공적인 조직변화이든 실패한 조직변화이든 모든 조직변화노력은 조직을 변화시키게 된다. 조직변화는 급박하게 발생할 수 있으며 점진적으로 이루어질 수도 있다. 상황이론에 따르면 조직은 조직을 둘러싼 변화하는 조직상황에 적절히 대처할 수 있는 능력을 가지고 있어야 하는데 이러한 능력은 바로 조직변화에 대한 대처능력을 의미하고, 변화대처능력은 변화를 계획된 과정으로 그리고 변화를 조직학습 및 발전을 위한 토대로 인식하는 조직변화에 대한 인식에서부터 시작된다.

비영리조직에 대한 변화요구는 안구통계적 변화와 함께 사회문제의 복잡성과 다양성의 확대, 지역주민이나 client들의 욕구의 증대와 새로운 서비스에 대한 기대, 새로운 기술의 도입과 정부의 지원이나 법안의 수정 그리고 이에 따른 새로운 서비스전달체계의 도입 등 매우 복합적으로 나타나고 있다. 이러한 변화에 대한 요구에 대응하기 위해서 조직은 먼저 조직을 둘러싸고 있는 환경에 대한 전략적 분석을 시도하여 조직구성원들에게 조직변화의 필요성을 인식시켜야 하며 변화를 성공적으로 수행하기 위한 변화주도세력을 구성하여야 하고 변화를 위한 현 조직의 조건이나 상황을 분석하고 변화계획서를 작성한 후 변화에 대항하거나 저항하는 모든 요소를 확인하고 제거하여야 하며 변화를 실해하고 변화결과에 대한 비판적 분석을 통해 조직이 변화에 적절히 적응하고 있는지를 점검하여야 한다. 이러한 조직변화과정에서 조직변화의 모든 과정은 상호 연관되어 있으며 동시에 여러 과정이 복합적으로 작용할 수 있음을 인지하는 것이 중요하다. 조직변화는 비영리조직에게 다음과 같은 혜택을 가져다 줄 것이다.

첫째, 비영리조직이 당면한 문제에 대한 적극적 대응으로 지역주민이나 client들에 대한 문제해결능력이 향상될 것이며 이는 곧 이들로부터의 조직만족을 향상시키는 요소로 작동한다.

둘째, 비영리조직의 현 상태를 종합적이고 체계적으로 분석함으로 현 조직의 문제점을 보다 구체적으로 파악할 수 있다.

셋째, 비영리조직구성원들에게 다양한 조직변화행동들은 이 행동들을 이해하고 적용하기 위한 개인적 노력을 필요로 하고 이는 곧 개인적 학습기회의 제공을 통한 개인역량강화 그리고 나아가 조직발전을 가져다 줄 것이다.

넷째, 조직변화행동은 조직구성원들의 협력없이는 불가능함으로 조직변화가 조직구성원들의 협력과 신뢰 그리고 네트워크 등과 같은 사회적 자본을 보다 굳건히 만들게 될 것이다.

참고문헌

김희규. (2004). Senge의 학습조직이론의 학교 적용에 관한 연구. 교육행정학연구, 22(1): 67-87.

지은구. (2005). 『사회복지행정론』. 청목출판사.

지은구. (2007). 『사회복지조직연구』. 청목출판사.

지은구. (2012). 『비영리조직성과관리연구』. 나눔의 집.

Ackerman, L. (1985). *Development, transition or transformation: The question of change in organizations*. Unpublished manuscript.

Agris, C. (1964). T-group for organizational effectiveness. *Harvard Business Revew*, 42(2): 60-74.

Aldrich, H. E. (1979). Organizations and environments. Englewwod Cliffs, NJ: Prentice-Hall.

Allison, G. (1986). Public and private administrative leadership: Are they fundamentally alike in all unimportant respects? In T. Sergiovanni and J. Corbally(Ed), *Leadership and organizational culture*. Urbana, Chicago: University of Illinois Press.

Altshuler, A. (n.d.). *Ten lessons from innovation*. Harvard University: Innovations in American Government. Retrieved November 22, 1999, from the World Wide Web: www.ksg.harvard.edu/innovation/10less.htm

Anthony, R. N. and Young, D. W. (1984). *Management control in nonprofit organizations*(3rd ed.). Homewood, IL: Dow Jones.

Argyris, C. (1999). On oranizational learning(2nd ed.). Oxford: Blackwell Publishing.

Barker, J. (1989). Discovering the future: The business of paradigms(Film).(Available from Chart House Films, Minneapolis, MN).

Barker, R. L. (1995). *The social work dictionary*. Washington, DC:

The National Association of Social Workers.

Barnard, C. (1938). *The function of the executive.* Cambridge, MA: Harvard University Press.

Barnard, C. (1970). Formal organizations. In H. A. Schatz(Ed.), *Social work administration: A resource book.* New York: Council on Social Work Education.

Beckard, R. & Harris. R. (1987). *Organizational transitions: Managing complex change.* Reading, MA: Addison-Wesley.

Beer, M. (1992). Leading change. In J. Gabarro(Ed.), *Managing people and organizations*(pp.424-431). Boston: Harvard Business Review Publications.

Bennis, W. (1993). *Beyond Bureaucracy: Essays on the development and evolution of human organization.* San Francisco: Jossey-Bass Publishers.

Bennis, W. (1979). Beyond Bureaucracy: Will organization men fit the new organizations? In G. H. Rice, Jr(Ed), *Industrial organizations.* Austin, Texas: Lone Star Publishers, Inc.

Benson, J. K. (1975). The interorganizational network as a political economy. Administrative Service Quarterly, 20: 229-249.

Berger, C. (1991). Enhancing social work influence in the hospital: Identifying sources of power. *Social Work in Health Care.* 15(2), 77-94.

Berman, P., & Nelson, B. (1997). Replication: Adapt or fail. In A. Altshuler & R. Behn(Eds.), *Innovation in American gavernment: Challenges, opportunities, and dilemmas*(pp. 319-331). Washington. DC: Brooling Institution.

Bedeian, A. (1984). *Organizations: Theory and Analysis.* 2nd edn. New York: Dryden Press.

Bills, D. (1992). Planned change in voluntary and government social service agencies. *Administration of Social work,* 16(3/4), 29-44.

Blake, R. R.,& Mouton, J. S. (1964). *The managerial grid.* Houston:Gulf Press.

Blake, R. R.,& Mouton, J. S. (1978). *The managerial grid.* Houston:Gulf Press.

Blau, P. M. and Scott, R. G. (1962). *Formal organizations.* San Francisco: Chandler.

Block, P. (1993). Stewardship: *Choosing service over self-interest.* San Francisco: Berrett-Koehler.

Bobo, K. Kendall, J., and Max, S. (1991). *Organizing for social change: A manual for activists in the 1990s.* Cabin John, MD: Seven Locks Press.

Bozeman, B. and Straussman, B. (1990). Public management strategies: Guidelines for managerial effectiveness. San Francisco, CA: Jossey-Bass Publications.

Brager, G., Specht, H., and Torczyner, J. (1987). *Community organizing* (2nd ed.). New York: Columbia University Press.

Brager, G. & Holloway, S. (1978). *Changing human service organizations: Politics and practice.* New York : Macmillan.

Brunsson, N. (1982). The irrationality of action and action ratinality: decision, ideologies and organizational actions. *Journal of Management Studies*, 19(1): 29-34.

Brager, G. and Holloway, R. (1978). *Change human service organizations: Politics and practice.* New York: Macmillan Press.

Brody, R. 1993. *Effectively managing human service organizations.* Newbury Park, CA: Sage publications.

Bryson, J. (1988). *Strategic planning for public and nonprofit organizations.* San Francisco: Jossey-Bass Publishers.

Buchanan, D and Badham, R. (1999). Politics and organizational change: The lived experience. Human Relations, 52(5). 609-630.

Buchanman, D. & Badham, R. (1999). Politics and organizational change. The Futurist. 33(5), 38-45.

Burke, W. (2002). Organizational change: Theory and practice.

Thousand Oaks: Sage.

Burke, W. (1982). Organizational development: principles and practices. Boston: Little Brown.

Burger, W. R. and Youkeles, M. (2003). *Human services in contemporary America.* New York: Wadsworth.

Burnes, B. (1992). Managing Change. London: Pitman.

Cameron, G., & Vanderwoerd, J. (1997). *Protecting children and supporting families: Promising programs and organizational realities.* New York: Walter de Gruyter.

Cameron, K., & Quinn, R. (1999). *Diagnosing and changing organizational culture: Based on the competing values framework.* Reading, MA: Addison-Wesley.

Carnall, C. A. (1990). Managing change in organizations. London: Prentice Hall.

Carnochan, S., & Austin, M. (2000). *Implementing welfare reform and guiding organizational change.* Unpublished manuscript.

Cohen, A., and Bradford, D. (1990). *Influence without authority.* New York: John Wiley.

Cohen, B and Austin, M. (1994). Organizational learning and change in a public child welfare agency. Administration in social work, 18(1), 1-19.

Comm, L. (1999). A new perspective on the organizational change process: developing a model of revolutionary change and a measure of organizational support for revolutionary change. A thesis of the degree of Doctor of Philosophy, Carleton University.

Costello, S. (1994). Managing change in the workplace. New York: Irwin

Cummings, T. and Worley, G., (2005). Organization development and change. Mason, OH: Thomson.

Cushman, D. and King, S. (1995). Leading organizational change. In D. Cushman and S. King, Communicating organizational change. Albany, NY: State University of New York Press.

Daft, R. L. (1986). Organization theory and design. New York: West Publishing.

Dahrendorf, R. (1979). Life Chances: Approaches to Social and Political Theory, Chicago: University of Chicago Press.

D'Aunno, T. (1992). The effectiveness of human service organizations. Y. Hasenfeld(Ed). Human services as complex organizations. Newbury Park, CA: Sage Publications.

Dawson, S. (2003). Understanding organizational change: The contemporary experience of people at work. Thousand Oaks: Sage.

Dawson, S. (1996). Analysing organizations. London: Macmillan Press.

DeKler, M. (2007). Healing emotional truma in organizations: An O.D. framework and case study. *Organizational Development Journal*, 25(2): 49-56.

Dent, E. & Goldberg, S. 1999. Changing "resistance to change." *Journal of Applied Behavioral Science*, 35(1),25-41.

Drory, A., & Romm, T. (1990). The definition of organizational politics: A review. *Human Relations*, 43(11), 1133-1154.

Drucker, P. (1999). The discipline of innovation. In F. Hesselbein & P. Cohen(Eds.), Leader to Leader. San Francisco: Jossy-Bass.

Eadie, D. (1998). Building the capacity to lead innovation. In R. Edwards, J. Yankey, and M. Altpeter, Skills for effective management of nonprofit organizations. Washington DC: NASW Press.

Eccles, T. (1994). *Succeeding with Change: Implementing Action-Driven Strategies*. London: McGraw-Hill.

Eisenhardt, K. M. and Brown, S. (1999). Patching. *Harvard Business Review*, May-June: 72-82.

Etzioni, A. (1969). (Ed.). *Readings on modern organization*. Englewood Cliffs, NJ: Prentice Hall.

Feinstein, K. W. (1985). Innovative management in turbulent

times: Large-scale agency change. *Administration of Social Work*, Vol. 9(3). 35-46.

Finch, W. A. Jr. (1976). Social workers versus bureaucracy. Social Work 21, 370-375.

Frame, J. (1987). *Managing projects in organizations: How to make the best use of time, techniques, and people.* San Francisco: Jossey-Bass.

French, W. and Bell, C. (1995). *Organizational development and change*(5th ed.). Minneapolis: West Publishing.

French, W. and Bell, C. (1973). Organization development: behavioral science intervention for organization improvement. Englewood Cliffs, NJ: Prentice-Hall.

French, W. L., Bell, Jr., C., and Zawacki, R. A.(Eds.). (1978). *Organizational development: Theory, practice, and research.* Dallas: Business Publications.

French, W. (1969). Organization development: Objectives, assumptions, and strategies. *California Management Review* 12(2): 23-34.

Frey, G. A. (1990). A framework for promoting organizational change. *Families in Society*, 71(3). 142-147.

Friedlander, E. and Brown, L. D. (1974). Organization development. *Annual Review of Psychology*, 25: 313-341.

Gabel, S. and Oster, G. (1998). Mental health providers confronting organizational change: Process, problems and strategies. *Psychiatry: Interpersonal and Biological Processes*, 61(4): 302-316.

Galpin, T. (1996). Human side of change. San Francisco: Jossy-Bass.

Gersick,. C. J. G. (1991). "Revolutionary Change Theories: A Multilevel Exploration of the Punctuated Equilibrium Paradigm", *Academy of Management Review*, 16 (1), p.10-36.

Gibson, E. J. (1988). Explortury behavior in the development of perceiving, acting, and the acquiring of knowledge. *Annual*

Review of Psychology, 39: 1-4.

Glaser, E., Abelson, H. A., and Garrison, K. N. (1983). *Putting knowledge to use*. San Francisco: Jossey-Bass.

Glisson, C. (2000). Organizational climate and culture. In R. Patti, *The handbook of social welfare management*. Thousand Oaks, CA: Sage.

Glisson, C. (1992). Structure and technology in human service organizations. Y. Hasenfeld(Ed). Human services as complex organizations. Newbury Park, CA: Sage Publications.

Golembiewski, R. T., Brillingsley, K., and Yeager, S. (1976). Measuring change and persistence in human affairs: Types of change generated by OD designs. *Journal of Applied Behavioral Science*, 12: 133-157.

Goodman, M. (1995). Organizational inertia or corporate culture. In D. Cushman and S. King, Communicating organizational change. Albany, NY: State University of New York Press.

Golden, O. (1997). Innovations in public sector human services programs: The implications of innovation by "groping along." In A. Altshuler & R. Behn(Eds.), Innovation in American government: Challenges, opportunities, and dilemma. Washington, DC: Brookings Institution.

Gould, S. J. (1989). "Punctuated Equilibrium in Fact and Theory", *Journal of Social and Biological Structures*, 12(2), p. 117-136.

Gray, B. (1989). *Collaborating: Finding common ground for multiparty problems*. San Francisco: Jossey-Bass.

Greiner, L. (1972). Evolution and revolution as organizations grow. *Harvard Business Review*, 50(4): 37-46.

Greiner, L., & Schein, V. (1988). *Power and organization development: Mobilizing power to implement change*. Reading, MA: Addison-Wesley.

Gruber, M. (1977). Innovation and organization: A polyorganizational approach. *Administration in Social Work* 1, 27.

Gummer, B. (1995). Reinventing, restruxcturing, and the big bang theory of organizational change. *Administration in social Work*, 19(3): 83-97.

Gummer, B. (1990). The politics of social administration: Managing organizational politics in social agencies. Englewood Cliffs, NJ: Prentice Hall.

Gummer, R. and Edwards, R. (1985). A social worker's guide to organizational politics. *Administration of social work*, 9(1), 13-21.

Hackman, R. and Suttle, J. (1977). Improving life at work: Behavioral science approaches to organizational change. Santa Monica, CA: Good-Year.

Hall, R. H. (1982). Organizations: *Structure and process* (3rd.ed.).Englewood Cliffs, NJ: Prentice Hall.

Hampden-Turner, C. (1992). *Creating corporate culture: From discord to harmony*. Menlo Park, CA: Addison-Wesley.

Hannan, M. T., & Freeman, J. (1977). The population ecology of organizations. *American Journal of Sociology*, 82, 929-964.

Handy, C. (1995). *Gods of management: The changing work of organizations*. New York: Oxford University Press.

Harbert, A., Finnegan, D., & Tyler, N. (1997). Collaboration: A study of a children's initiative. *Administration in Social Work*. 21(3/4), 83-107.

Hardina, D. (2002). *Analytical skills for community organization practice*. New York: Columbia University Press.

Hardina, D. (2000). Models and tactics taught in community organization courses: Findings form a survey of practice instructors. *Journal of Community Practice*, 7(1), 5-18.

Hardina, D. (1997). Empowering student for community organization practice: Teaching confrontation tactics. *Journal of Community Practice*, 4(2), 51-63.

Hasenfeld, Y. (1987). Power in social work practice. *Social Service*

Review, 61, 469-483.

Hasenfeld, Y. (1983). Human service organizations. Englewood Cliffs, NJ: Prentice Hall.

Hasenfeld, Y. (1992). The nature of human service organization. In Y. Hasenfeld(Ed), Human services as complex organizations. Newbury Park, CA: Sage Publications.

Hasenfeld, Y. (1992). Theoretical approaches to human service organization. In Y. Hasenfeld(Ed), Human services as complex organizations. Newbury Park, CA: Sage Publications.

Hasenfeld, Y., & Schmid, H. (1989). The life cycle of human service organizations: An administrative perspective. *Administration of Social Work* (13), 243-269.

Haveman, H. A. (1992). Between a rock and a hard place: Organizational change and perormance under conditions of fundamental environmental trasformation. *Administrative Service Quarterly*, 37: 48-75

Hawkins F. and Cunther, J. (1998). Managing for quality. In R. Edwards, J. Yankey, and M. Altpeter, Skills for effective management of nonprofit organizations. Washington DC: NASW Press.

Henry, J. and Mayle, D. (2002). *Managing innovation and change*(2nd ed.). London: Sage.

Hercik, J. (1998). At the front line : Changing the business of welfare reform. Welfare Information Network. Retrieved on November 11, 1999, from the World Wide Web: www.welfareinfo/frontline.htm

Hernes, G. (1976). "Structural Change in Social Processes", *American Journal of Sociology*, 82 (3), 513-545.

Hill, S. (1995). From quality circles to total quality management. In A Wilkinson and H. Willmott(eds). Making quality circle: *New perspectives on organizational change.* London: Routledge.

Howell, J. M. and Higgins, C. (1990). A champions of change:

Identifying understanding and supporting champions of technological change. *Organizational Dynamics*, 19(1): 40-55.

Huber, G. and Glick, W. (1993).(Ed.). *Organizational change and redesign*. New York: Oxford University Press.

Human Interaction Research Institute. (1976). *Putting knowledge to use: A distillation of the literature regarding transfer and change*. Rockville, MD: National Institute of Mental Health.

Johnson, G. (1987). Strategic change and the management process. Oxford: Blackwell.

Katz, D. and Kahn, R. (1978). *The social psychology of organizations*(2nd ed.). New York: Wiley.

Kager, H. (1989). The common and conflicting goals of labor and social work. *Administration of social work*, 13(1), 1-15.

Kahn, S. (1991). *Organizing: A guide for grassroots leaders* (rev. ed.). Silver Spring, MD: NASW Press.

Kast, F. E. and Rosenzwig, J. E. (1979). *Organizations and management: A system approach*. New York: McGraw-Hill.

Kanter, R. M. (1985). *The Change Masters: Corporate Entrepreneurs at Work*. London: Allen & Unwin.

Kanter, R. M. (1990). *When Giants Learn to Dance: Mastering the Challenges of Strategy, Management, and Careers in the 1990s*. London: Unwin Hyman.

Katzenbach, J. and Smith, D. (1993). The discipline of teams. *Harvard Business Review*(March-Aprile: 111-120.

Kegan, D. (1994). *In over our heads: The mental demands of modern life. Canbridge*, MA: Harvard University Press.

Kettner, P. (2002). *Achieving excellence in the management of human service organizations*. Boston, MA: Allyn & Bacon.

Kettner, P., Daley, J. M. and Nichols, A. W. (1985). Initiating change in organizations and communities: A macro practice model. Montersey, CA: Brooks/Cole.

Ketter, R. & Chayes, M. (1995). Executive development: Finding and growing champions of change. In D. Nadler, R. Shaw

& A. Walton(Eds.), Discontinuous change: Leading organizational transformation(pp.190-213). San Francisco: Jossey-Bass.

Konrad, E. (1996). *Evaluating initiatives to integrate human services.* San Francisco: Jossey-Bass.

Kotter.J. (1996). *Leading change.* Boston: Harvard Business School Press.

Kotter, J. & Schlesinger, L. (1992). choosing strategies for change. In J. Ganarro(Ed.), *Managing people and organizations* (pp.395-409). Boston: Harvard Business. Review.

Kotter, J. (1995). 'Leading Change: why transformation efforts fail', Harvard Businiss Review, 73(2): 59-67.

Konrad, E. (1996). *Evaluating initiatives to integrate human services.* San Francisco: Jossey-Bass.

Kouzes, J., & Mico, P. (1979). domain theory: An introduction to organizational behavior in human service organizations. *Journal of Applied Behavioral Science*, 15(4), 449-469.

Krammer, R. (1981). *Voluntary agencies in the welfare state. Berkely*: University of California Press.

Lakey, B., Lakey, G., Napier, R. and Robinson, J. (1995). *Grassroots and nonprofit leadership: A guide for organizations in changing times*. Philadelphia: New Society Publishers.

Larkin T. J. and Larkin, S. (1996). Reaching and changing frontline employees. *Harvard Business Review*, 74(3), 95-104.

Lewin, K. (1947). Group Decisions and Social Change. In G. E. Swanson, T. M. Newcomb, and E. L. Hartley (eds.), *Readings in Social Psychology*, New York: Henrey Holt,

Lewin, Kurt. (1951). *Field theory in social science.* New York: Harper & Row.

Lewin, K. (1958). Group decision and social change. New York: Holt, Rinehart and Winston.

Lewin, K. (1958). "Group Decisions and Social Change", in G. E. Swanson, T. M. Newcomb, and E. L. Hartley (eds.), Readings in Social Psychology, New York: Holt, Rinehart and Winston.

Lippitt, R., Watson, J., and Westley, B. (1958). Dynamics of planned change. New York: Harcourt Brace.

Lohmann, R. A. (1992). *The commons: Perspectives on nonprofit organization and voluntary action.* San Francisco: Jossey-Bass.

Luft, J. (1984). *Group processes: An introduction to group dynamics.* Palo Alto, CA: Mayfield.

Luthans, F. (1992). *Organizational behavior.* New York: McGraw-Hill.

Lynn, L. (1980). The state and human services: Organizational change in a political context. Cambridge: MIT Press.

Lynn, L. (1997). Innovation and the public interest: Insights from the private sector. In A. Altshuler & R. Behn(Eds.), Innovation in American government: Challenges, opportunities, and dilemma. Washington, DC: Brookings Institution.

Manefee, D. (1997). Strategic administration of nonprofit human service organizations: A model for executive success in turbulent times. Administration of social work, 21(2), 1-19.

Maturana, H. and Varela, F. (1980). Autopoesis and cognition: The realization of the living. London: Reidl.

Mayes, B., & Allen, R. (1977). Toward a definition of organizational politics. *Academy of Management Review*, 2, 672-678.

McHugh, D., Groves, D., and Alker, A, (1998). Managing learning: what do we learn from a learning organization? *The Learning Organization*, 5(5): 209-220.

Merton, R. (1979). Bureacratic structure and personality. In J. Rice(Ed), Industrial organizations. Austin, Texas: Lone Star Publishers, Inc.

Meyer, J. (1986). Organizations as ideological systems. In T. Sergiovanni and J. Corbally(Ed), Leadership and organizational culture. Urbana, Chicago: University of Illinois Press.

Meyer, A., Goes, J. and Brooks, G. (1993). Organizations reacting to hyperturbulence. In G. Huber and W. Glick.(Ed.), Organizational change and redesign. New York: Oxford

University Press.

Miller, D. (1982). Evolution and revolution: A quantum view of structural change in organizations. *Hournal of Management Studies*, 19(2): 131-151.

Miller, D. and Friesen, P. H. (1984). *Organizations: A quantum view*. Englewood, Cliffs, NJ: Prentice-Hall.

Mintzberg, H. (1983). *Power in and around organizations*. Englewood Cliffs, NJ: Prentice Hall.

Mockler, R. (1979). The system approach to business organization and decision making. In J. Rice(Ed), Industrial organizations. Austin, Texas: Lone Star Publishers, Inc.

Mondros, J. and Wilson, S. (1994). *Organizing for power and empowerment*. New York: Columbia University Press.

Morgan, G. (1986). *Images of organization*. Newbury Park: Sage Publications.

Morse and Lorsch. (1979). Beyond theory Y. In J. Rice(Ed), Industrial organizations. Austin, Texas: Lone Star Publishers, Inc.

Murphey, D. (1999). Presenting community-level data in an outcomes and indicators framework: Lessons from Vermont's experience. *Public Administration Review*, 59(1), 76-89.

Nadler, D. (1995). Beyond the heroic leader. In D. Nadler, R. Shaw, & A. Walton(Eds.), *Discontinuous change: Leading organizational transformation*. San Francisco: Jossy-Bass.

Nadler, D. & Shaw, R. (1995). Change leadership: Core competency for the twenty-first century. In D. Nadler, R. Shaw, & A. Walton(Eds.), *Discontinuous change: Leading organizational transformation*(pp.3-14). San Francisco: Jossey-Bass.

Nadler, D. and Tushman, M. (1995). Types of organizational change: From incremental improvement to discontinuous transformation. In D. Nadler, R. Shaw, & A. Walton(Eds.), Discontinuous change: Leading organizational transformation.

San Francisco: Jossy-Bass.

Nemiroff, P and Ford, D. (1979). Task effectiveness and human fulfillment in organizations: A review and development of a conceptual contingency model. In J. Rice(Ed), Industrial organizations. Austin, Texas: Lone Star Publishers, Inc.

Netting, F. E., Kettner, P. M., and McMurtry, S. L. (2004).(3rd ed.). *Social work macro practice.* New York: Pearson.

Netting, F. E., Kettner, P. M., and McMurtry, S. L. (1998).(2nd ed.). *Social work macro practice.* New York: Longman.

Netting, F. and O'Conner, M. (2003). Organization practice: A social worker's guide to understanding human services. New York: Allyn and Bacon.

Obholzer, A. (1994). Authority, power and leadership: Contributions from group relations training. In A. Obholzer & V. Z. Roberts(Eds), *The unconscious at work: Individual and organizational stress in the human services*(pp. 39-47). New York and London: Routledge.

O'Keeff, T. (2002). Organizational learning: a new perspective. *Journal of European Industrial Training*, 26(2): 130-141.

Orlikowski, W. S. (1996). Improving organizational transformation overtime: A situated change perspective. *Information Systems Research*, 7(1): 63-92.

Osborne, S. (1994). The language of empowerment. *International Journal of Public Sector Management*, 7(3): 56-62.

O'Toole, J. (1995). *Leading change: Overcoming the ideology of comfort and the tyranny of custom.* San Francisco: Jossey-Bass.

Pascale, R. (1990). *Managing on the Edge.* New York: Touchstone.

Patti, R. (2000). The handbook of social welfare management. Thousand Oaks, CA:Sage.

Patti, R. J. (2000). The landscape of social welfare management. In Rino J. Patti. (Ed). *The handbook of welfare administration.* Thousand Oaks: Sage Publications.

Patti, R. J. (1974). Organizational resistance and change: The view from below. *Social Service Review*, 48, 367-383.

Patti, R. J. and Resnick, H. (1985). Leadership and change in child welfare organizations. In H. Laird & C. Hartman(Eds.), Handbook of chaild welfare. Glencor, IL: Free Press.

Pawlak, E. J. (1976). Organizational tinkering. *Social Work* 21, 379-380.

Pedler, M., Burgogyne, J., and Boydell, T. (1997). The learning company: A strategy for sustainable development(2nd, ed.). London: McGraw-Hill.

Perrow, C. (1970). Organizational analysis: A socialogical view. Belmont, CA: Wadwarth Publishing.

Permutter, F. D. (2000). Initiating and implement change. In R. Patti, The handbook of social welfare management. Thousand Oaks, CA: Sage.

Permutter, F. D. (1990). Changing hats: From social work practice to administration. Silver Spring, MD: NASW Press.

Permutter, F. D. (1983). Caught in between: The middle management bind. Administration in social Work, 8: 147-161.

Permutter, F. D. and Gummer, B. (1995). Managing organizational transformations. In R. Herman & Associates(Eds.), The Jossy-Bass handbook of nonprofit leadership and management. San Francisco, CA: Jossey-Bass.

Peters, T. and Waterman, R. (1982). *In Search of Excellence: Lessons from America's Best Run Companies*. New York: Harper & Row.

Pfeffer, J. (1992). *Managing with power.* Boston: Harvard Business School Press.

Pfeffer, J. (1982). *Organizations and organization theory*. Marshfield, MA: Pitman.

Pfeffer, J. (1995). Mortality, reproducibility, and the persistence of styles of theory. *Organization Science*, 6(6), 681-686.

Pfeffer, J. (1978). The Micropolitics of Organizations. In M. Meyer and associates(Eds.), *Environments and Organizations*. San Francisco: Jossey-Bass.

Plovnick, M., Fry, R., and Burke, W. (1992). Organization and development: Exercises, cases, and readings. Boston: Little, Brown.

Posner, B., & Rothstein, L. (1994). Reinventing the business of government : An interview with change catalyst David Osborne. *Harvard Business Review*, 72(3), 133-143.

Porras, J. I. (1987). Stream analysis: *A powerful way to diagnose and manage organizational change*. Reading, MA: Addison-Wesley.

Porras, J. I., & Robertson, P. J. (1987). Organization development theory:A typology and evaluation. In R. W. Woodman & W. A. Pasmare (Eds.), *Research in organization change and development*(Vol.1). Greenwich, CT: JAI.

Porras, J. I., & Robertson, P. J. (1992). Organizational development: Theory, practice and research. In M. D. Dunnette & L. M. Hough (Eds.) *Handbook of industrial and organizational psychology*(Vol.3, 2nd ed., pp.719-822). Palo Alto, CA: Consulting Psychologists Press.

Porras, J. I., & Silvers, R. C. (1991). Organization development and transformation. *Annual Review of Psychology*, 42, 51-78.

Proehl, R. (2001). Organizational change in the human services. Thousand Oaks, CA: Sage Publications.

Proehl, R. (1999). Cross-functional teams : A tool for organizational change. Unpublished manuscript.

Proehl, R.(1996). Enhancing the effectiveness of cross-functional teams. *Leadership & Organization Development Journal*, 17(5), 3-10.

Prochaska, J., Norcross, J., and Diclemente, C. (1995). *Changing for good*. New York: Avon Books.

Resnick, H. (1980). Effecting internal change in human service organizations. In H. Resnick and R. J. Patti(Eds.), *Change from within: Humanizing social welfare organizations.* Philadelphia: Temple University Press.

Resnick, H. (1978). Tasks in changing the organization from within(COFW). *Administration in Social Work* 2, 30-43.

Resnick, H. (1977). Effecting internal change in human service organizations. *Social Casework*, 58, 546-553.

Resnick, H. and Patti, R. J. (Eds.). (1980). *Change from within: Humanizing social welfare organizations*. Philadelphia: Temple University Press.

Reed, M. (1989). *The Sociology of Management*. Hemel Hempstead: Harvester Wheatsheaf.

Rogers, F. M. (1962). *Diffusion of innovation*. New York: Free Press.

Rogers, E. M. and Shoemaker, F. F. (1971). *Communication of innovation: A cross-cultured approach*(2nd ed.). New York: Free Press.

Rogers, E. (1962). Diffusion of innovation. New York: Free Press.

Rogers, E. (1983). Diffusion of innovation(3rd ed.). New York: Free Press.

Rogers, E. M. and Shoemaker, F. F. (1971). *Communication of innovation: A cross-cultured approach*(2nd ed.). New York: Free Press.

Romanelli, E. and Tushman, M. L. (1986). Inertia, environment, and strategic choice: A qusi-experimental design for comparative londitudinal research. *Management Science*, 32: 608-621.

Rothman, J. (1995). Approaches to community intervention. In J. L. Erlich, J. Rothman, and J. E. Tropman, with F. M. Cox (Eds.), *Strategies of community intervention: Macro practice* (5th ed.).Itasca, IL: F. E. Peacock.

Rothman, J., Erlich, J. L., and Teresa, J. G. (1981). *Changing organizations and community programs*. Beverly Hills, CA: Sage Publications.

Rothman, J., Teresa, J. G. and Erlich, J. L. (1978). *Fostering participation and promoting innovation: Handbook for human service professionals.* Itasca, IL: F. E. Peacock.

Roethlisberger, F. and Dickson, W. (1950). *Management and the Worker: An Accunt of a Research Program Conducted by the Western Electric Company, Hawthorne Works, Chicago.* Cambridge: Harvard University Press.

Salipante, P. an Golden-Biddle, K. (1995). Managing traditionality and strategic change in non-profit organizations. *Nonprofit Management and Leadership,* 6(1): 3-20.

Savas, E. S. (1977). Organizational strategy, performance and management technology. *Administration in social work,* 1(2): 140-160.

Schaeffer, M. (1987). Implementing change in service programs: Project planning and management. Newbury Park. CA: Sage.

Schall, E. (1997). Notes from a reflective practitioner. In A. Altshuler & R. Behn (Eds.), *Innovation in American government: Challenges, opportunities, and dilemmas*(pp. 360-377). Washington, DC: Brooking Institution.

Schein, E. (1985). Organizational culture and leadership. San Francisco: Jossy-Bass.

Schein, E. A formal definition of organizational change: In R. McLennan(Ed.), Managing organizational change. Englewood Cliffs, NJ: Prentice Hall.

Scott, C. and Jaffe, D. (1989). Managing organizational change: A practical guide for managers. Menlo Park, CA: Crisp

Senge, P. (1990). The fifth discipline: The art and practice of the learning organization. New York: Doubleday/Currency.

Senge, P. (1999). The practice of innovation. In F. Hesselbein & P. Cohen(Eds.), Leader to Leader. San Francisco: Jossy-Bass.

Senge, P., Kleiner, A., Roberts, C., Ross, R., Roth, G., & Smith, B.(1999). The dance of change: The challenges to sustaining momentum in learning organizations. New York: Doubleday.

Sergiovanni, T. (1986). Cultural and competing perspectives in administrative theory and practice. In T. Sergiovanni and J. Corbally(Ed), Leadership and organizational culture. Urbana, Chicago: University of Illinois Press.

Selznick, P. (1957). Leadership in administration. Evanston, IL: Row.

Shafritz J. and Steven Ott, J. (1996). Classics of organization theory. New York: Wadsworth Publishing Company.

Shafritz, J. M and Ott, J. S. (Eds). (2001). *Classics of organization theory*(4th ed.). Belmont: Wadsworth Publishing Company.

Shaw, R. & Walton, A. (1995). Conclusion: The lessons of discontinuous change. In D. Nadler, R. Shaw, & A. Walton(Eds.), Discontinuous change: Leading organizational transformation(pp.272-276).San Francisco: Jossey-Bass.

Smith, A. (1998). Training and development in Australia(2nd ed.). Sydney: Butterworths.

Spalding, K. & Toseland, D. (1997). *Leassons from the union-management partverships task forse.* Berkeley, CA: Institute of Industrial Relations.

Stacy, R. (1992). *Managing the unknowable: Strategic boundaries between order and chaos in organizations.* San Francisco: Jossey-Bass.

Thompson, J., & Ingraham, P. (1996). The reinvention game. *Public Administration Review*, 56(3), 291-298.

Trahant, B., & Burke, W. (1996). Crating a change reaction: How understanding organizational dynamics can ease reengineering. *National Productivity Review*, 15(4), 37-46.

Trist, E. (1993). Introduction to volum II. In E. Trist & H. Murrray(Eds.), *The social engagement of social science: A Tavistock anthology:* Vol. 2. The socio-technical perspective: Philadelphia: University of Pennsylvernia Press.

Tushman, M. (1977). A political approach to organization: A review and rationale. *Academy of Management Review*, 2(2), 201-216.

Tushman, M., & O'Reilly, C., Ⅲ. (1996). Ambidextrous organizations: Managing evolutionary and revolutionary change. *California Management Review*, 38(4), 8-29.

Tushman, M. and Romanelli, E. (1985). Organizational evolution: A metamorphosis model of convergence and reorientation. *Research in Organizational Behavior*, 7, 172-222.

Tyson, S. and Jackson, T. (1992). *The essence of organizational behavior*. New York: Prentice-Hall.

Van de Ven, A. H. and Poole, M. S. (1995). Explaing development and change in organizations. *Academy of Management Review*, 20(3): 510-540.

Von Bertalanffy, L. (1950). An outline of general systems theory: *British Journal of the Philosophy od Science*, I: 134-165.

Walton, A., & Shaw, R. (1995). A "Virtual" interview with five change leaders. In D. Nadler, R. Shaw, & A. Walton (Eds.), *Discontinuous change: Leading organizational transformation* (pp. 246-271). San Francisco: Jossey-Bass.

Warren, R. L. (1971). Types of purposive social change at the community level. In R. L. Warren (Ed.), *Truth, love, and social change*. Chicago: Rand McNally.

Wasserman, H. (1971). The professional social worker in a bureaucracy. *Social Work*, 16, 89-95.

Watkins, K. E., & Marsick, V. S. (1993). *Sculpting the learning organization: Lessons in the art and science of systemic change*. San Francisco: Jossey- Bass.

Weber, M. (1979). Bureaucracy. In J. Rice(Ed), Industrial organizations. Austin, Texas: Lone Star Publishers, Inc.

Weick, K. (1993). Organizational redesign as improvisation. In Huber, G. and Glick, W. 1993.(Ed.), Organizational change and redesign. New York: Oxford University Press.

Weick, K. E., & Quinn, R. E. (1999). Organizational change and development, *Annual Review of Psychology*, 50, 361-386.

Weissman, H. (1973). *Overcoming management in the human services.* San Francisco: Jossey-Bass.

Wheatley, M. (1999). *Leadership and the new science: Discovering order in a chaotic world.* San Francisco: Berrett-Koehler.

Whyte, W. H. Jr. (1956). *The organization man.* New York: Simon & Schuster.

Wilbur, R. (1999), March 7. Making changes the right way. *Workforce*, 12-13.

Worley, C. and Feyerherm, A. (2003). Reflections on the future of OD. Journal of Applied Behavioral Science., 39: 97-115.

Yates J. (1998), March. *Partnerships with the faith community in welfare reform.* Welfare Information League. Washington. DC. Retrieved on June 6, 2000, from the World Wide web: www/welfareinfo.org./faith.htm.

Yukl, G. & Falbe, C. (1990). Influence tactics and objectives in upward, downward, and lateral influence attempts. *Journal of applied Psychology*, 75(2), 132-140.

찾아보기

[저자 약력]

• 지은구

한신대학교 사회복지학과 졸업
중앙대학교 대학원 사회복지학과 졸업
미국 Columbia University, School of Social Work 졸업(사회복지학 석사)
미국 The City University of New York, Department of Social Welfare졸업 (사회복지학 박사)
현 계명대학교 사회과학대학 사회복지학과 교수

〈주요 저서〉

지은구, 2003. 『사회복지경제학연구』. 청목출판사(문화관광부선정 우수학술도서).
지은구, 2005. 『사회복지프로그램개발과 평가』. 학지사.
지은구, 2005. 『사회복지행정론』. 청목출판사.
지은구, 2006. 『자본주의와 사회복지』. 청목출판사.
지은구. 2006. 『사회복지조직연구』. 청목출판사.
지은구. 2008. 『사회복지평가론』. 학현사.
지은구. 2010. 『사회복지재정연구』. 집문당.
지은구 · 조성숙. 2009. 『지역사회복지론』. 학지사.
지은구 외. 2009. 『사회서비스사례조사연구』. 청목출판사.
지은구 외. 2009. 『사회복지서비스 재정지원방식』. 청목출판사.
지은구 · 김은정. 2010. 『사회복지서비스의 특성과 이용자재정지원』(문화체육부 선정 우수학술도서). 나눔의 집
지은구 외(공역). 2009. 『바우처와 복지국가』. 학지사(학술원 선정 우수학술도서).
지은구 외(공역). 2012. 『프로그램평가와 로직모델』. 학지사.

〈주요 논문〉

Eun-gu Ji. 2006. A study of the structural risk factors of homelessness in 52 metropolitan areas in the U. S. International Social Work 49(1): 107-117 외 다수

비영리조직변화연구

2012년 8월 10일 초판인쇄
2012년 8월 15일 초판발행

저 자 지 은 구
발행인 유 성 열
발행처 **청목출판사**
서울특별시 영등포구 신길로 40길 20
전화 (02) 849-6157(代) · 2820 / 833~6090~1
FAX (02) 849-0817
등록 제318-1994-000090호

파본은 바꾸어 드립니다. 값 20,000원

http : //www.chongmok.co.kr

ISBN 978-89-5565-484-4